HEYNE <

ULRIKE BORNSCHEIN

BEI ANRUF NACKT

Meine Partnersuche im Internet

WILHELM HEYNE VERLAG
MÜNCHEN

Hinweis

Alle im vorliegenden Buch beschriebenen Begegnungen haben tatsächlich stattgefunden, die Schriftwechsel sind authentisch. Namen und biografische Daten der beteiligten Personen wie Alter, Beruf, Wohnort und andere unverwechselbare Details wurden verändert.

FSC
Mix
Produktgruppe aus vorbildlich bewirtschafteten Wäldern und anderen kontrollierten Herkünften
Zert.-Nr. SGS-COC-1940
www.fsc.org

Verlagsgruppe Random House FSC-DEU-0100
Das für dieses Buch verwendete
FSC-zertifizierte Papier *Holmen Book Cream*
liefert Holmen Paper, Hallstavik, Schweden.

Lektorat: Regina Carstensen, München

4. Auflage
Originalausgabe 12/2008

Printed in Germany 2009
Umschlagfoto und -gestaltung: Reiner M. Urbaniak
Satz: C. Schaber Datentechnik, Wels
Druck und Bindung: GGP Media GmbH, Pößneck

ISBN 978-3-453-64521-9

Für meine Freundin Helga Waterkotte,
ohne die dieses Buch niemals
erdacht und realisiert worden wäre.
Wäre ich ein reicher Mann,
würde ich sie sofort heiraten.

Inhalt

1 Prolog

Widme Dich der Liebe und dem Kochen
mit wagemutiger Sorglosigkeit.

Aus den Lebensregeln des 14. Dalai Lama

Im Sommer des Jahres, in dem ich die vierzig auch gefühlsmäßig endgültig überschritten hatte, sagte mir jemand, von dem ich bis dahin geglaubt hatte, er würde mir nahestehen, einen folgenschweren Satz: »Liebling, deine besten Tage sind rum. Für dich kommt der Prinz auf dem weißen Pferd auch nicht mehr um die Ecke geritten.«

Diese Mitteilung traf mich in ihrer überzeugenden Nüchternheit mit voller Wucht. Erstens wurde mir schlagartig klar, dass der Absender des Statements als Ersatzprinz für mich nicht in Frage kam. Und zweitens stellte ich zu meinem eigenen Erstaunen fest: Ich hatte in einer hinteren, emanzipatorisch unterentwickelten Hirnwindung wohl wirklich den Gedanken gehegt, als Sozia eines smarten Schimmelreiters sicher durch den Rest meines Lebens getragen zu werden.

Wie sich herausstellte, war diese aufrüttelnde Klarstellung tatsächlich als pragmatische Liebeserklärung gemeint. Sie verfehlte allerdings ihre beabsichtigte – nämlich beziehungserhaltende – Wirkung auf mich völlig und setzte stattdessen etwas ganz anderes in Gang: Die von mir verschmähte zweitbeste Lösung und ich trennten uns in einer Weise voneinander, die man mit etwas gutem Willen als einvernehmlich bezeichnen könnte. Parallel dazu veränderte sich auch an anderer Stelle meine Lebens- und Alltagsstruktur erheblich: Meine Tochter stand kurz vor ihrer Abreise nach Kanada, wo sie ein Jahr leben und die Schule besuchen sollte. Ich würde also zwölf Monate Zeit haben, mein etwas aus den Fugen geratenes Leben zu sortieren und mich für den vor mir liegenden, möglichst die nächsten drei Dekaden umfassenden Lebensabschnitt unter der Überschrift »Endlich über vierzig« zu wappnen.

Nach dem Abflug meiner Tochter nach Vancouver war ich – obwohl absehbar, dann doch überraschend – nicht nur Single, sondern auch erziehungsberechtigt im Leerlaufmodus. Ich war plötzlich ungebunden. Frei. Das Wort »alleinstehend« schob sich schnell in mein Bewusstsein. Es hinterließ allerdings kein gutes Gefühl. Es machte die aus der Ferne sanft winkende Freiheit madig. Alleinstehend: schlechtester Tisch beim Italiener. Alleinstehend: Welche Popcorntütengröße nimmt man mit ins Kino? Es klang nach Weihnachten mit Freunden, die sich an- und ausdauernd gegenseitig versichern, wie froh sie sind, endlich mal dem Familientrubel zu entgehen. Alleinstehend: Das barg auch die Bedrohung, dass es keinen Anschluss an das (sicher manchmal überschätzte) Paarleben geben könnte. Es bedeutete, nicht nur in den alltäglichen Situationen des Lebens allein zu stehen, sondern auch allein zu sitzen – und vor allem allein zu liegen. Kein regelmäßiger Sex mehr. Der manchmal vielleicht nicht prickelnd, dafür aber wenigstens vorhanden war. Ich begann nachzudenken.

Ich versuchte als Erstes durch nüchterne Selbstbeobachtung ein einigermaßen realistisches Bild von mir zu erhalten. Schaute mich entschlossen im Spiegel an – und erstmals seit Langem von allen Seiten. Zählte Krähenfüße und graue Haare. Spürte der Schwerkraft und ihren Verheerungen gegenüber dem menschlichen Körper im Allgemeinen und dem meinen im Besonderen nach. Listete – ganz im Stillen und wenigstens dort mir selbst gegenüber ehrlich – meine Vorzüge, Nachteile und Gewährsmängel auf. Am Ende dieser ersten Selbst-Bestandsaufnahme war ich weder euphorisch noch verzweifelt, kam aber schnell zu dem Schluss, dass mein aktueller Marktwert nur durch gründliche Marktbeobachtung zu bestimmen sei. Recherche tat also not.

Welche intelligenten Kontaktmöglichkeiten gab es? Anzeigen. Oder, schlimmer, Heiratsannoncen. Sollte ich auf Anzeigen antworten oder gleich selbst welche schalten? Die Antworten würden vielleicht lange auf sich warten lassen, und das Schalten von Anzeigen kann ein empfindlich teures Vergnügen sein. Außerdem müssten bei einer Selbstanpreisung in einem bezahlbaren 45 Millimeter langen Einspalter zwangsläufig viele gute Argumente unter den Tisch fallen. Das Inserieren schien mir insgesamt für den Moment doch etwas übertrieben. Ich entschied, dass diese Versuchsanordnung – wenn überhaupt – auf der nach oben offenen Verzweiflungsskala erst viel später an die Reihe käme.

Eine weitere Überlegung galt der fast schon antiquiert wirkenden Suche in freier Wildbahn – in Kneipen, Bars oder an der Tiefkühltruhe im Supermarkt. Ich befand sie, bei einer erfahrungsgemäß geringen Erfolgsquote, als zu zeitintensiv und zu aufwendig. Erschwerend kam hinzu, dass ich schon länger zwischen meiner Heimatstadt Berlin und Schleswig-Holstein pendelte, was wegen meines Engagements für ein ökologisches Projekt zwingend notwendig war. Landschaftlich war das überaus reizvoll, kulturell und sozial für einen Großstädter wie mich aber eine schwierige Standortwahl. Trotz allergrößter Kompromissbereitschaft und einer erwachenden Liebe zum Leben auf dem Land: Weder wollte ich dem Zugführer der Freiwilligen Feuerwehr bei den Vorbereitungen zum alljährlichen Jugendfeuerwehr-Zeltlager assistieren noch mit dem Kommandeur des örtlichen Schützenvereins Herzensanliegen wie die Pflege des Schießsports, der Kameradschaft und des Heimatgedankens hegen.

Koch-, Tanz- und Töpferkurse für Singles lehnte ich kategorisch ab. Das offensiv zur Schau gestellte Statement: »Ja, ich bin Single«, erinnerte mich an die zuverlässige Tragik von Treffen der Anonymen Alkoholiker. »Ich bin die Ulrike. Ich bin Single.« – »Herzlich willkommen, Ulrike. Das war jetzt sehr mutig von dir. Danke.« Applaus aus der Runde. Nein, so weit war ich noch lange nicht.

Irgendwann fielen mir schließlich die Schlüsselworte »Internet« und »Partnerschaftsbörsen« ein. Interaktiv. Schnell. Zielführend. In unübersehbarer Zahl hatten sich entsprechende Portale – bis dahin von mir völlig unbemerkt – im weltweiten Netz ausgebreitet. Es gab kostenlose und preisgünstige Angebote, so breit gestreut wie eine ordentliche Ladung Schrot (»Wählen Sie aus 359.527 potenziellen Partnern aus«). Andere Webseiten boten das genaue Gegenteil an: die exklusive und exakt abgezirkelte, weil zielgruppenspezifische Suche (»Hier matchen nur Akademiker«).

Eine Freundin riet, mich nur in Plattformen einzuloggen, die mit intellektuellem Anspruch und durch Aufnahmegebühren jenseits der Hundert-Euro-Schmerzgrenze seriös und weitgehend frei von emotionalen Dünnbrettbohrern sein sollten. (Was so nicht stimmt, aber das stellte sich erst später heraus.) Auch sei der gemeine Großstadtcowboy auf der Suche nach dem schnellen Abenteuer dort nur marginal vertreten. (Stimmt erst recht nicht. Diese Spezies lässt aus taktischen Gründen einfach die Stiefel zu Hause und tarnt sich gern mit Budapestern.)

Außer meinen Marktwert definieren zu wollen, wusste ich nur verschwommen, was und vor allem wen ich da eigentlich suchte. Dennoch traf ich die logistischen Vorbereitungen für ein Projekt zwischen Recherche, Gefühl und Selbstversuch, das mir – wie ich allerdings erst Monate später feststellen würde – zwar vorübergehend den einen und anderen Mann für Kneipentisch und Lotterbett, aber nicht fürs restliche Leben bescheren sollte. Dafür bescherte es mir aber etwas ganz anderes: Eine Menge interessanter Erfahrungen und zunehmend entspannte Routine im Umgang mit meistens paarungs-, schon seltener beziehungswilligen männlichen Wesen, dazu erstaunlich viele Erinnerungen an skurrile und peinliche, romantische und witzige oder auch einfach nur belanglose Begegnungen mit völlig unterschiedlichen Männern, die ich ohne das Internet nie im Leben getroffen hätte.

2 Ich im Netz

Nach einer kurzen Phase des ziel- und wahllosen Herumzappens zwischen den Portalen sah ich mir zwei Anbieter genauer an und wurde dort für jeweils ein Vierteljahr kostenpflichtiges Mitglied. Dieser Zeitraum schien mir großzügig genug bemessen, um den digitalen Beziehungsmarkt und seine Gesetzmäßigkeiten kennenzulernen. Ich stellte fest: Verlängerungen wären bei Bedarf jederzeit möglich. Ausschlaggebend für meine Entscheidung war, dass personenbezogene Daten diskret behandelt und professionell verschlüsselt wurden, außerdem konnten die Mitglieder dieser Portale den Grad ihrer Anonymität selbst bestimmen: Namen wurden grundsätzlich durch Chiffren aus Ziffern und Zahlen ersetzt, Fotos konnten wahlweise für alle sichtbar gemacht oder erst im Lauf einer individuellen Kontaktaufnahme freigegeben werden. Das war per Mausklick wählbar.

Die Aufnahmeverfahren beider seriös wirkenden Portale waren ähnlich strukturiert. Ich atmete also tief durch und ließ mich registrieren: ein bürokratisches und gänzlich unromantisches Prozedere, nicht unähnlich einer Gewerbe- oder Fahrzeuganmeldung im virtuellen Bürgeramt. Nachdem meine Existenz als weiblicher Single (oder vielmehr mein Wunsch, diesen Zustand wieder zu beenden) in den Systemen hinterlegt war, galt es, umfangreiche psychologische Tests zu absolvieren (»Wie reagieren Sie, wenn Sie auf einer belebten Einkaufsstraße auf einer Bananenschale ausrutschen?« – »Bewerten Sie in einer Partnerschaft Leidenschaft oder Beständigkeit höher?«), deren ebenso umfangreiche, wissenschaftliche Auswertungen mir umgehend per E-Mail zugestellt wurden. Meine bestimmenden Persönlichkeitsmerkmale waren in einem Tortendiagramm übersichtlich visualisiert worden (Gefühl 24 Prozent, Instinkt 37 Prozent, Verstand 39 Prozent), es gab auch hier und da eine freundliche Ermahnung (»Seien Sie ruhig etwas großzügiger mit sich und anderen. Sie werden sehen, dass das manches im Leben – und in einer Beziehung – erleichtert.«) Aha. Im Stillen bewunderte ich die elegante Kombination Hunderter Textbausteine, die bei solchen standardisierten Persönlichkeitstests zwangsläufig zum Einsatz kommen müssen. Derart über mich selbst aufgeklärt (»Sie wirken selbstbewusst und zielstrebig, sind dabei aber nicht übermäßig karriereorientiert«), machte ich mich an die Formulierung der Selbstbeschreibungen. Auch dafür gab es digitale Formulare, die ich versuchte, mit aussagekräftigen, dabei aber lässig-ironischen Statements zu füllen. Schließlich wurde ich noch aufgefordert, Fotos von mir auf den Webseiten zu hinterlegen. Der technische Vorgang des Bilderhochladens war dank idiotensicherer Anleitungen schnell erledigt. Viel schwieriger war die vorher notwendige Auswahl der Motive. Da ich mich weder lasziv in schwarzen Satinlaken räkelnd noch bewerbungsfotopropper grinsend präsentieren wollte, entschied ich mich für realistische Portraits, die ich per Selbstauslöser von mir gemacht hatte.

Nachdem diese Vorarbeiten abgeschlossen waren, dauerte es rund vierundzwanzig Stunden, während derer meine Einträge von den Portalredaktionen geprüft wurden. Da saßen also irgendwo reale Menschen, die Selbstdarstellungen ihrer neuen Mitglieder lasen. Tausendfach. Jeden Tag. Keine angenehme Vorstellung. Dann wurde mein Eintrag als nüchterne Chiffre-Nr. »QR7X3J2V« im ersten Portal sichtbar, auch darüber wurde ich per E-Mail unterrichtet. Auf der Webseite hatte ich jetzt einen passwortgeschützten, persönlichen Bereich, in dem ich eine für mich individuell ermittelte Liste mit fast eintausend Partnervorschlägen einsehen und von jedem dort verzeichneten Mitglied alles das erfahren konnte, worüber auch ich bei der Erstellung meines eigenen Profils Auskunft gegeben hatte. Jetzt begriff ich das Verkaufsargument der Portale, Singles angeblich wissenschaftlich fundiert zu verkuppeln: Aus der Gegenüberstellung der in den Psychotests abgefragten Vorlieben und Abneigungen, der Wünsche und Sehnsüchte, wurden – nach welchen psychologischen Parametern auch immer – Übereinstimmungswerte ermittelt, die als »Matchingpoints« oder einfach als Prozentangabe in den Kandidatenlisten auftauchten. *Mr. Right* sollte sich also jeweils hinter dem Partnerprofil mit der höchsten Übereinstimmung am Anfang einer Liste verbergen, mein persönlicher *master of desaster* musste zwangsläufig immer das Schlusslicht bilden. Schließlich konnte ich den Umfang meiner Vorschlagsliste durch die Eingabe zusätzlicher Suchkriterien beeinflussen: Die Zielfahndung nach Männern einer bestimmten Altersgruppe war ebenso möglich wie die Eingrenzung auf ein bestimmtes Bundesland als Wohnort, auch die Mindestkörpergröße war auf Wunsch definierbar, Raucher konnten aussortiert und Väter bevorzugt werden – oder umgekehrt. So einfach war das also mit der Suche nach dem Traummann im Internet.

Aus Sicherheitsgründen legte ich vorsorglich eine anonyme E-Mail-Adresse an. Außerdem bestückte ich ein altes Handy mit einer Prepaid-Telefonkarte, die ich bereits einige Tage zuvor erworben hatte. Auf diese Weise hoffte ich, vor all den Irren, die angeblich gewohnheitsmäßig durchs Internet vagabundieren, einigermaßen geschützt zu sein.

Es konnte losgehen.

Mein eigenes Profil

Die im Buch wiedergegebenen Profile und Selbstbeschreibungen sind bewusst verfremdet worden, ich habe sie »PAIRFECT«-Profile genannt, die Übereinstimmungsquote liegt zwischen einem und maximal fünf möglichen Sternen (»Matching-Stars«).

ULRIKE im PAIRFECT-Profil

Matching-Stars	–
Person	41 Jahre, 173 cm, geschieden
Beruf	Ich könnte prima ohne
Wohnort	Ich pendle zwischen Berlin und Schleswig-Holstein, nahe Hamburg
Abgeschlossenes Studium	Nein
Kinder	1
Religion	Ich habe religionsphilosophischen Opiaten abgeschworen
Raucher	Nein
Haustiere	Hund
Eigenschaften	Fantasievoll, humorvoll, warmherzig, nachdenklich und selbstbewusst
Freizeitgestaltung	Ausgehen/Freunde treffen, ins Kino/Theater gehen und Lesen
Hobbys	Sport, Architektur, Musik, Kino, Tanzen und Theater
Sport	Fahrradfahren, Inlineskaten, Joggen und Schwimmen
Musikgeschmack	Rock/Pop, Symphoniekonzerte, Chansons/Lieder, Opern und Jazz/Blues

Instrument	Keins mehr
Sprachen	Englisch
Lieblingszeitung / Zeitschrift	*Die Zeit, brand eins, Titanic, Schöner Wohnen, Bunte, Gala, Emma*

Ich über mich

Mein Traummann:
Eigentlich ganz normal:
... Aussehen: Sean Connery
... Grips: Albert Einstein
... Komik-Faktor: Kurt Krömer
... Einkommensverhältnisse: Dagobert Duck
Bei allem anderen bin ich kompromissbereit.

Mein perfekter Tag:
Wenn ...
... ich einfach entscheiden kann, was als Nächstes passiert.
... ich frei sein kann, ohne allein zu sein.
... aus einem Gespräch ein Gedankenfeuerwerk wird.
... es mir gelingt, oberflächliche Perfektion zu übersehen. Denn wahre Schönheit ist nicht perfekt.

Die für mich wichtigsten Dinge sind:
Keine Dinge – dafür aber:
... meine Tochter,
... Lebensqualität in jeder Hinsicht und
... Gelassenheit

Mein Äußeres:
Blond, blaue Augen, attraktiv, ladylike, ziemlich vorzeigbar,
kein dürres Model
Ich kann mich auf jedem Parkett gut bewegen und bin im kleinen

Schwarzen ebenso anzutreffen wie mit Barbourjacke und Gummistiefeln.

Das Besondere an mir:
Alle halten sich für etwas Besonderes. Die Realität lehrt uns, dass es leider nicht so ist.

Wovon ich mich nie trenne:
Ich habe gelernt, dass man sich von fast allem trennen können *muss*. Aber schon schön: mein altes PowerBook und mein Filofax.

Mein Lieblingsort:
Berlin, überall am Wasser und in sich selbst überlassener Natur.
Weit draußen allein und mittendrin im Trubel.
Und dort: Wo Klugheit und Erotik sich treffen.
Leider ist dieser Ort so schwer zu finden.

Welche Persönlichkeit ich gern kennenlernen würde ...
Willy Brandt hätte ich gern kennengelernt.

Was gar nicht geht:
... Dummheit, Kleinlichkeit, Besserwisserei, Nihilismus
... laut dröhnende Selbstgefälligkeit, Ignoranz
... Selbstmitleid, pessimistische Nörgler
... und, bevor ich's vergesse, ganz wichtig: *Herrenhandtaschen!*
... Fun-Anfragen (werden alle entschlossen gelöscht)

Mein Wunschtraum wäre es ...
... High Heels zu tragen, bis ich 95 bin.
... den Mann zu finden, der mich beim Tanzen ganz selbstverständlich führt. Und das auch kann.
... den Mann zu finden, der weiß, dass Sex zuerst im Kopf stattfindet. Und dann erst überall woanders.

3 Meine Partnersuche im Internet: Vierzehn Begegnungen in zwölf Monaten

Schon beim ersten neugierigen Blick in meinen virtuellen Briefkasten fand ich mehrere Kontaktanfragen vor. Die ersten Anfragen waren völlig belanglos: »Hi, wie geht's!«, »Schön, dass du hier bist!« und »Na, auch neu hier?«. Einige Absender hatten ihre Fotos bereits mit der ersten Nachricht freigeschaltet, andere noch nicht. Ähnlich war der Umgang mit der eigenen Identität: Manche Nachrichten enthielten Vor- und Zuname inklusive E-Mail-Adresse und Telefonnummer, andere Männer gaben keinerlei persönliche Informationen preis. Das Bedürfnis nach Anonymität war augenscheinlich höchst unterschiedlich ausgeprägt. Jetzt gab es mehrere Möglichkeiten für mich, darauf zu reagieren: Ich konnte individuell antworten, die Anfrage zurückstellen oder die Nachricht samt dazugehörigem Profil löschen. Im Fall der Löschung konnte ich mich wiederum individuell verabschieden oder aus einer längeren Liste eine mehr oder weniger mitfühlende Plattitüde auswählen (»Die Nachricht spricht mich nicht an«, »Ich glaube, wir passen nicht zusammen«, »Das geht mir zu schnell« usw.). Hocherfreut über diese Möglichkeit des sportlichen Ex und Hopp so ganz ohne diplomatische Floskeln und entschlossen, meine Zeit nicht mit fantasielosen Langweilern zu vertun, klickte ich mehrmals den »*Löschen*«-Button und entfernte damit alle nichtssagenden Nachrichten inklusive der Profile ihrer Absender aus meiner Liste. Das System warnte mich jedes Mal ausdrücklich, dies sei ein unwiderruflicher Vorgang, danach sei zu diesem Profil keine Kontaktaufnahme mehr möglich. Prima, dachte ich, das macht die Sache für alle Beteiligten doch leichter. Der Anteil wahrscheinlicher Traummänner innerhalb meiner Liste musste durch diese einfache Maßnahme größer geworden sein.

Ich stellte fest, dass das System über einen weiteren interessanten Service verfügte: Anhand einer sogenannten Besucherliste konnte ich erkennen, welche Mitglieder mein Profil zwar kürzlich angesehen (»besucht«), dabei aber keine Nachricht hinterlassen hatten. Im nächsten Schritt klickte ich meinerseits diese Profile an. Zu meiner Überraschung sprang mehrfach folgende Mitteilung auf: »Das Mitglied verabschiedet sich von Ihnen, Sie wurden aus seiner Liste gelöscht. Eine Kontaktaufnahme ist nicht mehr möglich. Nehmen Sie es nicht persönlich, jeder hat seine individuellen Vorlieben.«

So eine Frechheit, dachte ich empört, dieser Schmock kennt mich doch gar nicht. Erst etwas später ging mir auf, dass auch ich nur Minuten zuvor einigen Herren ebenfalls diese Meldung des Systems zugemutet hatte. Löschen oder gelöscht werden – die Regeln des Dschungels galten also auch hier.

Am nächsten Abend erhielt ich endlich die erste ernst zu nehmende Nachricht.

Raoul, der Lustmolch

Oder: Dreiste ältere Herren –
von Herrenhandtaschen und Windjacken

RAOUL im PAIRFECT-Profil

Matching-Stars	★★★★★
Person	53 Jahre, 173 cm, geschieden
Beruf	Autor
Wohnort	München, Deutschland
Abgeschlossenes Studium	Magister Artium (M. A.)
Kinder	3
Religion	Nein
Raucher	Ja
Haustiere	Keine
Eigenschaften	Belesen, schlagfertig, charmant und so vieles mehr ...
Freizeitgestaltung	Lesen, Ausgehen/Freunde treffen und Hobbys nachgehen
Hobbys	Kino, Theater, Literatur, Tanz, Musik und Sport
Sport	Segeln, Fahrradfahren und Tanzen
Musikgeschmack	Symphoniekonzerte, Chansons/Lieder, Rock/Pop, Singer-Songwriter und Liedermacher
Instrument	Gitarre
Sprachen	Englisch, Französisch und Deutsch
Lieblingszeitung / Zeitschrift	*Der Spiegel*

Ich über mich

Meine Traumfrau:
Schickt der Himmel, ich kann mit ihr Pferde stehlen oder Sterne vom Himmel holen oder einfach gemeinsam mit ihr auf dem Deck eines Bootes in die endlose Weite des Starnberger Sees starren und träumen.

Mein perfekter Tag:
... einfach gut, wenn das eine oder andere des Folgenden passiert: Ich in einer Umarmung aufwache, der Duft frischen Kaffees meine Nase kitzelt, Freunde und Kollegen mit mir streiten und lachen, ich in die Luft springen könnte, weil ich ein schwieriges Problem gelöst habe, ich verschämt lächle, weil mich jemand lobt, ich durchatmen kann, weil ich jemandem helfen konnte, meine Kinder unangemeldet meinen Kühlschrank plündern, ich auf dem Fahrrad das Licht eines schattigen Waldes erlebe, ich ein gutes Buch lese, ich interessante Menschen kennenlerne, mir eine Figur beim Tanzen besonders gut gelingt, der Tag bei einem ruhigen Gespräch und dunklem roten Wein ausklingt, ich in einer Umarmung einschlafe.

Die für mich wichtigsten Dinge sind:
Meine Kinder, meine Freunde, vielleicht bald du?
oder
Wertschätzung, Offenheit, Streitkultur
oder
Nähe, Zärtlichkeit, Erotik

Mein Äußeres:
Schlank, dunkelbraune Haare, grüne Augen, meistens in Jeans, aber, wenn es passt, auch gern im Smoking und allem, was es dazwischen gibt.

Das Besondere an mir:
Ich lache gern, bin aber kein Komiker.
Ich arbeite gern, bin aber kein Workaholic.
Ich esse und trinke gern, bin aber nicht dick.

Ich streite gern, weiß aber, dass ich nicht immer recht habe.
Ich mag Nähe, kann sie aber nicht immer aushalten.
Ich reise gern, aber möglichst nicht so weit weg.
Ich möchte dich hier finden, weiß aber nicht, ob du gerade hier bist :-)

Wovon ich mich nie trenne:
Meine Gitarre

Mein Lieblingsort:
Auf dem Wasser, zu Hause, in einem schönen Terrassencafé (egal, ob in einem englischen Landhaus oder in der Stadt), unter Freunden, auf der Tanzfläche.

Welche Persönlichkeit ich gern kennenlernen würde ...
Bob Dylan

Was gar nicht geht:
Telefonklingeln vor dem und während des Essens,
Ideologen und Missionare, Illoyalität

Mein Wunschtraum wäre es ...
... das Glück meiner Kinder zu garantieren,
Klavier zu spielen,
... hier eine Frau für die guten UND die schlechten Tage zu finden.

Nachricht von Raoul 03.09. · 01:12
Betreff: Kontaktanfrage

Hallo,
ohne Beruf könnte ich nicht prima leben, und das ist nicht das Einzige, was uns wahrscheinlich deutlich voneinander unterscheidet. Trotzdem habe ich herzlich gelacht, und ich finde es die originellste Berufsbezeichnung, die mir hier begegnet ist. Dass Sex im Kopf beginnt, habe ich schon gelernt (und auch, dass es nichts Armseligeres gibt, als wenn er da bleibt). Tanzen kann ich ganz gut und führen auch. Trotzdem kann ich mir High Heels mit fünfundneunzig nicht vorstellen – und auch kein vergleichbares männliches Accessoire. Ich glaube nicht ernsthaft, dass wir zueinander passen (trotz der fünf sogenannten Übereinstimmungssterne, wo doch ab vier schon das Paradies auf Erden versprochen wird). Ich würde dich dennoch gern treffen, weil ich das, WAS du schreibst und WIE du es schreibst, interessant und originell finde. Den Menschen dahinter würde ich gern kennenlernen – nur so, aus Neugier. Wenn du dazu auch Lust und damit Zeit hast, freut sich
Raoul

Nachricht von Ulrike 03.09. · 19:00
Betreff: Harmonische Differenzen

Lieber Raoul,
du scheinst ja ein kluger schriftstellerischer Kopf zu sein. Das Gegenüber erst mal aus der Reserve zu locken, ist ein cleverer dialektischer Schachzug. Klar passen wir überhaupt nicht zusammen. Du passt als Autor nämlich gar nicht in mein Beuteschema. Über Beuteschemata, Originalität, High Heels und die wirklich wichtigen Dinge des Lebens können wir uns gern bei einem Kaffee oder Wein oder was auch immer unterhalten.
Wir können uns gern mal in Berlin treffen. Ich bin allerdings vor Ende des Sommers nicht wieder regelmäßig dort.
Herzliche Grüße
Ulrike

Nachricht von Raoul 04.09. · 09:07
Betreff: Re: Harmonische Differenzen

Hallo Ulrike,
na, da bin ich gespannt, was du mir dann über dein Beuteschema erzählst ...
Ich lebe im schönsten Stadtteil von München, nämlich Haidhausen. Aber auch sonst ist München nicht so schlecht, wie es immer gemacht wird. Vorausgesetzt, man dumpft nicht irgendwo arbeits- und mittellos herum. Schreib mir doch einfach, in welchen Zeitfenstern du so in Berlin bist, und dann sehe ich mal, ob ich mich da einklinken kann. Denn den einen oder anderen Termin hat ja ein Autor auch in anderen Städten :-)
Herzliche Grüße von
Raoul

Nachricht von Raoul 06.09. · 18:22
Betreff: Nanu

Hallo Ulrike,
hat dich etwa der Mut verlassen und du willst jetzt doch lieber keinen Wein oder Kaffee mit mir trinken? Keine Angst, du findest dich in keinem Drama wieder, und auch in keinem Roman oder Gedicht. Denn ich bin zwar Autor, aber auch kein richtiger. Vielmehr lasse ich andere schreiben und nehme selbst nur noch Einfluss auf das, was die lieben Mitarbeiter so treiben. Also sei nicht feige und mail mal, wann du so in Berlin bist.
Bis dahin herzliche Grüße von
Raoul

PS: Mit Dialektik hat mein Wunsch übrigens wenig zu tun. Ich bin wirklich nur neugierig.

Nachricht von Ulrike 07.09. · 01:02
Betreff: Vom Mut verlassen ...?

Lieber Raoul,
du bist also ein unechter Autor und die Schere im Kopf deiner Mitarbeiter. Dem Wohnort und deiner Beschreibung nach kannst du eigentlich nur als Verfasser unendlicher Geschichten für Daily Soaps arbeiten. Ich habe keine Angst davor, mich – passend oder nicht – zu einer literarischen Figur verwurstet irgendwo wiederzufinden, schließlich bin ich keine Person der Zeitgeschichte. Ich bin auch überhaupt nicht feige, aber momentan komme ich einfach sehr selten nach Berlin. Meine Tochter kehrt erst nächsten Juli aus Kanada zurück. Spätestens dann bin ich wieder öfter vor Ort. Kläre mich doch mal auf, was genau dich danach drängt, mich kennenlernen zu wollen. Welche Art Neugier treibt dich um? Was genau willst du wissen oder herausfinden? (Über mich oder eher über dich?) Wo wir schon festgestellt haben, dass wir gar nicht zueinander passen. Erwartungslosigkeit kann eine Situation ungeheuer entspannen. Suchst du in spielerischer Absichtslosigkeit die Hoffnung, dass sich eine erotische Sublimation ergeben könnte? Erwartest du einen bestimmten Typ Frau in mir zu treffen? So viel kann ich dir über mich verraten: Ich bin meistens kurz verdrahtet, habe einen Hang zu schwarzem Humor und ein Faible für peinliche Situationen; ich bin meistens schlagfertig (aber beileibe nicht immer); ich bin eitel, verwöhnt und ziemlich hart im Nehmen (geht das schon als Wortspiel durch?). Ich bin nicht klassisch schön, aber es gibt gelegentlich Menschen, die das glauben (häufiger Männer als Frauen). Und es gibt wiederum eine große Zahl Männer, die mich unerträglich findet, weil ich selbstbewusst und manchmal auch für Berliner Verhältnisse ziemlich deutlich in meinen Aussagen bin. Trotzdem gelte ich als gut erzogen, und es gibt wiederum eine Reihe von Leuten, die tatsächlich meint, ich sei eine Dame (was immer das heißen mag).
Immer noch nicht abgeschreckt? Dann kannst du mich gern vorab mal anrufen.

Noch mal zum Foto: Warum gibt es keins? Technische Probleme, Kalkül oder Diskretion? Ich bin neugierig.
Ulrike

Nachricht von Raoul 07.09. · 01:52
Betreff: Nicht schlecht

Liebe Ulrike,
nicht schlecht, dein kleines Feuerwerk. Schade, jetzt ist es mir echt zu spät, um auch noch eins anzuzünden. Ich hoffe, es gelingt mir beim nächsten Mal. Bis dahin liebe Grüße von
Raoul

PS: Übrigens bin ich nicht die Schere im Kopf meiner Mitarbeiter, sondern der Rudelführer.

Nachricht von Raoul 07.09. · 17:01
Betreff: Dylan geht vor

Liebe Ulrike,
nun habe ich es heute doch nicht mehr geschafft, dir ausführlicher zu antworten. Aber jetzt muss ich leider meine Wirkungsstätte verlassen, weil ich zum Konzert von Bob Dylan will, und der hat heute Vorrang.
Du wirst es verschmerzen.
Liebe Grüße von
Raoul

PS: Du kannst jetzt mein Foto sehen.

Nachricht von Ulrike 07.09. · 18:12
Betreff: Re: Dylan geht vor

... gegen einen Mann hab ich selten den Kürzeren gezogen ...
BD ist aber ein würdiger Gegner ... grüß schön ... Wenn du möchtest, können wir telefonieren. Du erreichst mich unter 01 76 / 0 00 00 00.
Ulli

Die Begegnung mit Raoul

Raouls Foto: vielversprechend. Typ genialer Lockenkopf, sportlich, von fast jungenhafter Energie. Das erste Telefonat führen wir bereits am nächsten Abend, er ruft mich gegen 22 Uhr an. Eine sonore, angenehm dunkle Männerstimme ohne Dialekt dringt an mein Ohr. Wir verabreden uns zügig zu einem Kennenlernen in Berlin. Raoul scheint in jeder Hinsicht flexibel und aufgeschlossen, darum teste ich seine Experimentierfreude. Mein Vorschlag lautet: Wir lernen uns in einem momentan angesagten Berliner Dunkelrestaurant kennen. Er nimmt den Vorschlag an.

Ich erscheine passend zum Ort im kleinen Schwarzen, aus strategischen Gründen bin ich noch ungeschminkt. (Das will ich erst später nachholen, wenn ich aus dem Dunkeln komme. Falls ich mich mit Raoul noch zu einem Drink bei dann hoffentlich schmeichelhaften Lichtverhältnissen treffen sollte, möchte ich nämlich mit frisch getuschten Wimpern und exakt gepinselten Lippen Eindruck machen.) Paolo, ein blinder Kellner mit – wie er mir stolz erklärt – zehn Prozent Sehrest, erscheint im schwach beleuchteten Empfangs- und Barbereich, stellt sich formvollendet als mein persönlicher Begleiter durch die Nacht vor (und das, obwohl er auf mich ausgesprochen homosexuell wirkt). Man duzt sich hier. Auch ich stelle mich vor und erwähne unvernünftigerweise, dass ich mit jemandem verabredet bin, den ich noch nicht persönlich kenne und der Raoul heißt. Paolo kichert hell. »Das ist doch der perfekte Ort für ein Blind Date.«

Er leitet mich mit erstaunlich flinken und geschmeidigen Bewegungen treppab in den im Keller gelegenen Restaurantbereich, der nur über zwei schwere Türen erreichbar ist, die erst auf Klopfzeichen und nur nach Aufforderung passiert werden dürfen. Obwohl Paolo ein gutes Stück kleiner ist als ich, greift er mir beherzt in den Nacken, bevor die Tür sich öffnet. Plötzlich ist alles wie von Dunkelheit verschluckt. Trotzdem navigiert er mich sicher und bestimmt vor sich her zu meinem Tisch. Auf High Heels durch absolute Schwärze dirigiert zu werden, ist gewöhnungsbedürftig. Ich bleibe in den Unebenheiten eines Teppichs hängen und strauchele. Paolos Griff in meinem Nacken wird eisern. Endlich vernehme ich ein Scharren neben mir, offenbar wird ein Stuhl in Position gerückt. Ich setze mich vorsichtig, indem ich Paolos leichtem Druck auf meine Schultern nachgebe. Er lässt mich allein, verspricht aber, zurückzukehren. Ein leiser Ruf würde ausreichen, falls ich schon etwas bestellen wolle, zum Klo müsse oder Panik mich packen sollte. Dann ein letztes Mal die strenge Aufforderung, keinesfalls Handy, Streichhölzer oder ein Feuerzeug zu benutzen.

Die absolute Dunkelheit, die mich umgibt, ist mit allen Sinnen spürbar. Nach kurzer Eingewöhnungszeit höre ich fast überdeutlich die Gespräche an den benachbarten Tischen. Eine sich in unregelmäßigen Abständen öffnende Tür – vielleicht zur Küche? – weht nicht wirklich frische, aber kühle Luft herein.

Nach einer Wartezeit, die ich auf fünfzehn Minuten schätze, höre ich aus einer offenbar im Restaurant installierten Gegensprechanlage die Stimme der blinden Empfangsdame, die oben die neu eintreffenden Gäste begrüßt: »Raoul, der mit Ulrike verabredet ist, kommt jetzt runter. Paolo, hol ihn bitte an der Schleuse ab.« Im Restaurant jubiliert daraufhin der Chor der blinden und inzwischen offenbar bestens informierten Kellner: »Ulrike, dein Blind Date ist endlich da.«

Türenklappen, Luftzug, ungelenke Schritte. Ein aufgeregter Paolo schreit durchs Lokal: »Ulli, hier ist er. Er riecht gut.«

Ich starre angestrengt in die Schwärze und sehe selbstverständlich nichts. Aus dem Nichts höre ich die mir bekannte sonore Telefonstimme: »Hallo Ulli.«

Raoul wird mir gegenüber platziert. Das Gespräch kommt schnell in Gang, ist vielseitig und interessant. Wir lachen. Der Ort ist prädestiniert für einen Schlagabtausch mit ironischen Kommentaren. Raoul ist ein charmanter Erzähler. Beim gegenseitigen, leider wenig erfolgreichen Befüllen der Weingläser berühren sich unsere Hände, seine scheinen weich und feingliedrig zu sein. Nach einem zweistündigen Essen bescheidener Qualität und keiner Chance sich zu betrinken – es geht einfach zu viel daneben – schicke ich Raoul voraus, zurück in die beleuchtete Bar. Ich sage ihm, dass ich mich tageslichttauglich machen möchte und in fünf Minuten folgen würde. Ich bin zuversichtlich und wiege mich in Sicherheit, denn der Abend kommt mir bis jetzt durchaus brauchbar vor. Ausbaufähig.

Ich gehe auf die Toilette und schminke mich. Meine Augen brauchen einige Zeit, bis sie wieder alles ganz deutlich wahrnehmen können. Als ich endlich fertig bin, gehe auch ich nach oben in die Bar, die nur spärlich besetzt ist. An der Stelle, die wir eben als Treffpunkt verabredet haben, sitzt jemand, der nicht Raoul sein kann. Ich sehe einen kleinen dicken Mann, der insgesamt ungepflegt wirkt. Mir fällt als Erstes seine Nase auf: Großporig und rotgeädert, zeigt sie die Spuren von zu viel Alkoholgenuss. Reflexartig versuche ich, Übereinstimmungen zwischen Raouls Foto im Internet und seinem Aussehen in der Realität zu finden. Das gelingt mir nicht. Stattdessen erinnere ich mich plötzlich an Fotos in Autoanzeigen, die Gebrauchtwagenhändler manchmal verwenden und mit dem verräterischen Vermerk »Abbildung ähnlich, Abweichungen möglich« versehen. Raoul trägt zu gestreiftem Hemd und hellen Hosen Schnürschuhe aus Flechtwerk und eine speckig-abgeschabte blousonähnliche Lederjacke. Gekrönt wird dieses Ensemble von einer – *Herrenhandtasche.* Groß. Rechteckig. Abgewetzt. Ich bin entsetzt. Enttäuscht. Raoul missdeutet meine Erstarrung gründlich und strahlt mich überaus selbstsicher an. »Da bist du ja endlich. Und ein echtes Schmuckstück dazu.« Ich lächle zaghaft und setze mich auf den Barhocker neben ihm. Die eben noch leicht perlende Unterhaltung wird zäh und zäher. Wir beschließen, das Etablissement zu wechseln. Das gewährt mir eine Pause zum Durchatmen oder – besser gesagt – zum Runteratmen eines massiv einsetzenden Fluchtreflexes. In diese konzentrierte Atmung hinein höre ich Raoul, der freundlich zu mir spricht: »Zahl du doch bitte hier alles, ich geb dir später meinen Anteil wieder.« Dann beugt er sich zu mir vor und schaut auf den Ausschnitt meines Kleides. »Der Rest des Abends geht aber auf meine Rechnung.«

Auf dem Weg nach draußen denke ich über meine Fluchtoptionen nach. Raoul schließt sich mir zu meiner Überraschung an und steigt ohne Umschweife und ohne auf eine gesonderte Einladung zu warten in mein Auto ein. Er lässt sich keuchend auf dem Beifahrersitz nieder, balanciert seine Tasche auf den Knien und kramt in ihr herum. Er fischt eine abgegriffene Rolle Vivil hervor und legt sich ein Pfefferminz auf die ausgestreckte Zunge. Mir bietet er keins an.

Ich wähle eine nette Bar aus, die um diese Uhrzeit gut besucht ist. Das Netteste an ihr ist, dass sie mitten in Steglitz und damit in beruhigender Entfernung von meinem bevorzugten Charlottenburger Aufenthaltsort liegt. Vor der Tür der Bar – Glück muss der Mensch haben –, natürlich kein Parkplatz. Ich bitte Raoul, doch schon mal vorzugehen und uns drinnen Plätze zu sichern. Wenn ich einen Parkplatz gefunden habe, würde ich gleich nachfolgen. Mein Kalkül geht auf: Raouls Bequemlichkeit besiegt seine früher am Abend im Gespräch annoncierte Ritterlichkeit blitzschnell. Er steigt aus und betritt die Bar. Ich unterdrücke das Bedürfnis, schnell wegzufahren. Stattdessen gleite ich langsam in Schrittgeschwindigkeit weiter, immer noch rechts blinkend. Ich warte ab, bis sich die Eingangstür hinter Raoul geschlossen hat, atme tief durch – und beschleunige sanft. Befreit mache ich mich auf den Heimweg.

Ich weiß, ich bin heute Abend keine Lady. Aber damit kann ich leben. Ich weiß, so etwas tut man nicht. Auf gar keinen Fall. Denn das ist doch feige. Indiskutables Benehmen. Der arme Mann. Nach wenigen Augenblicken entspanne ich mich und muss leise kichern. Als ich kurz darauf zu Hause eintreffe, weiß ich, wie wunderbar es sein kann, ganz allein auf dem heimischen Sofa zu liegen – nur ein Buch, die Fernbedienung und ein Glas Rotwein sind meine stillen nächtlichen Begleiter.

Raoul hat sich nicht mehr gemeldet.

> *Es ist besser,*
> *ein einziges kleines Licht anzuzünden,*
> *als die Dunkelheit zu verfluchen.*
>
> Konfuzius

Martin, die Jungfrau

Oder: Warum man Novizen nicht daten sollte

MARTIN im PAIRFECT-Profil

Matching-Stars	★★★
Person	48 Jahre, 191 cm, getrennt lebend
Beruf	Jurist
Wohnort	Berlin, Deutschland
Abgeschlossenes Studium	Ja, Prof. Dr.
Kinder	2
Religion	Evangelisch
Raucher	Nein
Haustiere	Keine
Eigenschaften	Charakterstark, zärtlich, humorvoll, kinderlieb und natürlich
Freizeitgestaltung	Einfach nur ausruhen und entspannen, ins Kino/Theater gehen und Lesen
Hobbys	Kino, Literatur, Geschichte, Sport und Musik
Sport	Skifahren, Wandern/Trekking
Musikgeschmack	Symphoniekonzerte, Chansons/Lieder, Rock/Pop und Jazz/Blues
Instrument	Klavier
Sprachen	Englisch, Französisch und Deutsch
Lieblingszeitung / Zeitschrift	*FAZ*

Ich über mich

Meine Traumfrau:

Intelligent, einfühlsam, attraktiv (ein weiter Begriff!), zärtlich, humorvoll ...

Mein perfekter Tag:

(Gibt es eigentlich perfekte Tage, Menschen etc. ?)

Die für mich wichtigsten Dinge sind:

Meine Kinder

Mein Äußeres:

Groß, schlank, leicht angegraut, passables Gesicht, lache oft

Das Besondere an mir:

Allem Stress und allen Erfahrungen zum Trotz natürlich und humorvoll geblieben zu sein.

Wovon ich mich nie trenne:

Meine Kinder

Mein Lieblingsort:

Ein sehr hoher, frisch verschneiter, sonniger Skiberg

Welche Persönlichkeit ich gern kennenlernen würde ...

... da gäbe es einige, aber allen voran erst mal meine Traumfrau!

Was gar nicht geht:

Dummheit

Mein Wunschtraum wäre es ...

... manchmal einfach etwas geduldiger zu sein.

Nachricht von Martin 03. 10. · 14:16
Betreff: Kontaktgesuch

Liebe Powerfrau,
dein Profil hat es in sich, würde gern rausfinden, wer dahintersteckt. Ich kann zwar nicht besonders gut tanzen (dafür fahre ich leidenschaftlich gern Ski), halte mich aber für einen ganz akzeptablen Frosch, vielleicht lohnt sich ja irgendwann versuchsweise sogar ein Kuss. Meine Bilder werden von der Redaktion noch geprüft und wohl erst in den nächsten ein, zwei Tagen freigeschaltet. Auch der Frosch mag übrigens Norddeutschland sehr!
LG,
Martin

PS: Von High Heels mit fünfundneunzig rate ich dringend ab, muss ja nicht sein, dass man dich in gut vierzig Jahren im Rollstuhl über all die Parkette, auf denen du dich jetzt so virtuos bewegst, schiebt!

Nachricht von Ulrike 03. 10. · 18:22
Betreff: Frösche & Powerfrauen

Lieber Martin,
ich weiß ja nicht, was dich dazu verleitet hat, in mir eine Powerfrau zu vermuten. Ich nehme es als virtuelles Kompliment auf Kreditbasis, und danke herzlich. Beim Stichwort »Powerfrauen« fallen mir immer geschniegelt gebügelte, perfekt epilierte und augenbrauengezupfte Ladys in kleinen Kostümen ein, die stromlinienförmige Karrieren in den Glaspalästen der Metropolen dieser Welt hinlegen. Also: Das bin ich nicht. Eher gar nicht.
Das mit dem Tanzen ist auch eher im übertragenen Sinne gemeint, die wirklich richtig guten Tänzer sind eh meistens schwul (stimmt wirklich, manchmal wissen sie es nur nicht). Da ist mir der leidenschaftliche Macho-Skiläufer durchaus sympathisch. Ich fahre übrigens

leidenschaftlich gerne schlecht Ski, da ich leider einfach zu selten Gelegenheit dazu habe.
Ich bin mal gespannt auf die Bilder vom akzeptablen Frosch. Meine Froschbilder schalte ich schon mal frei, dann kannst du ja überlegen, ob du deine überhaupt noch senden möchtest.
Über High Heels und Rollstühle können wir uns eventuell bei Gelegenheit noch mal austauschen. Ich gebe da nicht so schnell auf. Wahrscheinlich spricht aus dir der schmerzensgelderprobte Volljurist. Auf welchem Fachgebiet tummelst du dich?
Herzlich am Donnerstag, Ulrike

Nachricht von Martin 03. 10. · 19:57
Betreff: Re: Frösche & Powerfrauen

Liebe Ulrike,
so, die Bilder vom Frosch sind jetzt freigeschaltet. (Ich laufe übrigens nicht ständig mit einem Bierglas durch die Gegend, wie das erste Bild vermuten lassen könnte, aber die Sonnenbrille vom Macho-Skifahrer auf dem zweiten Bild findest du hoffentlich auch cool!) Schmerzensgelderprobt bin ich nicht, sondern Wirtschaftsrechtler, der sich um gebrochene Verträge und nicht um pekuniären Ausgleich für geschundene High-Heels-Knöchel kümmert. Ersteres macht aber auch großen Spaß und ist ein ganz einträgliches Geschäft. Was verbirgt sich eigentlich hinter dem ominösen »Ich könnte prima ohne«? Bezieht sich das auf eine nervige Berufsbeschäftigung, oder ist es gleich das Motto fürs Leben? Und schick doch bitte mal ein Bild durch den Äther, auf dem du lachst. Ich bin nämlich sicher, dass du nicht nur eine Powerfrau bist, sondern auch ziemlich viel Humor hast. So, ich fahr jetzt mal von meiner Kanzlei nach Hause und hoffe möglichst bald wieder was von dir zu lesen.
Liebe Grüße von
Martin, the frog

Nachricht von Ulrike 03. 10. · 20:58
Betreff: Frische Frösche

Lieber Martin,
du scheinst ja als Novize in diesem Portal unterwegs zu sein. Wenn du willst, dass ich mir biertrinkende, sonnenbebrillte, skilaufende Anwaltsmachos ansehen soll – ich würde es gern tun. Dafür musst du deine Bilder per Mausklick aber extra für mich freigeben. Im Moment sehe ich nur was Verschwurbeltes mit viel blauem (vermutlich) Himmel im Hintergrund.
Ja, ich kann auch lachen. Ja, ich habe noch alle Zähne. Aber wer mich lachen sehen will, der muss mich zum Lachen bringen.
Meine Aufmerksamkeit in Schleswig-Holstein gilt einem ökologischen Projekt. Da geht es um die Kombination von nachhaltiger Landwirtschaft und Naturschutz. Das ist aber gar nicht so fettwollepulloverschrecklich wie es vielleicht auf den ersten Blick klingt. Es hat mit der Aufzucht und Vermarktung von Robustrindern zu tun. Ob ich das allerdings für den Rest meiner Tage tun werde, ist fraglich.
Schönen Abend für den Frischling, Ulrike

Nachricht von Martin 03. 10. · 21:43
Betreff: Re: Frische Frösche

Ooops, dachte, das funktioniert von selbst, wenn ich dir was schreibe. Jetzt müsste es aber mit den Bildern klappen. Ach, lieber Gott, lass ihre Enttäuschung nicht zu groß ausfallen ...

Nachricht von Ulrike 03. 10. · 22:42
Betreff: Ihre Enttäuschung …

… war nicht so groß, eher ihre Irritation. Und was ist eigentlich mit deiner Enttäuschung?

Lieber Martin,
hätte ich nur das erste Bild gesehen: Tschüss und *good bye*. Verspiegelte Sonnenbrille geht gar nicht. Von der Sorte Bilder sind einfach zu viele auf dieser Plattform unterwegs. Foto mit Sonnenbrille ist kein Foto, das ist Camouflage. Macht aber nix. Die anderen Bilder sind schon aufschlussreicher. Dass das immer derselbe Mann sein soll, ist aber schwer zu glauben. Hier gilt offenbar das schöne alte Motto: »Ich bin viele.«
Kurze Frage: Warum treiben sich knapp zwei Meter große Juristen, die nicht aussehen wie Stube und Küche, in dieser Kontaktbörse rum? Die kommen doch sonst noch nicht mal bis auf den freien Markt. Betörte Anwaltsgehilfinnen und weibliches Gerichtspersonal können das eigentlich nicht zulassen.
So, was machen wir nun? Kritisch Bilder geguckt, aber jetzt?
Schönen Abend nach Berlin,
Ulrike

Nachricht von Martin 04. 10. · 00:13
Betreff: Re: Ihre Enttäuschung …

Liebe Ulrike,
ich weiß gar nicht, wo ich anfangen soll. Eigentlich müsste ich jetzt ins Bett gehen, da ich morgen einen sehr großen und wichtigen Prozess habe. Aber den Eindruck, den das erste Bild auf dich gemacht hat, ist so falsch, wie nur irgendwas falsch sein kann. Ich bin vielleicht das krasseste Gegenteil von einem Aufreißertyp. So, jetzt klingelt ausgerechnet mein Telefon, und ich muss noch mal mit meinem Mandanten

sprechen. Will trotzdem noch kurz versuchen, ein paar Dinge zu erläutern: Lach jetzt bitte nicht, aber der knapp zwei Meter große Anwalt ist vielleicht nicht schüchtern, aber ziemlich zurückhaltend. Was mich zum Auftauen bringt, sind eine gefühlte Seelenverwandtschaft und Charme – gepaart mit Humor und Intelligenz. Ich war und bin mir ziemlich sicher, dass das, was ich in deinem Profil gelesen habe, davon eine ganze Menge enthält. Das hat mich dazu gebracht, dir zu schreiben. Sowohl meine Mitarbeiterinnen als auch die Kolleginnen bei Gericht können mich,

glaub ich, ganz gut leiden. Aber sie kennen mich und wissen, dass ich nicht so einfach mal zu haben bin. Außerdem denken viele, dass ich noch verheiratet bin, obwohl ich seit über drei Jahren getrennt lebe. Du erkennst daraus vielleicht, dass ich einigermaßen diskret bin. Vieles kann man mir unterstellen, aber ich bin kein »Womanizer«. (Ich fand Bill Clinton aber trotzdem einen tollen und charismatischen Präsidenten!) Zuletzt (bevor ich jetzt wirklich noch mal meinen Mandanten anrufen muss) noch etwas zu deinen Fotos: Ich bin sicher nicht der Erste, der dir sagt, dass du eine fantastisch aussehende Frau bist. Auch wenn Bilder immer Bilder sind und die Physiognomie, die Stimme usw. das eigentliche Salz darstellen, war ich hinreichend begeistert.

Dass ich kein Internetfake bin, kannst du unter den Stichworten »Martin Grönebaum, Berlin, Anwalt« googeln.

Gute Nacht,

Martin

Nachricht von Ulrike 04. 10. · 07:12

Betreff: Fake to Fake

Lieber Prof. Dr. Martin G.,

bin selbstverständlich zutiefst beeindruckt und gar nicht enttäuscht.

Da wir ja in jeder Hinsicht ganz schnell die verspiegelten Sonnenbrillen fallen lassen wollen, will ich da gleich nachziehen: Du kannst mal »Ulrike Bornschein« googeln. Vielleicht sollte ich noch erwähnen, dass ich

eine bereits sehr selbstständige Tochter habe, die noch einige Zeit in Kanada lebt. Ich bin also momentan Muttertier mit gedrückter Pausentaste, dennoch ungebrochen begeistert von diesem Kind. Und verblendet wie alle Eltern, das wirst du als zweifacher Vater wahrscheinlich verstehen können.
Wenn du kein Womanizer bist – ich bin kein Man Eater. Das könnten wir gelegentlich bei einem Rotwein gegenseitig überprüfen. Ich werde wahrscheinlich in der kommenden Woche in Berlin sein.
Ich denke, dass es grundsätzlich sinnvoll ist, sich schnell in die Augen zu sehen und abzuwarten, was die Pheromone machen. Denn die entscheiden schließlich über alles oder nichts. Wochen- oder monatelanges Mailen mit dem hilflosen Anspruch, schon mal wie auf einem Waschzettel alle Anwendungsweisen und Nebenwirkungen aufzulisten, ist meine Sache nicht. Natürlich kann ich nur dringend vor mir warnen. Trotzdem oder gerade deswegen ist der Realitätscheck hoffentlich kein Schock, aber das Einzige, was hilft.
Einen fröhlichen Freitag wünscht
Ulrike

Nachricht von Martin 04. 10. · 09:23
Betreff: Re: Übrigens …

… ich möchte dich darauf aufmerksam machen, dass die kommende Woche kalendarisch bereits am Sonntag beginnt und meine Geduld eine erfahrungsgemäß limitierte Ressource ist. Mach doch mal einen konstruktiven Vorschlag, wenn ich denn schon am Samstag allein zur »Langen Nacht der Museen« dackeln muss. Wenn du mich nochmals mit vollem Titel anschreibst oder -sprichst, schalte ich wiederum meinen eigenen Rechtsanwalt ein und meine Website ab!
Martin

Nachricht von Ulrike 04. 10. · 10:21
Betreff: Limitierungen

Mein lieber Martin,
na, da geht es schon los. Geduldsressourcenlimitierungen bei dir, Zeitressourcenlimitierungen bei mir.
Unklug wäre natürlich, gleich die ganze Website abzuschalten, dabei könntest du doch noch so schön stromern gehen, auf der Suche nach intelligenten, charmanten, humorvollen Powerfrauen. Also, denk noch mal nach, bevor du kurzschlussmäßig handelst.
Wenn du dich also noch ein paar Stunden bezähmen könntest, bevor du die finale Stornotaste drückst – wer weiß, wofür es gut sein könnte.
Bescheidene Juristen gibt es nicht, lieber Prof. Dr. Martin G. Eine gewisse Neigung zum Exponiertseinwollen scheint nach meiner (unmaßgeblichen) Erfahrung bei Juristen so etwas wie genetisch kodiert zu sein. Könnte sich auch um einen Gendefekt handeln.
Fröhliche Grüße vom platten Land,
Ulrike

Nachricht von Martin 04. 10. · 11:59
Betreff: Re: Limitierungen

Liebe Ulrike,
das klingt ja schon viel besser! Die Stornotaste habe ich erst einmal zugeklebt. Ohne bitte gleich an ein Rückzugsmanöver zu denken, aber am Sonntagabend gehe ich mit meinen Kindern Essen und bin wahrscheinlich erst so gegen 21.30 Uhr abkömmlich. Donnerstag und Freitag gingen auch. Freue mich sehr auf einen Eintrag in deinen Terminkalender.
Martin

Nachricht von Ulrike 04. 10. · 15:40
Betreff: Eintrag Terminkalender

Lieber Martin,
das Timing hat sich verschoben, leider um über eine Woche. Nach neuestem Planungsstand fahre ich erst am übernächsten Montag nach Berlin – und hätte abends frei zur allgemeinen Anwaltsbesichtigung. Vielleicht bin ich auch am Dienstagabend in der Stadt, das ist aber noch nicht sicher. Allerspätestens Mittwochvormittag muss ich wieder in der holsteinischen Walachei sein.
Wenn du möchtest, können wir vorher mal telefonieren. Du kannst mich mobil erreichen unter: 01 76 / 0 00 00 00.
Herzliche Grüße,
Ulrike

Nachricht von Martin 04. 10. · 16:02
Betreff: Powerfrauenplanung

Liebe Ulrike,
Stimmung auf Salzbergwerksstollenniveau. Und ich kann mich noch nicht einmal mit einem Skifahrwochenende trösten! Werde versuchen, mich nachher mal auf deinem Handy zu melden, leg dir ja eine plausible Entschuldigung zurecht.
Lieben Gruß vom Frosch

Nachricht von Ulrike 04. 10. · 18:34
Betreff: Abfahrtslauf im Bergwerksstollen

Lieber Martin,
es besteht noch gar kein Grund, die Laune auf unterirdisches Niveau sinken zu lassen. Deine Pheromone wissen doch noch gar nicht, wo's lang geht. Zumindest was mich betrifft.

Zentrales Problem beim Leben auf dem Land mit Tieren: Es ist ziemlich viel Anwesenheit erforderlich. Wenn nämlich, wie heute Nacht passiert, plötzlich eine uralte Birke umfällt – unter Mitnahme des elektrifizierten Zauns –, dann gehen im schlimmsten Fall meine zukünftigen Steaks spazieren. Und im Zweifelsfall weiß ich nicht genau, wohin.
Um die Kommunikation zu erleichtern, gebe ich dir noch meine private E-Mail-Adresse: ulrike.purblind@gmx.de.
Ich freue mich, bald von dir zu hören, Ulrike

Es folgt in der Nacht vom 4. auf den 5. Oktober ein dreistündiges Telefonat, das von 23 Uhr bis zwei Uhr früh dauert.

SMS von Martin 06. 10. · 23:18

Bin allein in der »Langen Nacht der Museen« unterwegs. Trinke Weißwein und genieße Cranachs »Jungbrunnen«. *By the way:* Warum schickte der nur Frauen da durch?

SMS von Ulrike 06. 10. · 23:29

Hm. Lass mich überlegen.

SMS von Ulrike 06. 10. · 23:31

Wahrscheinlich hatten nur sie es in Cranachs Macho-Augen nötig.
Ich trinke Rotwein.

SMS von Martin 06. 10. · 23:47

Du liegst ziemlich richtig. Ein Kunsthistoriker erzählt mir eben, dass die reichen alten Männer (die konnten sich das leisten) nur makellose Schönheit tolerierten. Ist zwar eine langweilige Einstellung, aber andererseits irgendwie auch ästhetisch und genussvoll.

SMS von Ulrike 06. 10. · 23:55

Ist das heute so großartig anders?

Es folgt ein über siebenstündiges Telefonat, von viertel nach eins bis morgens halb acht, das nur gelegentlich zum Wechseln leer telefonierter Akkus unterbrochen werden muss.

SMS von Ulrike 07. 10. · 11:25

Fantasiere ich, oder haben wir wirklich die ganze Nacht miteinander telefoniert? Wenn das stimmt, wäre das schräg und romantisch zugleich.
Ulrike

E-Mail von Martin 07. 10. · 13:00
Betreff: Schräg und romantisch

Guten Morgen meine Liebe,
nach dem Winkel meiner Augenlider zu urteilen, haben wir wohl tatsächlich die letzte Nacht zusammen verbracht! Bin mal sehr gespannt, wie die Woche rumgehen wird. Musst aber keine Bedenken haben, ich werde das Ganze jetzt nicht mit irgendwelchen utopischen oder

idealisierenden Erwartungen überfrachten. Bin einfach nur ein schrecklich neugieriger Romantiker.
Um den Informationsgehalt zu steigern, habe ich ein paar zusätzliche Bilder aus meinen tiefsten Archiven ausgegraben.
Ich hoffe, du kannst dich heute ein wenig von meinem nächtlichen Telefonterror erholen und mit deinen Kälbern ausgiebig kuscheln.
Herzlichst, dein Frosch

E-Mail von Ulrike 07. 10. · 14:12
Betreff: Kälber und Frösche

Mein Lieber,
was soll denn bloß passieren, wenn ich den Mann, der aussieht wie ein Womanizer (aber schlapp zu argumentieren versucht, er sei ein Frosch), küsse? In was verwandelst du dich bitte?
Du bist ein ausgesprochen attraktiver Mann, aber das weißt du natürlich. Verzweifelte Anwältinnen verschiedenster Fachrichtungen beißen sicher nachts in die Kissen, weil der schöne und strafverschärfend auch noch sportliche Jura-Professor nichts und keine an sich ranlässt (behauptet er jedenfalls publikumswirksam).
Das sind ja ganz entzückende Bilder. Ich sehe schöne und gepflegte Hände, ich sehe einen ausgesprochen sinnlichen Mund in Kombination mit einer überaus gelungenen Nase. Und ich sehe eine Rückenansicht, die auf einen knackigen Anwaltshintern hoffen lässt. Deine Eltern haben ganze Arbeit geleistet, Kompliment. (Allerdings: Es gibt nichts Unsexyeres als Familienväter, die Autos beladen. Dabei sollte man sich nicht fotografieren lassen.)
Ich habe heute schon ausgiebig mit meinen Kälbern gekuschelt.
Das ist aber durchaus pädagogische Arbeit, falls man das so nennen kann. Ich muss nämlich erst ihren mehr oder weniger stark vorhandenen Fluchtreflex überwinden. Das braucht viel Zeit und Geduld.
Natürlich will ich auch nichts überfrachten, aber ich verrate nicht

zu viel, wenn ich zugebe, dass du dich durchaus geschickt an meinen gut getarnten romantischen Adern zu schaffen machst.
Obwohl wir am übernächsten Montag nur zehn bis fünfzehn Sekunden brauchen werden, um feststellen, ob wir etwas voneinander wollen und welche Konsequenzen wir daraus ziehen werden, plane ich meine Berlin-Visite so großzügig, dass ich auch am Dienstag Zeit haben werde. Ob wir dann beide Abende tatsächlich miteinander verbringen wollen, steht auf einem anderen Blatt. Das ist also lediglich eine Option – ohne Erwartung oder Druck.
Ich bin sehr gespannt auf dich und habe eine ominöse Vorfreude im Bauch.
Hocherfreut,
Ulrike

SMS von Ulrike 07. 10. · 20:40

Ich würde gern bereits morgen entgegen jeder Vernunft und ursprünglicher Planung nach Berlin kommen, um dich abends zu sehen. Natürlich nur, wenn der Termin passt. Ulrike

SMS von Martin 07. 10. · 20:52

☺☺☺

SMS von Ulrike 07. 10. · 20:55

Oh, du bist morgen schon mit drei charmanten Damen verabredet? Das ging ja fix. Ich komme trotzdem und helfe dir als Coach bei der Auswahl aus *best of three*. Ich freu mich auf dich. Ulrike

SMS von Martin 08. 10. · 16:41

Hoffentlich hast du eine gute Fahrt. Wie wäre es mit dem Restaurant »Sale e Tabacchi« in der Kochstraße? Gruß, Martin

SMS von Ulrike 08. 10. · 17:16

Schöne Idee. Bin unterwegs. Allerdings erst seit einer Viertelstunde. Könnte eine Punktlandung werden. Ulrike

SMS von Martin 08. 10. · 20:10

Ich sitze ganz hinten am Fenster, geradezu – und erwarte dich.

Die Begegnung mit Martin

Ich parke günstig und habe gerade noch genug Zeit, mich eilig im Auto zu schminken. Meine nachmittags sorgfältig gefönten Haare haben die dreistündige Autofahrt ganz gut überstanden. Ich will keinesfalls aufgebrezelt wirken. Dann rein ins Restaurant. Zuerst versuche ich schnellstmöglich zu erfassen, wo Martin sitzt. Hilfloses Herumsuchen wirkt unprofessionell und sieht nach Blind Date aus.

Er sitzt, wie angekündigt, im hinteren Bereich des Restaurants am Fenster. Der Tisch ist strategisch gut gewählt, ich sehe und erkenne ihn sofort. Auch registriere ich, dass er bei der Platzwahl berücksichtigt hat, trotz grottenschlechter Akustik (ein gesetzmäßiges *must have* bei allen In-Italienern Berlins) ein privates Gespräch führen zu können: Der Abstand zu den benachbart sitzenden Gästen ist gerade groß genug, dass es wohl keine unfreiwilligen Zeugen einer möglichen zwischenmenschlichen Annäherung geben wird.

Er sieht mich, steht sofort auf (Könnte es sich um einen Gentleman handeln?), strahlt übers ganze Gesicht und wirkt dabei jungenhaft unsicher. Trotz seiner spürbaren Aufgeregtheit nimmt er mich in den Arm. Während ich leicht seine rechte Wange streife, ohne ihn zu küssen, versuche ich, seinen Geruch aufzunehmen und atme durch die Nase ein. Wir haben uns während der beiden endlosen nächtlichen Telefonate ausgiebig über die Macht der Pheromone unterhalten. Wir sind überzeugt, dass es nur weniger Sekunden bedarf, um die Weichen zu stellen. Dagegen kann es endlos dauern, bis die unwiderruflichen Entscheidungen, die von diesen divenhaften Botenstoffen längst gefällt wurden, sich bis in unser Bewusstsein durchfressen werden.

Seine Schultern sind schmaler als ich es bei einem Einsneunzig-Mann vermutet hätte. Er trägt einen schwarzen Rollkragenpullover, Jeans und schwarze, gepflegte Halbschuhe der oberen Preisklasse, gediegen, aber nicht luxuriös. Brauner Gürtel zu schwarzen Schuhen, na ja. Mit dem Gürtel hat er die Jeans oberhalb der Hüftknochen festgezurrt, der Pullover steckt in der Hose. Damit ist die wohl vorhandene schmale Silhouette gründlich vernichtet. Vielleicht steckt hinter dieser kleinen Modesünde aber nur mangelnde Eitelkeit. Sollte mir längerfristig an diesem Hintern gelegen sein, kann man den Eigentümer desselben vielleicht modisch sensibilisieren.

Während wir die ersten vorsichtig-belanglosen Sätze austauschen und beim Ober die Getränkebestellung aufgeben (grünen Tee und Pellegrino für mich, nach dreistündiger Autofahrt ist das auch verständlich; aber warum trinkt der Mann als Aperitif Prosecco?), versuche ich, die sehr unterschiedlichen Bilder, die ich bis jetzt von Martin im Internet gesehen habe, mit seiner dreidimensionalen Erscheinung in Einklang zu bringen. Das ist schwierig, denn für mich ist keine Linie erkennbar.

Durch das exzessive Telefonieren während zweier Nächte habe ich schnell den Eindruck, dass wir ein intensives Gespräch fortsetzen. Es ist eine Art irrationaler Nähe und Vertrautheit vorhanden. Wir sprechen über Beruf und Kinder, wir klammern nicht mal das klassische No-Go-Thema für ein erstes Treffen aus, das da lautet: »Trennung vom Partner – Daten, Fakten, Hintergründe.«

Er erzählt vom Sterben einer Liebe, von seiner einsamen Entscheidung, eine Frau verlassen und eine Familie zerreißen zu müssen. Von seinen Skrupeln, seinen Schuldgefühlen, von lebenslanger Verantwortung. Sehr offen, sehr uneitel, aber durchaus auch selbstbewusst. Er musste tun, was ein Mann eben tun muss.

Weil noch nicht erkennbar ist, ob dieser Abend das Zeug zum Rotwein-Anlass hat (das sind nach Martins Lesart die besonderen Anlässe im Leben), bestellen wir beide sicherheitshalber Fisch, denn dazu können wir Weißwein trinken und haben die Rotwein-Klippe vorerst umschifft. Vielleicht wechseln wir später noch dazu über, wer weiß.

Der Mann, der mir da gegenübersitzt, verändert sein Gesicht in dem Maße, wie er sich langsam zu entspannen scheint. Ich beobachte durchaus fasziniert, wie der reserviert-freundliche Anwalt mit introvertiertem Lächeln zu einem attraktiven Mann mutiert. Eine jungenhafte Sexyness kommt zum Vorschein. Ich nehme plötzlich seinen ausgesprochen sinnlichen Mund wahr, der in der Mitte der sanft und breit geschwungenen Unterlippe eine kleine, halbrunde Ausbuchtung hat. Über diesen Mund wölbt sich eine eigentlich zu große, aber gerade und wohlgestaltete Nase mit schräg stehenden Nasenlöchern und einer fast bis über die Oberlippe auslaufenden Spitze.

Die Brauen liegen eher seitlich an seinen Augen an, als dass sie diese einrahmen würden. Die außergewöhnliche Schrägstellung der Augenbrauen scheint eine schutzlose Melancholie zu signalisieren, was bei mir eine sofortige Beißhemmung auslöst.

Das Gesicht hat einerseits eine außergewöhnliche Symmetrie, wirkt aber andererseits wie ungereimt. Ich beginne, mich für den Mann mit dieser irritierend markanten Ausstrahlung zu interessieren.

Ortswechsel. Wir fahren jetzt vom Kreuzberger »Sale e Tabacchi« nach Mitte, jeder in seinem Auto. Der Zeitpunkt verlangt nach einer Bar. Hier wird sich die Entscheidung anbahnen, ob der Abend doch noch ein Rotwein-Anlass wird. Und richtig: Nach kurzem Hin und Her bestellen wir einen »Sizilianer mit Cassis-Tönen«, so verspricht es jedenfalls der Barmann. Wir folgen seiner Empfehlung, stellen aber fest, dass an dem Mann kein Sommelier verloren gegangen ist. Das haben wir auch gar nicht erwartet, denn wir sind in einem Szene-Laden und nicht im Sterne-Restaurant. Der Wein ist mittelprächtig genießbar. Martin und ich sitzen am Kopfende einer langen Bar, sogar relativ ungestört. Das bis jetzt von einer Bistrotischplatte im »Sale e Tabacchi« zuverlässig behinderte Bedürfnis nach Körperkontakt meldet sich bei ihm – und auch bei mir. Meine Finger finden sich in Martins ansprechenden Juristenhänden wieder – und werden sehr vorsichtig gestreichelt. Er küsst sanft meine Fingerspitzen. Ich stelle fest: Der Mann gefällt mir. Seine Pheromone haben mir vielleicht was mitzuteilen. Er riecht gut, er verströmt eine angenehme Körperlichkeit. Er zieht mich an sich, ich spüre eine straff-sportliche Schlankheit. Er küsst mich, ich küsse ihn. Wir sprechen über Begehren, Erotik und Sex. Was definiert guten Sex? Ich sage: »Wenn er ohne Eile ist.« Er sagt: »Wenn er Grenzen einstürzen lässt, entgrenzt.« Ich denke: Gut, aber bitte nicht gleich beim ersten Mal.

Gegen zwei Uhr morgens fängt die Tresenbesatzung der Bar an, Aufbruchstimmung zu verbreiten. Berlin ist eben keine Dienstleistungsmetropole. Ich bedaure, dass das zwanglose Rumknutschen (dabei aber noch öffentlichkeitskompatibles Kuscheln) jetzt aufhören muss.

Draußen ist es regnerisch und kalt. Wir stehen zwischen unseren beiden, zwei Stunden zuvor gedankenlos im absoluten Halteverbot abgestellten Autos. Martin lotst mich in seinen standheizungsbewehrten, kinderfreundlichen BMW-Kombi. Gehobene Mittelklasse – wie seine Schuhe.

Er ist deutlich unentschlossen – fordernd und zögerlich zugleich. Seine Körperreaktionen sind offensichtlich, aber nach fünfzehnminütigem Geplänkel entschließe ich mich zum Abbruch der Aktion. Der arme Mann muss in weniger als vier Stunden schon wieder rechtliche Verantwortung tragen. Außerdem: Verschärftes Petting in einer Familienkutsche ist für meinen Geschmack kein optimales Aphrodisiakum.

Mein leider waches Unterbewusstsein registriert eine bedauerliche Inkongruenz. Zarte Verführung sieht anders aus und fühlt sich anders an. Für einen gepflegten One-Night-Stand hätte die Frage nach dem Wohin inzwischen geklärt sein müssen. Andererseits sprechen seine Hände in meinem BH eine eindeutig neugierige Sprache. Ich bedanke mich also für einen zauberhaften Abend und entsteige seinem Auto. Zu meiner Überraschung startet er sofort – ohne sich zu vergewissern, dass ich zu meinem Wagen gelange, geschweige denn, dass er mich dorthin begleiten würde. Ich verharre konsterniert ein paar Augenblicke, bevor ich den Motor starte und nach Hause fahre. Ich bin soeben ziemlich hart gelandet und absolut sicher, dass ich Martin nicht mehr wiedersehen werde. Das war eine Flucht. Die Flucht eines Unentschlossenen. Ich schlucke hart, denn ich hätte ihn sehr gern näher kennengelernt.

Mich von ihm verführen lassen. Ich hätte sehr gern Sex mit ihm gehabt.

Berlin im Oktober, morgens um halb drei bei Nieselregen, ist ein unwirtlicher Ort. Wenn man allein nach Hause fährt – und nicht allein sein will.

E-Mail von Martin 09. 10. · 11:02
Betreff: Gestern

Liebe Ulrike,
das war ein sehr schöner Abend gestern. Ich habe eine äußerst attraktive, charmante und hochintelligente Frau erwartet – und auch zu Gesicht bekommen. Wie in den Tagen zuvor am Telefon wird es mit dir nicht langweilig. Es gibt immer etwas zu reden, ohne dass wir uns dabei in Belanglosigkeiten verlieren. Darüber hinaus hast du im Verlauf des Abends sicher auch gemerkt, dass ich ziemlich erregt war. Es hätte nicht viel gefehlt und ich hätte alle meine »Hüllen« fallen lassen. Warum ich so zögerte, hatte vielleicht ein bisschen mit dem Ausblick auf den bevorstehenden Arbeitstag zu tun. Der entscheidende Grund aber lag in einer Unsicherheit, die ich zunächst selbst nicht so richtig verstand. Nachdem ich jetzt darüber geschlafen habe, ist es mir nun klarer. Benebelt von deiner Erscheinung, dachte ich den ganzen Abend, okay, sieht ja alles ziemlich perfekt aus, lass es laufen. Manchmal kommen die schönen Überraschungen des Lebens eben ohne lange Vorankündigung.
Was mir heute Morgen, als ich aufwachte, aber plötzlich bewusst wurde, war, dass ich trotz all der schönen Sinneseindrücke keine richtigen Schmetterlinge im Bauch gespürt hatte. Ich glaube, dass eben diese Schmetterlinge beim Start einer richtigen Beziehung eine nicht ganz unwichtige Voraussetzung sind, sonst geht die Sache schief, bevor sie richtig angefangen hat. Dass dieses Kriterium keine Garantie für eine dauerhafte Partnerschaft darstellt, weiß ich, aber ohne geht es wohl auch nicht. Insofern bin ich froh, dass ich gestern meinen Trieben nicht ganz

nachgab und dadurch vielleicht größere Enttäuschungen auf beiden Seiten verhindert habe. Leichtgefallen ist es mir nicht.
Was wir jetzt damit machen, kann ich nicht so recht sagen. Ich will nicht die Augen vor der Realität verschließen, und ich will außerdem offen mit dir umgehen (wie bisher mit allem, was ich dir von mir und meinem Leben offenbart habe). Ich wünsche mir sehr, dass du mich wenigstens ein bisschen verstehst.
Ich schicke dir eine Umarmung,
Dein Martin

SMS von Martin 09. 10. · 22:34

Liebe Ulrike, ich hatte dir heute Vormittag eine E-Mail geschickt und weiß nun gar nicht, ob du sie gelesen hast. Ich hätte mich sonst schon gemeldet. Werde jetzt versuchen, etwas Schlaf aufzuholen. Liebe Grüße, Martin

SMS von Ulrike 09. 10. · 23:46

Deine Mail habe ich erhalten und ihren Inhalt so gedeutet, dass eine Antwort keine Eile hat. Ich habe aber vor, dir zu antworten. Danke für den schönen Abend. Ulrike

E-Mail von Ulrike 14. 10. · 14:00
Betreff: Startverbot für Schmetterlinge

Lieber Martin,
ich habe in den letzten Tagen Zeit gehabt, über unsere rasante kleine Nichtaffäre nachzudenken und unseren gemeinsamen Abend auf mich wirken zu lassen.
Wir konnten feststellen: Es lauern die übrigens immer gleichen Gefahren

wie Fußangeln am Wegesrand. Es sind die unrealistischen Wünsche, die romantischen Träume, die wir angeblich längst nicht mehr haben. (Das behaupten wir wenigstens.) Gut getarnt und verborgen unter vermeintlicher Gelassenheit und cooler Erwartungslosigkeit. Sie verbargen sich zwischen den Zeilen jeder Mail und auch, als wir zwei Nächte lang miteinander telefonierten. Denn sowohl der schriftliche Austausch als auch das vertraute Telefonieren im Vorfeld sind zum Scheitern verurteilte Versuche, sich eines Gefühls vergewissern zu wollen, das realistisch betrachtet noch gar nicht existiert. Ich dachte, es fühlt sich richtig gut an, denn schreibt er nicht komplex und flüssig? Seine Stimme kann ins Erotische fließen, mit melodisch-alpinem Timbre, Balsam für meinen in letzter Zeit selten gespürten weiblichen Solarplexus. (Von anderen Chakren schweige ich lieber, du bist schließlich ein analytisch denkender Jurist.) Seine Signale bedeuten Interesse, Zugewandtheit – es knistert.
Es ist wohl so: Wenn Mann und Frau sich in der Absicht gegenseitiger emotionaler Befassung begegnen, dann ist Erwartungslosigkeit eine kühne Illusion, dem Wunsch nach innerer Autonomie geschuldet. Und die Crux mit den Erwartungen ist eben, dass sie – in allerbester Tradition von Murphys Law –, wenn schon nicht enttäuscht, dann doch mindestens nicht erfüllt werden. Obwohl enttäuschte Erwartungen eigentlich besser zu verkraften sind als unerfüllte.
So viel zur Theorie. (Oder dem, was ich dafür halte.)
Wenn ich gezwungen wäre, meinen Gefühlstenor unseres gemeinsamen Abends auf den berüchtigten kurzen Nenner zu bringen, dann würde ich sagen: interessierte Irritation. Der unmittelbar erste Eindruck, der sich mir in deinen so völlig unterschiedlichen Fotos vermittelt hatte, erwies sich als richtige Fährte: Ich saß am Tisch, an der Bar und zum Schluss etwas verrutscht im Auto mit »Mr. Ich-bin-viele«.
Ich wusste natürlich, dass ich trotz intensivem digitalen und akustischen Austausch einen mir gänzlich fremden Mann treffen würde. Eine erste Scheu musste also zunächst überwunden werden. Mir stand, trotz gemeinsamer Nächte überbrückender Telefonate, ein introvertiert wirkender Mann gegenüber, der gelernt hatte, mit seinen Aufgeregtheiten

umzugehen. Das fand ich ehrlich und sympathisch zugleich. Im Laufe des Abends habe ich dann etwas Faszinierendes erlebt: Du hast dich von einem nicht eigentlich unscheinbaren, aber auf eine selbst gewählte Weise unauffällig wirkenden Familienvater in einen extrem gut aussehenden Mann mit großer erotischer Ausstrahlung verwandelt. Diese Veränderung konnte ich zu meiner Verblüffung ganz deutlich beobachten. Deine außergewöhnliche Bildung, deine Weltläufigkeit und dein Charme wirkten bei mir als wirksame Argumente, dich immer anziehender zu finden. In der Bar mochte ich deine vorsichtige Zärtlichkeit, denn mit Zurückhaltung bekundetes Interesse kann so sexy sein. Und dass du gut küssen kannst, weißt du natürlich. Ich jetzt auch. Ich sonnte mich also darin, mich in Gesellschaft eines wunderbar aufmerksamen Mannes zu befinden.
Beim Verlassen der Bar registrierte ich deine nervöse Unentschlossenheit. Rückblickend bedaure ich, dass auch ich nicht genügend Entschlusskraft besessen habe, diesen bis dahin wirklich bezaubernden Abend zu beenden und unmittelbar nach Hause zu fahren. Denn den kleinen Exkurs in deinem Auto hätten wir besser lassen sollen. Ich hatte ein heftiges Déjà-vu nach dem anderen, fühlte mich an wild-unentschlossene Petting-Marathons aus längst und zu Recht verdrängten Teenie-Zeiten erinnert (die Autos waren Anfang der Achtzigerjahre allerdings bei Weitem nicht so komfortabel und wohltemperiert) – und spürte die emotionale Schräglage unausweichlich auf mich zurutschen.
In deinem Auto wurdest du emotional wohl wieder zum Familienvater, dem allerdings die Hormone außer Kontrolle zu geraten drohten. Was dir sichtlich Probleme bereitete. Ich habe da ungewollt und unbewusst fremdes Territorium betreten. Ich fühlte mich auf einmal völlig deplatziert. Es war einfach der falsche Zeitpunkt, dir zu erlauben, nachzuspüren, wie meine Brüste unter dem BH proportioniert sind. Und es war ebenfalls absolut der falsche Zeitpunkt, um festzustellen, wie wohlgeraten sich deine Erektion im Schutze deiner enger werdenden Jeans anfühlte. Als ich mich endlich losreißen konnte, war natürlich alles zu spät, der Reiz verflogen. Ich erinnere mich noch, dass ich dein Auto

einem flüchtenden Tier gleich in der Nacht verschwinden sah. Das fand ich ein wenig uncharmant, konnte es aber nachvollziehen.
Meine selbstkritische Analyse fällt so aus: Ich hätte berücksichtigen müssen, dass ich einem Mann, für den familiäre Bindungen, Beständigkeit und Treue ganz zentrale Werte darstellen, der beruflich sehr erfolgreich ist und sich in einem konservativen, hierarchisch geordneten System bewegt, deutliche Signale senden muss. Dazu, was geht, was sein darf, was sein kann.
Diese Art der strategischen Planung entspricht aber leider nicht meinem etwas impulsiven Charakter. Ich neige, wenn mein Interesse geweckt wurde, zu kompromissloser Neugier. Darum ist Sex beim ersten Date für mich kein No Go (allerdings auch kein Must).
Das mit dem Starten und Fliegen der oft zitierten Schmetterlinge ist eine ebenso diffizile wie individuelle Angelegenheit. Und natürlich entzieht sich das Einsetzen oder eben Nicht-Einsetzen dieses Schmetterlingsflugs jeder kognitiven Steuerung, geschweige denn intellektuellen Beeinflussung. Um es kurz zu machen: Deine Schmetterlinge waren mit ihrer Entscheidung, am Boden zu bleiben und Dienst nach Vorschrift zu machen, viel schneller als meine. Die sind eher gewerkschaftlich organisierte Bummelanten und warten erst mal ab. Piano, piano. Wenn allerdings das Umfeld stimmt und alle Bereiche – Kopf, Seele, Eros – angesprochen werden, dann jagen sie auch schon mal tiefflugartig los. Dazu kam es aber nun nicht.
Wenn wir so wollen, hast du mich mit deiner blitzartigen Gefühlserkenntnis und deiner unmittelbaren und wunderbar ehrlichen Reaktion per E-Mail vor seelischem Kummer, vielleicht sogar Herzeleid bewahrt. Diese Deutung ist absolut zulässig.
Der Abend endete allerdings auch wiederum zu schräg, als dass ich im Hochgefühl unmittelbar bevorstehenden Liebeswahns nach Hause gefahren wäre.
Mein lieber Martin, jetzt bist du kein Novize in Sachen Internet-Liebe mehr, und das Glück hat dich per Mausklick (noch nicht) angesprungen. Aber das kann ja noch kommen. Ich wünsche es dir jedenfalls von Herzen. Du bist nämlich ein toller Mann.

Solltest du bis zur nächsten »Langen Nacht der Museen« noch unverliebt sein (eigentlich kaum vorstellbar), dann lass mich das wissen. Wir könnten bei nächtlichem Weißwein (Rotwein ist wohl nicht unser Getränk) angeregte Diskussionen über Machos, Cranach und Jungbrunnen führen.
Sehr herzliche Grüße von Ulrike

Martin hat sich danach nicht mehr gemeldet.

> *Viele Leute müssen mit ihrer Enttäuschung leben. Aber ich muss mit meiner schlafen.*
>
> Al Bundy

Alexander, der ewige Ossi

Oder: So auskunftsfreudig wie die Stasi

ALEXANDER im PAIRFECT-Profil

Matching-Stars	★★★★
Person	46 Jahre, 187 cm, geschieden
Beruf	Politikberatung
Wohnort	Berlin, Deutschland
Abgeschlossenes Studium	Ja
Kinder	1
Religion	Evangelisch
Raucher	Ja
Haustiere	Keine
Eigenschaften	Optimistisch, humorvoll, unabhängig, ausgleichend und selbstbewusst
Freizeitgestaltung	Siehe Hobbys
Hobbys	Lesen, Tanzen (Tango/Salsa), Sport
Sport	Laufen, Radfahren
Musikgeschmack	Tango, Jazz/Blues
Instrument	–
Sprachen	Deutsch, Englisch, Spanisch, Portugiesisch
Lieblingszeitung / Zeitschrift	Einige mehr, als hierher passen würden

Ich über mich

Meine Traumfrau:
Intelligent, charmant und hoffentlich nicht nur ein Traum

Mein perfekter Tag:
An einem sonnigen Morgen mit einer großen Tasse Tee und einem guten Buch auf meiner Terrasse sitzen und die Zeit vergessen.

Die für mich wichtigsten Dinge sind:
Leidenschaft, Liebe – und meine Tochter

Mein Äußeres:
Insgesamt ganz okay (glaube ich), groß, schlank, sportlich, kurzhaarig, hervorragend rasiert

Das Besondere an mir:
Ein ausgesprochen guter Zuhörer zu sein

Wovon ich mich nie trenne:
Von meiner Passion für den Tanz

Mein Lieblingsort:
Berlin

Welche Persönlichkeit ich gern kennenlernen würde …
Michail Gorbatschow

Was gar nicht geht:
Intoleranz, Arroganz und Eitelkeit

Mein Wunschtraum wäre es …
… dazu beizutragen, dass die Welt ein wenig besser wird.

Nachricht von Alexander 30.10. · 13:31
Betreff: Kontaktanfrage

hallo,
mir gefällt ziemlich gut, was und wie du über dich schreibst.
vielleicht hast du lust, mir zu antworten. ich würde mich freuen.
viele grüße
alexander

Nachricht von Ulrike 30.10. · 19:48
Betreff: Antwortlust

Hallo Alexander,
danke für deine Mail. Erfreut bin ich über die Kongruenz von Selbstbeschreibung und Foto. Da musste ich mich bei meinen ersten PAIRFECT-Gehversuchen ein paar Mal schwer erschrecken. (Obwohl wir ja alle aufgeklärt und nicht auf Äußerlichkeiten fixiert sind ...)
Die Berufsbezeichnung »Politikberatung« ist mindestens so aussagekräftig wie mein »Ich könnte prima ohne«. Bei mir heißt das, dass ich mein bisheriges Berufsleben mit Werbung, PR und Veranstaltungsorganisation rumgebracht habe. Momentan bin ich etwas über den Bedarf mit Arbeit ausgelastet, daher bin ich eventuell nicht in der Lage, einen sehr regelmäßigen Mail-Verkehr aufzubauen. Wenn dich das nicht stört – ich freue mich auf deine Antwort.
Schönen Sonntagabend in Berlin,
Ulrike

Nachricht von Alexander 31. 10. • 23:16

Betreff: freiheit, erotik und südamerika

hallo ulrike,
danke für deine mail und für dein foto. mir gefällt, wie du schreibst. – »antwortlust« und »erschrecken bei ersten PAIRFECT-gehversuchen«.
und mir gefällt, wie du aussiehst. ein treffen von erotik und klugheit scheint also nicht unmöglich ...
mich stört es nicht, dass du zu einem »regelmäßigen mail-verkehr« nicht in der lage bist. ich nämlich auch nicht. aber ein, zwei mails sollten wir vielleicht noch schaffen in dieser woche, denn ab sonnabend bin ich für drei wochen in südamerika. wobei auch das nicht mehr aus der welt ist: internetcafés gibt es dort inzwischen an jeder straßenecke.
damit bin ich auch schon beim beruf. ich arbeite für eine konservative organisation, die in der politikberatung tätig ist, und habe dort vor allem mit unserer arbeit in südamerika zu tun.
ansonsten wohne ich ganz normal in berlin und bin gelegentlich beruflich unterwegs. ich habe eine tochter, die – ähnlich wie deine tochter jetzt – vor ein paar jahren austauschschülerin (in den usa) war. inzwischen studiert sie, zurzeit in barcelona.
mir gefällt übrigens dein satz, dass du zugleich frei und nicht allein sein willst. ich glaube, dass liebe nur so richtig und ganz sein kann: freiheit und verbindung in einem. nur dann hat sie eine chance, von dauer zu sein. das ist – davon bin ich überzeugt – auch die beste voraussetzung für erotik, um direkt und unversehrt vom kopf in den körper und wieder zurück zu kommen. immer wieder neu ...
jetzt wünsche ich dir schöne träume heute nacht und freue mich auf deine antwort.
alexander

Nachricht von Ulrike 02. 11. • 02:47
Betreff: Re: freiheit, erotik und südamerika

Lieber Alexander,
ich mochte deine Mail. Kein großer Erklärungsbedarf, keine sprachlichen Verrenkungen. Unkompliziert – unter Verzicht auf Belanglosigkeit.
Ich bin ab morgen in Berlin, bleibe aber nur zwei Tage.
Ich würde spontan sagen, dass die zu erwartende Menge an Gedankenaustausch zwischen uns so groß sein kann, dass es mindestens für einen gemeinsamen Kaffee reichen sollte.
Solltest du also auch spontan Zeit, Lust & Gelegenheit haben, ruf mich an. Vielleicht ergibt sich ja was.
Ulrike

Nachricht von Alexander 02. 11. • 06:55
Betreff: in berlin

liebe ulrike,
schön, dass du nach berlin kommst. ich werde versuchen, dich anzurufen.
vielleicht können wir uns dann spontan sehen.
bis bald,
alexander

Anruf von Alexander 02. 11. • 12:55

Obwohl ich damit rechne, dass Alexander sich meldet, bin ich aufgeregt, als mein Handy klingelt und ich eine Berliner Nummer auf dem Display sehe. Ich stehe mitten auf einer Weide im Naturschutzgebiet, umringt von anhänglichen Kühen, die wegen des für sie ungewohnten Klingeltons die Köpfe leicht heben und neugierig die Ohren aufstellen. So ähnlich sehe ich in diesem Moment wahrscheinlich auch aus.

Das Gespräch ist kurz und eher sachlich, Alexander scheint nicht viel Zeit zu haben. Wir verabreden uns für den nächsten Tag um 16 Uhr im »Café Einstein« in der Kurfürstenstraße. Er hat eineinhalb Stunden Zeit, bevor er zu einem Termin muss. Nach dem Telefonat bin ich etwas ernüchtert. Seine Mails strahlen in meiner Wahrnehmung eine Zartheit aus, die mich sehr berührt. Wohl deswegen habe ich etwas mehr Wärme in seiner Stimme erwartet. Ich versuche, dem nicht zu viel Bedeutung beizumessen.

Die erste Begegnung mit Alexander

Ich bin den ganzen Tag unkonzentriert und aufgeregt, überlege unangebracht lange, was ich anziehen soll, verwerfe alle möglichen Stylings, um mich am Ende für ein fast komplett schwarzes Outfit zu entscheiden. Jeans kombiniert mit einem tief (aber nicht zu tief) ausgeschnittenen Pullover, ziemlich noble Stiefel, hoch und spitz, als Farbkontrast ein knallroter Pashmina-Schal. Kleine Kreolen und ein schweres Armband aus Gold sollen einen verhalten luxuriösen Eindruck vermitteln. Als ich meine Wohnung verlasse, strahlt die Sonne melancholisch intensiv von einem violettblauen Fast-noch-Oktober-Himmel. Meine große, schwarze Sonnenbrille ist damit gerechtfertigt.

Ich treffe relativ frühzeitig im »Café Einstein« ein. Für mich, die normalerweise immer auf den letzten Drücker erscheint, ist das ein Umstand, der mich nachdenklich stimmen sollte.

Das Nachmittagsgeschäft ist in vollem Gang. Gut situierte Intellektuelle mit ihren jungen Geliebten sowie amerikanische Touristen auf Spurensuche nach dem alten Westberlin bevölkern die Tische. Außerdem Einzelgänger – gleichsam lebendiges Inventar –, die sich stundenlang hinter ihrer Zeitungslektüre verschanzen und die Einsamkeit in der Menge suchen. Nur gelegentlich schauen sie grantig über den Zeitungsrand hinweg, um mit allem misanthropischen Impetus, dessen sie fähig sind, einen kleinen oder großen Schwarzen, einen Verlängerten, eine Melange oder einen Einspänner zu ordern. Nur Proleten und Unwissende bestellen hier Milchkaffee oder Latte Macchiato, entsprechend werden diese von ebenso grundsätzlich wie legendär schlecht gelaunten Kellnern einfach ignoriert. Das »Einstein« ist ein Rückzugsort für verzweifelte Westberliner Seelen, die das üppige gastronomische Angebot zwischen Prenzlauer Berg und Friedrichshain mit Nichtachtung strafen – eine Ignoranz, die dort leider nicht wahrgenommen wird, was ihre Verzweiflung zur Resignation umfärbt.

Große Backbleche mit Metern von nach Zimt duftendem Apfelstrudel darauf, statisch höchst instabile, mürbe Teigkörbchen mit verschwenderisch hoch aufgetürmtem Beerenobst, barocke Marzipantorten – das Kuchenbüfett ist hinterlistig direkt am Eingang positioniert und bietet sich kalorienschwer-lüstern seinen hilflosen Opfern an. Ich überlege, liebäugele – und entschließe mich zum Verzicht. Nein, heute werde ich kein Industriezucker-Junkie sein. Wie unsexy wäre es, wenn eine von der Aufregung begünstigte ungeschickte Bewegung mir Strudel oder ein halbes Obsttörtchen in den Ausschnitt stürzen ließe? Schauderhafter Gedanke. Ich möchte lieber die asketische, disziplinierte Nachmittags-für-mich-bitte-immer-grünen-Tee-Trinkerin sein. Eigentlich wäre ich das gern ständig: immun gegen die Gefährdungen der Patissiers und anderer Vernichter schlanker Silhouetten.

Ich finde einen kleinen Tisch, der mir einen guten Blick auf Bar und Eingang gewährt, ohne dass ich dabei selbst auf dem Präsentierteller sitze. Den Ober, der mich unfroh nach meinen Wünschen fragt, kenne ich schon seit über zwanzig Jahren. Als ich als junge Studentin das »Einstein« für mich entdeckte, war er ein schöner Mittdreißiger. Inzwischen hat er die Patina des Ortes angenommen und wahrscheinlich Tausende Kilometer zu Fuß zwischen Küche, Bar und Garten zurückgelegt. Selbstverständlich bin ich ihm gänzlich unbekannt.

Mein grüner Tee wird serviert. Ich fühle mich zu Hause. Während ich mit dem artifiziellen Teesieb und einer angeschlagenen Tasse hantiere, bemerke ich, dass jemand mich anschaut. Mist. Dabei wollte ich doch sehen, wie Alexander diesen für mich sicheren Ort betritt.

Zwischen Bar und Kuchenbüfett steht ein schöner, großer Mann mit schönen, großen Augen. Er wirkt aufmerksam, neugierig, aber nicht angespannt, steht einfach da und sieht mich an. Wir sehen uns an. Ein sekundenlanger, für meine angeraute Seele ruinöser Blickkontakt. Ich könnte nicht sagen, ob er lächelt. Mein Solarplexus reagiert unmittelbar. Erst als ich etwas unangenehm Nasswarmes auf meinem Oberschenkel wahrnehme, komme ich zu mir. Aus dem Sieb tropft heißer Tee auf meine Hose. Besser Tee auf schwarzer Jeans als Rotwein auf kamelhaarfarbenem Wollkleid, denke ich reflexartig (eine meiner unzähligen verworfenen Outfit-Ideen für diese Begegnung).

Alexander steuert auf meinen Tisch zu. Er ist nicht nur groß, sondern auf eine an Schmalheit grenzende Weise schlank, feingliedrig. Für einen Europäer hat er ungewöhnlich geschmeidige Bewegungen. Trotz seiner fast grazilen Erscheinung wirkt er ausgesprochen maskulin. Ich erschrecke über so viel Wohlgestalt. Zu meiner Erleichterung ist er nicht auch noch modisch gekleidet. Das hätte mich vollends verunsichert. Trotzdem: Als konservativen Politikberater hätte ich ihn in Anzug und mit Krawatte vermutet. Stattdessen Jeans, Sakko und ein helles Hemd. Button Down ohne Krawatte. Am Ende der einen Hauch zu kurzen

Jeans schauen grauenhaft schlammfarbene Trekking-Boots hervor. In der Hand hält er einen ebenfalls schlammfarbenen Parka, den Schimanski schmerzlich vermissen könnte, außerdem einen schwarzen Trekking-Rucksack. Wenn ich nicht irgendeinen sophisticated Trend verpasst oder übersehen habe, muss dieser Mann hier völlig uneitel sein. Vielleicht weiß er nicht einmal, wie umwerfend gut er aussieht. Ich hoffe inständig, dass sein Unterbewusstsein nicht registriert, in welchen Ausnahmezustand ich mich geradewegs hineinbewege.

Alexander setzt sich neben mich, rutscht dicht an mich heran. Er nimmt meine Hand in seine Hände und lässt sie langsam auf seinen Oberschenkel sinken, der sich durch die Jeans hindurch warm und angenehm fest anfühlt. Aus einer völlig harmonischen und selbstverständlichen Bewegung heraus, beugt er sich zu mir und küsst mich zart an der empfindlichen Stelle zwischen Tragus, jener kleinen Verdickung an der Ohrmuschel, und Jochbogen. Ein Blitz, der in jedem Lore-Roman seinen angemessenen Platz fände, durchfährt mich. Die Erscheinung namens Alexander bewegt die Lippen. Sinnliche Lippen. Ich sehe große, strahlend weiße, ebenmäßige Zähne und rosige Haut, völlig atypisch für einen Raucher. Die Worte, die er von sich gibt, sind leider – oder zum Glück – wieder ziemlich profan: »Schön, dass es mit dem Treffen so schnell geklappt hat. Hallo Ulrike, ich bin Alexander.« Dann ordert auch er grünen Tee.

Ich versuche, so wenig erstarrt wie möglich zu wirken. Im Laufe des Gesprächs, das sich schnell zwischen uns entwickelt, entpuppt Alexander sich als Spezialist für einfache und dabei wirksame Sätze. Sätze wie: »Ich finde dich sehr interessant«, »Deine Mails haben mir gut gefallen« und »Es ist leicht, in deiner Nähe zu sein«. Wahrscheinlich steckt in ihm mehr Politikberaterblut, als ich vermutet habe. Nach einem Blick auf die Uhr stellt Alexander fest, dass er bald aufbrechen muss. Ich habe den Eindruck, dass kaum mehr als fünf Minuten vergangen sein können. Meine Eitelkeit verspürt einen kleinen Stich, denn ich hatte leise, wirklich sehr leise gehofft, er würde mich ansehen und sagen: »Lass uns den Abend zusammen verbringen. Ich möchte noch so viel von dir erfahren.« Ich gebe mich noch nicht geschlagen und frage ihn, wohin er denn wolle. Wenn die Richtung stimme, könne ich ihn gern ein Stück mitnehmen. Er muss zum U-Bahnhof Nollendorfplatz. Obwohl es dorthin wirklich nur ein paar Schritte zu Fuß sind, nimmt er mein Angebot an.

Die Fahrt bis zum Bahnhof dauert nur Augenblicke, ich parke in der Haltestellenbucht für Busse gegenüber dem Haupteingang zur U-Bahn. Alexander nimmt meine rechte Hand, küsst sie und sieht mich dabei an. »Schade, dass ich jetzt gehen muss.« – »Ja, wirklich schade«, sage ich und denke: Geh nicht, bleib einfach im Auto, versetze wen auch immer, frag mich, ob du mich später noch sehen kannst, steig jetzt nicht aus, bitte.

Er sitzt unentschlossen neben mir in der Dunkelheit. Ich setze an: »Tja ...« Eigentlich möchte ich sagen: »Falls du noch alternative Pläne für heute Abend entwickeln solltest, lass es mich wissen.« Während der Entwurf eines eleganten und um Himmels willen nicht aufdringlichen Angebots in Satzform durch die verschiedenen Instanzen meines Hirns geistert, nimmt er mein verhängnisvolles »Tja ...« auf und hängt Worte daran, deren Bedeutung in keiner Weise meinen Wünschen entsprechen: »Du hast völlig recht. Ich muss jetzt los, bin schon viel zu spät dran.« Wir küssen uns. Lange, zart, intensiv, sehnsüchtig. Danach steigt er einfach wortlos aus, und ich fahre mit sanfter Beschleunigung los. Als ich Alexander im Rückspiegel nicht mehr erkennen kann, er ist längst im Bahnhofseingang verschwunden, mache ich die Musik im Auto lauter. *»Je suis malade«*, singt

Serge Lama. Die Begegnung mit Alexander hat mich tief beeindruckt, tiefer als mir lieb sein kann. Mein vertrautes Herbstgefühl begrüßt mich. Ich ahne, dass ich mir in den vielen kommenden Wochen selbst mein einziger Begleiter sein werde.

Nachricht von Ulrike 04. 11. · 01:59
Betreff: Grüner Tee

Lieber Alexander,
die Begegnung mit dir war eine angenehme Überraschung – jedenfalls für mich. Ich habe einen sinnlich-schönen Mund gesehen und in irritierend offene und große Augen geschaut. Tapfer habe ich versucht, aufmerksame Gelassenheit zu verbreiten. Die Gelassenheit hat sich aber zugunsten der Aufmerksamkeit zurückgezogen.
Ich würde gern noch mal einen grünen Tee mit dir trinken.
Ulrike

Nachricht von Alexander 04. 11. · 08:03
Betreff: grüner tee

liebe ulrike, mir ging es wie dir: auch ich habe einen sinnlichen mund mit schönen lippen gesehen, und augen, die mir ziemlich deutlich gesagt haben, was sie wollen. auch ich möchte dich wiedersehen: bei einem grünen tee, aber es kann auch etwas anderes sein. und als wir uns verabschiedeten, hatte ich den impuls, nicht aus deinem auto auszusteigen, sondern sitzen zu bleiben und einfach mit dir wegzufahren. egal wohin.
alexander

Nachricht von Ulrike 04. 11. · 11:22
Betreff: Wiedersehen am Nikolaustag?

Lieber Alexander,
ich mache mich jetzt gleich auf den Weg Richtung Norden, zurück zu Landwirtschaft & Viecherei. Im Gegensatz zu deinem sehr männlich und fast perfekt kaschierten Impuls, haben mich meine Augen wohl gnadenlos verraten. Ich wünschte mir, dass wir uns bei unserer nächsten Begegnung – auch – mit unseren Impulsen befassen könnten.
Du hast mir gestern erzählt, dass deine PAIRFECT-Mitgliedschaft bald endet. Das bedeutet, dass wir uns in diesem Portal nicht mehr schreiben können, denn dein Profil wird dann blockiert sein. Es liegt also an dir, mir vorher zu verraten, wohin ich demnächst meine Mails schicken soll – vorausgesetzt, du möchtest weiterhin welche von mir bekommen. Vor mir liegt eine Zeit überraschender Vorfreude, obwohl es bis zum Nikolaus und einem eventuellen Wiedersehen noch Wochen dauern wird. Und nun schüttle ich endgültig die Süßholzraspel aus meiner Tastatur und logge aus.
Ulrike

Als ich abends im Portal einlogge, bekomme ich folgende schockierende Meldung:

Abschied – Alexander
Verabschiedet am 4. November
4 Matching-Stars, Politikberatung, 46, Berlin
Alexander verabschiedet sich von Ihnen.
Nehmen Sie es nicht persönlich – jeder hat schließlich seine ganz subjektiven Vorlieben und Erwartungen an einen Partner.

Ein Button fordert mich auf: »Mitglied löschen.«

Auf diesen Schreck hin koche ich erst einmal Tee. Die Dramatik der Mitteilung rechtfertigt dann allerdings auch ein Glas Rotwein. Eine ungerichtete, grundsätzliche Traurigkeit kriecht in mir hoch und breitet sich aus. Ich spüre: Da hilft kein Rotwein. Mir fällt ein Zitat von Robert Musil ein, das ein belesener Alkoholiker, dem ich lange freundschaftlich verbunden war, regelmäßig wiedergab, wenn er am Abend seine dritte Flasche Wein öffnete: »Kummer kann man nicht ertränken, Kummer kann schwimmen.«

Ich kehre zurück an meinen Computer, um der schmerzhaften Aufforderung »Mitglied löschen« mit reifer Gelassenheit zu folgen. Im letzten Moment nehme ich den Zeigefinger von der linken Maustaste und entschließe mich in einem Anflug von Selbstquälerei, noch einmal die wenigen Mails zu lesen, die ich mit Alexander ausgetauscht habe.

Zu meiner Überraschung entdecke ich, dass die letzte Mail im Postfach von Alexander stammt und als »ungelesen« markiert ist.

Nachricht von Alexander 04. 11. · 19:32
Betreff: impulse und südamerika

liebe ulrike,
du kannst nachrichten für mich an unten stehende mail-adresse schicken. hier verabschiede ich mich jetzt und mache mich schleunigst auf den weg zum flugzeug.
alexander

ps: dein vorschlag gefällt mir, denn ich bin neugierig auf deine impulse.
e-mail: alexander@web.de

E-Mail von Ulrike 04. 11. · 23:50
Betreff: Nord-Süd-Dialog

Lieber Alexander,
vermutlich schwebst du gerade in den Wolken – irgendwo zwischen den Azoren und dem Golf von Mexiko, während ich dies schreibe.
Du hast mich zum zweiten Mal innerhalb von vierundzwanzig Stunden nachhaltig irritiert, beim zweiten Mal vermutlich aber unbeabsichtigt: Als ich mich vorhin bei PAIRFECT einloggte, war dein Profil schon blockiert und es kam der exekutionsartig wirkende »Mitglied löschen«-Button zum Vorschein.
Wie du siehst, bin ich dann doch noch auf deine letzte PAIRFECT-Mail gestoßen. Das war drei Stunden später, den einen und anderen Gedankengang weiter, eskortiert von einer Kanne Tee. Grün.
Weit weg von dir, im dunklen, nordöstlichen Europa befindet sich jemand im Zustand größtmöglicher Dialogbereitschaft. Und wartet auf wärmende südamerikanische Impulse.
Ich hoffe, dass sinnliche Lippen ein Lächeln zaubern, wenn irritierend schöne Augen das hier lesen.
Ulrike

PS: Ich vermute, dass ich deine Neugier sehr mögen könnte.

Die zweite Begegnung mit Alexander

Es ist gut ein Monat vergangen. In dieser Zeit schreiben Alexander und ich uns fast täglich E-Mails. Mal kürzer, mal ausführlicher. Wir berichten uns gar nicht so viel aus unserem jeweiligen Leben, dagegen tauschen wir uns intensiv über Erfahrungen, Einstellungen und Gefühle aus. Die Zeit bis zum Wiedersehen kommt mir unendlich lang vor, obwohl ich mir nach den vorangegangenen Erlebnissen mit PAIRFECT-Kontakten bewusst bin, dass die Nähe, die sich durch intensiven schriftlichen Austausch leicht herstellen lässt, trügerisch sein kann.

Am 5. Dezember ist es schließlich so weit. Wir wollen uns wieder im »Einstein« treffen, den Faden am Ort der ersten Begegnung aufnehmen. Das Wetter ist scheußlich, nasse Kälte und schneidender Wind. In Berlin hat unbarmherzig der Winter Einzug gehalten. Ich schicke Alexander eine SMS, in der ich ihn frage, ob er zu Fuß unterwegs sei. Ich könne ihn auch irgendwo mit dem Auto abholen. Er ruft Sekunden später an, um mein Angebot erfreut anzunehmen, aber nur, wenn es für mich wirklich auf dem Weg liegen sollte ... Ich treffe ihn an einem Gebäude im Regierungsviertel. Diesmal sieht man ihm die Zugehörigkeit zur Politkaste deutlich an. Dunkler Anzug, dunkler langer Mantel, dezent gemusterter parallel gelegter Schal, nicht spießig geschlungen, schmale Laptop-Tasche und, soweit ich das erkennen kann, keine Trekking-Treter. Mich durchflutet eine Welle des Wohlgefühls und der Sympathie, als ich ihn vor dem Haus der Bundespressekonferenz – sehr dekorativ wartend – stehen sehe.

Er steigt ein. Wir schauen uns an, mein Auto ist eine warme Insel inmitten der eisigen Dunkelheit. Wir treffen in der geografischen Mitte zwischen den Sitzen aufeinander. Seine Lippen sind wie sein ganzes Gesicht von Kälte überzogen. Sein Kuss fühlt sich an wie jener erste, Wochen zuvor in der Bushaltestellenparkbucht vom Nollendorfplatz ausgetauschte. Wie hätte ich ahnen können, dass diese Parkbucht für mich zu einem Ort mit romantischer Konnotation werden könnte?

Alexander schaut mich mit einer anheimelnden Mischung aus Aufmerksamkeit und Freundlichkeit an. Er hat Hunger, möchte etwas essen, dafür scheint ihm das Café Einstein nun doch nicht der richtige Ort zu sein. Wir deklinieren alle nationalen und internationalen Speisemöglichkeiten durch und finden bei asiatischer Küche die größte Übereinstimmung. Ich schlage das Restaurant »drei« am Savignyplatz vor, nicht ohne logistische Hintergedanken. Von dort sind es zu Fuß bis zu meiner Wohnung nicht mehr als drei Minuten. Wir fahren also zum Savignyplatz und essen asiatisch.

Alexander ist mit der Karte etwas überfordert. Schließlich bestellt er haargenau das, was ich mir ausgesucht habe. Nicht besonders kreativ, bemerkt unaufgefordert meine gelegentlich zu Boshaftigkeiten neigende innere Stimme.

Während wir auf das Essen warten, entspinnt sich zwischen uns der wahrscheinlich längst fällige autobiografische Abgleich. Zu meiner Verblüffung stellt sich heraus, dass Alexanders Wurzeln in der DDR liegen. Geboren und aufgewachsen in einer straff sozialistischen und dem System treu ergebenen Familie. Der Vater ist Volksarmist der ersten Stunde, leidenschaftlicher Verfechter des antiimperialistischen Schutzwalls und zutiefst überzeugt von der Notwendigkeit einer geheimdienstlichen Ausforschung aller Lebensbereiche seiner Mitbürger. Sein Sohn Alexander wird Nutznießer aller intellektuellen Wohltaten, die das Regime der nachwachsenden Elite zuteilwerden lässt. Nach Abitur, Wehrdienst und noch während des Studiums geht er als Aufbauhelfer in diverse sozialistische Bruderstaaten, hauptsächlich in Afrika. Es schließt sich ein längerer Aufenthalt in Kuba an, von wo er Mitte der Achtzigerjahre mit einer von ihm geschwängerten Schönheit in die DDR zurückkehrt. Die Ehe wird nicht glücklich, denn seine Frau leidet unter den Zwängen und Einschränkungen, denen sie unterliegt. Sie lebt sich im spießigen, kaum versteckt fremdenfeindlichen Osten Deutschlands nicht ein. Trennung und Rückkehr nach Kuba kommen aber wegen der gemeinsamen Tochter für sie nicht in Frage. Als die Mauer fällt, kehrt sie zwar nicht nach Kuba zurück, trennt sich aber von Alexander.

Die Beziehung bleibt offenbar lange in einem unübersichtlichen On-and-off-Modus. Trotz neuer Lebenspartner haben sie weiterhin gelegentlich (regelmäßig?) Sex miteinander. Alexanders neue große Liebe trennt sich Mitte der Neunziger deswegen sogar von ihm und lässt das gemeinsame Wunschkind abtreiben. Unter dem Eindruck dieser Katastrophe bemüht er sich, einen endgültigen Schlussstrich unter seine Ehe zu ziehen und lässt sich von seiner Kubanerin scheiden. Da die gemeinsame Tochter bei ihm leben möchte, aber ebenso den engen Kontakt zur Mutter sucht, bleibt die Situation kompliziert. Sie entspannt sich erst, als die Tochter zum Studium ins Ausland geht. Alexanders Eltern stehen indessen durch die Auflösung des aus ihrer Sicht besseren Deutschlands so unter Schock, dass der Vater schon bald nach der Wiedervereinigung stirbt. Seine Mutter bringt sich, zurückgelassen in den Trümmern ihrer sozialistischen Existenz, kurz nach dem Tod ihres Mannes um.

Seine Lebenslust erhält sich Alexander durch eine semiprofessionell betriebene Leidenschaft: Er tanzt. Tango, Salsa, Merengue. Das würde seine außergewöhnliche körperliche Präsenz und Geschmeidigkeit erklären. Vielleicht ist er aber auch durch langjähriges paramilitärisches Training einfach immer noch in blendender körperlicher Verfassung. Oder es ist eine Mischung aus beidem.

Was mich im Verlauf seiner Schilderungen zunehmend irritiert, ist die politische Kehrtwendung, die er irgendwann vollzogen haben muss. An welchem Punkt seines Lebens mag er zum Konservativen mutiert sein? Und zu einem so überzeugten, dass er im Auftrag einer der CDU nahe stehenden NGO, einer Nichtregierungsorganisation, nach Südamerika geht, allerdings mit im Vergleich zu früher diametral entgegengesetzten Inhalten im Gepäck. Eine schlüssige Antwort erhalte ich auf diese Frage leider nicht.

Sein Lebenslauf hat etwas ungemein Beunruhigendes. Ich mag kaum glauben, dass dieser begehrenswerte Mann mit den sanften, freundlichen Augen, der so ruhig und gelassen wirkt, sein Leben zwischen Liebe, Tod und Hysterie verbracht haben soll. Und zwischen politischen Extremen.

Als wir beim Espresso angekommen sind, hält Alexander es offenbar für notwendig und angebracht, zu betonen, dass die Beziehung zu seiner Exfrau nun endgültig freundschaftlichen Charakter angenommen habe. Die erotische Abkopplung voneinander sei nach zwanzig Jahren vollständig geglückt. Ich bin hin- und hergerissen, weil ich das Indifferente seines Charakters nicht deuten kann, was mich sehr verunsichert. Andererseits fühle mich von seiner Wärme und physischen Präsenz zutiefst angezogen.

Da er offenbar meine Verunsicherung spürt, platziert er zwei seiner einfachen Sätze: »Ich würde gern wissen, wie du lebst. Magst du mir deine Wohnung zeigen?« Wir zahlen also und machen uns auf den Weg zu mir. Ich fühle mich ausgesprochen wohl, einfach neben ihm auf der Straße zu gehen.

Die Wohnungsbesichtigung fällt erwartungsgemäß relativ kurz aus. Sie endet nach einem kurzen Zwischenstopp auf dem Sofa direkt in meinem Bett. Alexander entledigt sich in bewundernswerter Geschwindigkeit seiner Sachen und assistiert mir, weil ich nicht so schnell bin wie er. Ich genieße die Gegenwart dieses schönen Mannes und denke, dass es so auch Männern gehen muss, denen eine sehr reizvolle Frau ins Bett folgt. Für mich ist dieses Ausmaß an Attraktivität nicht völlig neu, aber doch ungewohnt, da ich eher mit Männern Umgang pflege, die sich durch das Fehlen ausgeprägter körperlicher Reize auszeichnen. Ich hatte wohl immer die Vermutung, dass sich Männer mehr anstrengen, denen die Natur keinen idealen Phänotyp bescherte.

Alexander ist auf eine freundliche Art hastig, seine Eile charmant. Es hakelt aber beim Thema Verhütung. Offensichtlich gehört er in die Kategorie der unbekümmerten Liebhaber und möchte auf die Benutzung von Kondomen verzichten. »Ich bin clean«, sagt der eben aus Südamerika zurückgekehrte konservative Politikberater. »Ich passe doch auf, mit wem ich ins Bett gehe.« – »Soweit ich weiß, sind HI-Viren für das menschliche Auge unsichtbar«, antworte ich in dem Bemühen, betont lässig zu klingen.

Bevor die Stimmung zu kippen droht, hat er ein Einsehen. »Trotzdem, es ist wirklich völlig unnötig«, flüstert die teuflische Verführung namens Alexander an meinem Ohr. Als uns dann tatsächlich nur noch ein Hauch von Latex trennt, zieht er sich für mich gänzlich unerwartet, aber dafür vollständig in sich selbst zurück. Er schließt die Augen und macht – sein ganz privates Ding. Als ich seine Anspannung kurz vor dem Höhepunkt registriere, dreht er sich vollends von mir weg. Sein sofort einsetzender Orgasmus ist bis an die Grenze des Autismus introvertiert, er ist komplett in seiner Welt.

Ich beobachte dieses Schauspiel mit verständnislosem Interesse. Nachdem sein Puls wieder im Normbereich schlägt, gleitet er neben mich und bleibt mit weiterhin geschlossenen Augen liegen. Ich schätze, für mindestens zehn Minuten. Als er sie öffnet, fragt er mich, ob ich etwas dagegen hätte, wenn er jetzt rauchen würde. Eigentlich finde ich diese Frage, gestellt im Bett einer Nichtraucherin, ziemlich unverschämt. Ich sage ihm, dass ich nicht rauche und wir in meinem Schlafzimmer sind. Er deutet das offenbar als Erlaubnis, steht aber wenigstens auf, um das Fenster zu öffnen.

Wir befinden uns in diesem Moment sexuell an einem Punkt, wo ich Alexander meinen Körper zum Zweck der Befriedigung zur Verfügung gestellt habe. Womit ich grundsätzlich gar nicht hadere, wenn es eine weitere Begegnung gibt, bei der meine Bedürfnisse im Vordergrund stehen. Dazu kommt es aber nicht mehr. Alexander stellt fest, dass es schon sehr spät sei und er morgen früh bereits um acht Uhr seinen ersten Termin habe. Ich muss an eine Mail von mir aus den vergangenen Wochen denken, in der es um das harte Aufsetzen in der Realität ging. Wie weitsichtig von mir.

Alexander ist beim Anziehen ebenso behände wie zuvor beim Ausziehen. Ich fühle mich im wahrsten Sinne des Wortes überrollt. Erstaunlicherweise fällt sein Abschied in einer Weise aus, als hätten wir gerade stundenlangen, innig-romantischen Sex miteinander gehabt. Er zieht mich an sich, küsst mich intensiv und sehr zärtlich.

Nachdem ich die Wohnungstür hinter ihm geschlossen habe, bleibe ich ratlos zurück. Was war das? In meinem Schlafzimmer ist es inzwischen eiskalt, trotzdem hängt der Zigarettenrauch noch im Raum. Ich bin zu erschöpft, um mich zu ärgern, falle ins Bett und schlafe sofort ein.

SMS von Alexander 06. 12. · 09:25

liebe ulrike, ich glaube, ich habe ziemlich viel falsch gemacht heute nacht. ich weiß nicht, was mit mir los war. ich rufe dich später an. bitte sprich mit mir. a.

Anruf von Alexander 06. 12. · 19:55

Alexander wirkt verlegen, als er mich anruft. Er habe seit vielen Monaten weder Sex noch eine engere Verbindung zu einer Frau gehabt. Als er nach dem langen Mail-Wechsel, unterbrochen von unserem ersten Treffen, bei dem er mich am liebsten sofort ins nächste Bett gezerrt hätte, mir gestern endlich nahgekommen sei, seien alle Sicherungen bei ihm durchgebrannt. Normalerweise würde er selbstverständlich immer – immer! – unaufgefordert verhüten. Er habe völlig die Kontrolle über sich verloren. Jetzt hätte ich – nachvollziehbar – einen völlig falschen Eindruck von ihm. Eigentlich sei er ein abwartender, rücksichtsvoller Liebhaber.

So viel Selbstbezichtigung stimmt mich milde. Ich sage ihm, dass mich sein sexueller Alleingang unter Zuhilfenahme meines Körpers ausgesprochen irritiert zurückgelassen habe. Am Ende des Telefonats glaube ich ihm fast, dass meine Wirkung auf ihn überwältigend gewesen sein soll. Dann bin also ich selbst der Auslöser für diesen Akt der Selbstbefriedigung in meinem Bett gewesen. Was hast du erwartet? Du vögelst mit einem von Rot auf Schwarz gewendeten Politikberater, flüstert meine innere Stimme ungefragt und boshaft.

Alexander bittet mich um ein Treffen am nächsten Abend, an einem unverfänglichen Ort. Kein Bett soll weit und breit erreichbar sein. Ich sage zu.

SMS von Alexander 07.12. · 11:14

ulrike, wir können uns heute abend nicht sehen. Es tut mir leid, aber es ist etwas unvorhersehbares passiert, sodass ich ziemlich durcheinander bin. Ich rufe dich am nachmittag an. alexander

Anruf von Alexander 07.12. · 15:20

Ich befinde mich gerade auf der Demenzstation eines Altenheims, wo ich eine an Alzheimer erkrankte ehemalige Nachbarin meiner Eltern besuche, als mein Handy klingelt. Ich sehe die alte Dame alle paar Wochen. Heute hält sie mich für ihre Tochter, findet aber, dass mir die blonden Haare nicht stehen.

Ich gehe zum Telefonieren auf den Gang und habe das Gefühl, dass das Deprimierende dieser Umgebung gut zum Gesprächsinhalt passen wird. Mit meiner Vermutung liege ich richtig. Während ich den spiegelblank gebohnerten Linoleumfußboden des trostlosen Flurs betrachte, eröffnet Alexander mir, dass sich gestern Abend eine Frau bei ihm gemeldet habe, mit der er vor einigen Monaten eine kurze, leidenschaftliche Affäre hatte. Sie lernten sich auf einer Konferenz kennen. Er verliebte sich damals heftig in diese Frau, sie entschied sich aber, bei Mann und Kindern zu bleiben. Gestern habe sie ihn angerufen und ihm mitgeteilt, dass ihr eine Versetzung nach Berlin angeboten worden sei, sie wolle zusagen, sich von ihrem Mann trennen und mit den Kindern nach Berlin ziehen. Sie habe ihn um ein Treffen gebeten. Er sei völlig durcheinander, wisse aber, dass er sie unbedingt wiedersehen wolle. Mehr könne er mir im Moment nicht sagen. Es tue ihm alles schrecklich leid, er habe volles Verständnis, wenn ich ihn für ein Schwein hielte.

Ich lehne an der Wand des Altenheimflurs, spüre deutlich die Unebenheiten einer Strukturfasertapete an meinem Hinterkopf sowie das glatte, harte Holz eines Handlaufs in meinem Kreuz. Meine Reaktion fällt wohl eher kühl aus, ich bin ziemlich kurz angebunden. Mit Elton John kann ich da nur sagen: *»Sorry seems to be the hardest word.«* Ich bringe mühsam die dümmliche Redewendung heraus, dass gegen die Macht der Gefühle eben kein Kraut gewachsen sei. Es sei für ihn und auch für mich besser, dass die Dame sich jetzt gerührt habe und nicht erst in ein paar Wochen, dann wäre alles noch viel komplizierter geworden. Er möge aber Verständnis haben, dass ich an einer eventuellen Wiederaufnahme des Kontakts zwischen ihm und mir kein Interesse hätte, sollte die soeben aufgestiegene erotische Seifenblase erneut zerplatzen.

Alexander ist offenbar betreten, er hat möglicherweise eine andere Reaktion erwartet. Ich verabschiede mich, wünsche ihm alles Gute und drücke das Gespräch weg.

Eine Pflegerin kommt mit resolutem Gang in Gesundheitslatschen, die gleichmäßig auf dem Linoleum quietschen, den Flur entlang. Sie bleibt vor mir stehen, greift in ihre Tasche und gibt mir ein Kleenex. »Ach, Mädchen, nicht heulen. Sehen Sie es mal so: Die alten Leutchen hier haben meistens keine Schmerzen, die merken in dem Stadium nicht mehr, was passiert. Aber Ihre Dame, die freut sich, wenn Sie sie besuchen. Auch wenn Sie längst nicht mehr weiß, wer Sie sind.« Ich nicke, bedanke mich fürs Taschentuch und gehe zurück ins Zimmer. Meine alte Dame sieht mich freundlich an und fragt: »Haben Sie meine Tochter gesehen? Sie ging eben kurz raus.« Ich lächle und sage: »Sie ist sicher gleich wieder da.« Ich gehe aufs Klo und habe bei meiner Rückkehr im zweiten Anlauf Glück: Diesmal denkt sie wieder, ich sei ihre Tochter.

Als ich zu Hause eintreffe, finde ich eine lange Mail von meiner Tochter im Rechner vor. Sie hat Liebeskummer und schreibt mir, dass sie deswegen *Evanescence* hört. Ich habe keine Ahnung, wer oder was das ist. Ich bekomme wenig später von ihr einen kurzen Vortrag über »Alternative Rock« und »Gothic Metal« gemailt. Danach höre ich mir auf YouTube diesen Gothic-Kitsch an – »Hello« und »My Immortal«. Die ganzen nächsten Stunden. Das würde ich niemals zugeben.

> *Man kann von einer Frau alles bekommen,*
> *wenn man nichts von ihr haben will.*
>
> Serge Gainsbourg

Rudolph, der Mann ohne Sex, aber mit Herz

Oder: Dreißig Jahre Altersunterschied sind doch kein Problem!

RUDOLPH im PAIRFECT-Profil

Matching-Stars	★ ★ ★
Person	71 Jahre, 179 cm, ledig
Beruf	Selbstständig
Wohnort	Berlin/München, Deutschland
Abgeschlossenes Studium	Diplom-Kaufmann
Kinder	Keine
Religion	Keine
Raucher	Nein
Haustiere	Keine
Eigenschaften	Charakterstark, selbstbewusst, zärtlich, nachdenklich und werteorientiert
Freizeitgestaltung	Lesen, Ausgehen/Freunde treffen und Hobbys nachgehen
Hobbys	Tanz und Musik, Sport, Geschichte, Architektur und Fotografie
Sport	Golf, Segeln und Skifahren
Musikgeschmack	Chansons, Symphoniekonzerte, Jazz und Blues
Instrument	Keines
Sprachen	Englisch
Lieblingszeitung / Zeitschrift	*Süddeutsche Zeitung*

Ich über mich

Meine Traumfrau:
Ist mit innerer und äußerer Schönheit gesegnet, kann den Moment genießen und Blicke statt Worte sprechen lassen.

Mein perfekter Tag:
Wenn eine Begegnung gute Stimmung hinterlässt ... wenn ich nach vernünftigen oder unvernünftigen Aktionen ein gutes Gefühl habe ... wenn ein zufälliger oder gewollter Blick einen Hauch von Nähe vermittelt.

Die für mich wichtigsten Dinge sind:
Gute materielle Ausstattung, die beruhigt. Schönheit zu erkennen und zu genießen – in der Natur, bei uns Menschen, in allen kreativen Bereichen. Ja, und dann natürlich die Liebe. Sie ist einfach das schönste Gefühl.

Mein Äußeres:
Bartlos, sportlich, eher stabiler Körper, vollschöpfig und geringbäuchig – falle als Opa, der ich nicht bin, weder im Verhalten noch im Äußeren unter Jüngeren auf.

Das Besondere an mir:
Gesprächsfähigkeit und erotische Ausstrahlung

Wovon ich mich nie trenne:
Was heißt hier nie trennen? Es gibt bisweilen Umstände, die stärker sind als wir. Dann muss man zu neuen Ufern schwimmen können.

Mein Lieblingsort:
Da, wo Menschen freundlich miteinander umgehen

Welche Persönlichkeit ich gern kennenlernen würde ...
Einige, aber zuallererst mal meine große Liebe

Was gar nicht geht:
Ich mag einfach Eitelkeit nicht, ausschließlich materiell orientiertes Leben sowie die völlige Abwesenheit von Altruismus.

Mein Wunschtraum wäre es ...
... in Zukunft auf die Suche nach »meiner« Frau zu verzichten und mich den als wesentlich empfundenen Dingen intensiver zu widmen und nicht immer feststellen zu müssen, dies nicht wirklich geschafft zu haben.

Nachricht von Rudolph 09. 12. · 02:15
Betreff: Kontaktanfrage

Liebe PAIRFECT-Partnerin,
ich bin unterwegs, in einem Hotel, sehe mal kurz bei PAIRFECT rein und will nun auch die Gelegenheit nutzen, einen Fühler zu Ihnen auszustrecken. Bei dem Wust von Partnervorschlägen muss ich mich selbst fragen, warum hier und nicht dort um Kontakt bemüht zu sein. Selbstverständlich lässt sich das begründen, am leichtesten, wenn man ähnliche oder geliebte Wesensmerkmale festzustellen meint. Ich glaube aber, dass Texte auch indirekte und ungeschriebene Informationen enthalten, und die sind gelegentlich die wichtigeren. Vielleicht bin ich auf diese Weise bei Ihnen hängen geblieben.
Lassen Sie mich kurz mit dem Laptop im Hotelbett auf den Beinen ein paar Sachen ansprechen, die ich aus meinem gelebten Leben erfahren und auch über mich gelernt habe. Wann war es schön? Worauf kam es an, wenn es schön, wenn es sinnvoll, wenn es erfüllend war? Ich liebe selbstständige, intelligente und interessierte Frauen, mit denen ich (dennoch) eine tragfähige Beziehung haben könnte. Verstehen ohne viel Erklärung, innige Zuneigung und Verbindlichkeit sind mir wichtig. Tatsächlich weiß auch ich jetzt, beziehungsweise ist mir immer bewusster geworden, dass Erotik im Kopf entsteht – und die zu pflegen, ist gar nicht so einfach. Alles Materielle und Äußerliche, so attraktiv es auch sein mag, hat seinen Stellenwert, aber das ist nur die halbe Wahrheit. Das aus einem spontanen Gefühl heraus gesagte: »Ich liebe dich« (zum Beispiel beim Frühstück) ist die andere wichtige Seite.
Ich rekapituliere das nicht aus einer Reihe von gemachten Misserfolgen, sondern auch aus längeren schönen Zeiten von Partnerschaften, die ich nicht missen möchte und die nie böse auseinandergingen. Jetzt will ich versuchen, so etwas noch einmal zu schaffen. Möglichst langfristig, im Grunde für immer, was auch »immer« dann bedeuten mag. Ich bin meistens mit deutlich jüngeren Frauen zusammen gewesen; die Beziehungen, auf die es ankam, waren jedenfalls stets so strukturiert. Ich glaube nicht, dass das eine Masche von mir ist, schon deswegen nicht,

weil sich bekanntlich die Frauen die Männer aussuchen und nicht umgekehrt, was mein Selbstbewusstsein aber aushalten kann. Ich erwähne das wegen des auch zwischen uns bestehenden Altersunterschieds. Verstand und verstehe es aber durchaus, wenn Frauen einen eher gleichaltrigen Partner anstreben.
Wenn das alles sehr vernünftig und überlegt klingen sollte, könnte ich entgegenhalten, dass ich witzige Situationen mag, sie manchmal herbeiführe, spontan etwas Verrücktes, aber zumindest sehr Unkonventionelles unternehmen kann – ja, das gelegentlich wohl brauche.
Ich würde mich über eine Antwort, vielleicht sogar mit Foto, freuen.
Viele Grüße, Rudolph

Nachricht von Ulrike 10. 12. · 17:28
Betreff: Phänomene der Endlichkeit

Lieber Rudolph,
herzlichen Dank für deine wirklich ausführliche Mail. Das ist in diesem Forum etwas ganz Besonderes.
Das Thema Altersunterschied hast du selbst ins Spiel gebracht, darum möchte ich an diesem Punkt einsetzen:
Der Vater meiner Tochter war fünfzehn Jahre älter als ich, mein Exmann sogar fast einundzwanzig. Danach hat immer wieder mal ein Mann meinen Weg gekreuzt, der altersmäßig gesehen mein Vater hätte sein können. Was ich auch gesucht haben mag – Reife, Weisheit, Gelassenheit –, es war schwer zu finden.
Das Thema ist mir also vertraut, und ich habe schnell ein Gefühl dafür entwickelt, welche Männer junge Frauen als eine Art schützenden Paravent suchen, um sich ihrer eigenen Endlichkeit nicht stellen zu müssen.
Frauen fangen offenbar grundsätzlich früher als Männer an, über ihre eigene Endlichkeit zu philosophieren. Ich auch. Ebenso denke ich über die Unbeständigkeit individueller Beziehungen nach, wohl ebenfalls ein Phänomen unserer Zeit. Und es ist tatsächlich so, dass ich – irgendwo in

der Mitte meines Lebens angekommen – einen Mann suche, mit dem es rein biologisch betrachtet eine Chance auf eine langjährige Beziehung geben könnte. Ich hoffe, meine Offenheit frustriert nicht. Deine Mail war wirklich interessant.
Herzliche Grüße,
Ulrike

Nachricht von Rudolph 10. 12. · 18:44
Betreff: Re: Phänomene der Endlichkeit

Liebe Ulrike,
dein Berufs- oder Interessenfeld würde mich schon interessieren. Denn deine mit Charme, Intellekt und Lebensweisheit versetzte Absage ist schon für sich genommen lesenswert. Dich allein als Bekannte oder Kommunikationspartner zu haben, wäre sicher interessant.
Zum Thema Endlichkeit will ich dir eigentlich recht geben, wenngleich ich der oft gehörten Meinung anhänge, dem gegenwartsbezogenen Leben Vorrang zu geben: Denn nur das ist greifbar und real. Nicht die Annahme eines glücklichen Lebens in der Zukunft. Die folgende autobiografische Geschichte soll der Illustration dienen:
Obwohl – von außen betrachtet – ziemlich erfolgreich, habe ich auf einigen für mich wesentlichen Gebieten nicht das erreicht, was ich mir erträumt habe. Das erinnert an einen Liedtext von André Heller: »Ich habe alles erreicht, wirklich alles! Nur nicht das, worauf es ankommt.« Angekommen wäre es mir darauf, mich in eine Frau zu verlieben, mit ihr eine Familie zu haben und ein Leben lang glücklich zusammenzubleiben. Eine Märchenvorstellung? Vielleicht, aber dieser Wunsch war immer da. Und wenn dann plötzlich die Liebe vom Himmel fällt, dann fragt man nicht nach Randbedingungen. Alles ist ab diesem Tag schöner, intensiver. Der Wald, das Blatt, der Schnee, die Musik, das morgendliche Erwachen. Wir, also diese sehr junge Frau und ich, hatten eine positive Ausstrahlung, selbst Fremde merkten das, und manche wünschten uns spontan weiterhin ein glückliches Leben. Ja. Und wir waren eben dreißig Jahre

auseinander. Aber ich wollte nicht als alter Mann meine Familie am Firmament entschwinden sehen. Ich konnte nicht damit rechnen, dass eine intelligente, in jeder Hinsicht attraktive junge Frau sich ihren Möglichkeiten versagt. »Ich bleibe dir treu bis in den Tod«, das waren *ihre* Worte, und ich habe schweren Herzens Nein zu ihr und ihren Worten gesagt. Nach langer Pause sah ich sie, nun verheiratet und Mutter, vor einem Jahr wieder. Wir saßen uns mit Tränen in den Augen gegenüber, erinnerten uns an vieles. Beim Abschied sagte sie: »Du hast damals für uns die richtige Entscheidung getroffen.«

Also hatte ich recht? Und meine Freunde, weibliche wie männliche, unrecht? Weil ich bei diesen Dingen heute ein etwas anderes Bewusstsein habe, schrieb ich dir. Meine Mail soll dennoch dafür keine Rechtfertigung sein. Aber ein gelegentliches Gespräch mit angestrebtem philosophischen Konsens wäre ja auch etwas. Zunächst erst einmal viele Grüße,

Rudolph

Nachricht von Ulrike 11. 12. · 11:19

Betreff: Warum eigentlich Liebe?

Lieber Rudolph,

danke für dein Interesse an meinem Lebensumfeld. Das sieht – kurz zusammengefasst – so aus: Ich pendele zwischen Berlin (wo meine Tochter in einigen Monaten wieder die Schule besuchen wird, momentan lebt sie in Kanada) und dem Großraum Hamburg (wo ich ein Projekt in der ökologischen Landwirtschaft mit auf den Weg gebracht habe und das mich intensiv beschäftigt) hin und her. Nach einer Ausbildung in der Werbung habe ich mich beruflich lange mit PR, Marketing und Veranstaltungsorganisation befasst. Was kann man daraus ablesen?

Mein Leben hatte bereits einige Brüche. Die einzige wirkliche Konstante in ihm ist mein Kind. Aber das ist wahrscheinlich bei allen Alleinerziehenden auf dieser Welt ähnlich.

Da der Altersunterschied bei Paaren das Hauptthema unseres kleinen Diskurses ist, will ich hier noch ein paar Gedanken nachlegen: Einen

Altersunterschied von dreißig Jahren halte ich – aus heutiger Sicht betrachtet – jenseits von kurzfristigem Sex für unlebbar schwierig. Beide Partner sollten durch einfachen Perspektivenwechsel diese Situation beleuchten, und es wird schnell auffallen, dass es da Stereotypen gibt. Es ist eben doch eher so, dass der ältere, gut situierte, sozial etablierte Mann und die attraktive, ambitionierte junge Frau ein Standardpaar bilden. Und nicht der frühpensionierte Busfahrer mit dem Model. Ich kenne nicht viele Beziehungen, bei denen eine Karrierefrau Ende vierzig mit einem jungen Adonis die zweite oder dritte Familie gegründet hat. Ich kann mir – offen gestanden – eine erfüllte und erfüllende Paarbeziehung zu einem Mann, der auf Mitte siebzig zugeht, nicht vorstellen. Und ein dreißig Jahre jüngerer Partner kommt bei mir dagegen aus Gründen des Jugendschutzes nicht in Frage. Und selbst juristisch kompatible Anfangzwanziger empfinde ich eher als Kinder mit enervierend überhöhtem Testosteronspiegel.

Meine momentane Haltung zu Beziehungen ist eher von Ratlosigkeit geprägt. Es gibt einfach so viele Ausschlussgründe, die ein langfristiges »Funktionieren« torpedieren. Kinder und andere gemeinsame Projekte, wie ein Hausbau oder ein Unternehmen zu gründen, töten mittelfristig jede Erotik. Eltern sind häufig routinierte Paare, denen man ansieht, dass sie das Zusammenleben bestens im Griff haben. Aber strahlen sie irgendeine Form von Erotik aus? Ich suche, seitdem ich mich dafür interessiere, nach diesem Bilderbuchpaar, habe aber bis heute kein einziges dieser Spezies gefunden.

Guter Sex und knisternde Erotik entwickeln sich wohl nur, wenn eine Form von Distanz gewahrt bleibt, das Gegenüber sein Geheimnis behält. Grenzen werden nur eingerissen, wenn sie existieren oder wiederhergestellt werden können. Nur dann ist eine Wiederholung von Ekstase möglich. Zwischen Hausarbeit, Fernsehen und dem Blick auf die Finanzen überlebt Erotik nicht. Das ist das eigentlich Erschütternde: In dem Maß, wie sich Vertrautsein zwischen zwei Menschen entwickelt, zieht sich die Erotik zurück, einem Naturgesetz gleich.

Liebe fällt nicht vom Himmel? Natürlich nicht. Manchmal hat man Glück und es läuft einem jemand über den Weg, wo Kopf und Bauch Ja

sagen. Wenn man dann in der Lage wäre, alle gefährlichen Klippen zu umschiffen, könnte es Liebe werden.
Wie du sicher schon festgestellt hast: Ich neige nicht zur Euphorie.
Ich wünsche dir einen wunderbaren Sonntag. Denn trotz allem: Das Leben ist schön.
Ulrike

Nachricht von Rudolph 12. 12. • 0:37
Betreff: Re: Warum eigentlich Liebe?

Liebe Ulrike,
als »dynamisch verwaltete« Ratlosigkeit würde ich deine Bemerkung noch ergänzend charakterisieren. Na klar, was du auf dem partnerschaftlichen Sektor feststellst, ist allgegenwärtig, zumindest für Menschen mit analytischem Verstand. Wie kann man die erotische Spannung halten? Ein Paar, das zum Beispiel auf sadomasochistischer Ebene Erfüllung erlebt, könnte feststellen, dass die gemeinsame Versorgung der Mutter, die gemeinsam geführte Buchhaltung, überhaupt die gemeinsame Bewältigung des Alltags, diese erotische Facette peinlich werden lässt. Klugheit und Erotik sind sehr gut zu kombinieren. Du sagst in deinem Profil, dies sei selten zu entdecken. Das finde ich jedoch nicht. Aber das Verschwinden der Fremdheit kann für die Erotik tödlich sein. Da stimme ich zu. Wenn man das weiß und Lebensübung hat, kann man sein Projektmanagement-Wissen eventuell für den Privatsektor anwenden und versuchen, die Spannung zu halten. Ein »gut dosiertes« Verhältnis wäre das Resultat. In der Tat keine so ganz schlechte Lösung. Ich würde sagen: die zweitbeste Lösung. Warum sollten wir uns aber nicht die beste Lösung offen halten? Die kann man nicht erkämpfen oder kaufen, aber man sollte fähig sein, sie zuzulassen, wenn sie vom Himmel fällt. Dann kann auch in einer längeren intimen Partnerschaft eine Tagessituation, eine Geste, ein Blick, eine gemeinsam erlebte Musik direkt ins Bett führen. Keiner weiß, wie es geschah, was eigentlich geschah, es war nur erfüllend. Man schläft vielleicht zusammen ein oder wacht so auf und

fällt schlaftrunken in ein nächstes sexuelles Abenteuer. Die Frage: »Warum eigentlich Liebe?«, sie sei damit beantwortet.
Dies ist ein Versuch, deine angesprochenen allgemeinen Fragen ebenso allgemein zu eruieren. Du bist eine viel zu nachdenkliche Frau, als dass ich dir hier mit guten Ratschlägen kommen kann und will.
Es ist eine Diskussion, und ich bin stolz, dass ich voraussah, sie vielleicht mit dir führen zu können. Aus meiner Sicht hat sich unser Kontakt schon gelohnt. Wenn nicht einer von uns die beste Lösung anderweitig erfährt, könnten wir einander vielleicht partiell etwas abgewinnen (die beste Lösung ist nach deinen Denkkategorien ja schon allein altersbedingt auszuschließen). Wenn wir diesen Kontakt nicht ausschließlich auf einer Diskussionsebene belassen wollen, mache ich dich prophylaktisch darauf aufmerksam, dass ich sehr gern tanze, gern Skilaufe, dich durch dicken Schnee rolle, mich ins Wasser werfen lasse, mit dir für fünf Stunden nach Hamburg zum Fischessen fahre, mich unangekündigt an dir hochküsse und du hoffentlich reagierst – wenn die Chemie in den Bereichen, auf die es ankommt, stimmt. Ich hoffe, du verstehst den nicht nur spaßigen Spaß. Wenn das nichts wird, bliebe uns die Textebene.
Hoffentlich ist das alles nicht zu sehr mit Euphorie durchsetzt.
Es ist wieder spät, morgen fliege ich nach München, bin in zirka neun Tagen zurück. Ich grüße dich, bis dann,
Rudolph

Rudolph gibt sich redliche Mühe, mich trotz vieler Gründe, die gegen eine Liaison sprechen, zu einem erotischen Intermezzo zu überreden. Bei mir springt aber überhaupt kein Funke über, außerdem gefallen mir seine Fotos nicht (er verkörpert den Typus des dicklichen Spießers im Golfdress mit langen, über seine Glatze frisierten Haaren). Ich fange an, mich zu langweilen und beschließe, diesen Kontakt abzubrechen. Dafür denke ich mir eine freundliche Ausrede aus, da ich Rudolph nicht unnötig kränken will.

Nachricht von Ulrike 13. 12. · 20:15
Betreff: Liebe, Ratlosigkeit und andere Phänomene

Lieber Rudolph,
im Moment bleibt uns die Textebene. Wenn du willst.
Ich bin seit einigen Tagen PAIRFECT-inaktiv. Ich habe einen Wochenendtrip zum Nachdenken genutzt und mich entschieden, einen Mann in Berlin demnächst häufiger zu treffen.
Ob ich weiterhin bei PAIRFECT suche? Ich weiß es nicht so genau. Es ist also an dir, mir für den Fall der Fälle eine E-Mail-Adresse zu geben, an die ich mich – eventuell, denn das Leben ist ja voller Unhappy Ends – wenden könnte. Der Anfangskontakt war ja nicht uninteressant.
Ich verstehe aber auch, wenn du dich auf der »Reservebank« nicht wohlfühlst.
Dann wäre dieser Kontakt jetzt zu Ende, allerdings nicht, ohne dass ich dir von Herzen alles Gute wünschen würde.
Und natürlich wünsche ich dir maximalen Erfolg bei der Suche nach dem ganz großen Glück.
Alles Liebe,
Ulrike

Rudolph hat danach nicht mehr geantwortet. Ich lösche ihn einige Zeit später aus meiner Kontaktliste.

Der schwerste Anfang
ist der Anfang vom Ende.

Hans Helmut Dickow

Kai-Uwe, der Bigshot

Oder: Vom Wellness-Aspekt eines One-Night-Stands

KAI-UWE im PAIRFECT-Profil

Matching-Stars	★★★★
Person	61 Jahre, 193 cm, getrennt lebend
Beruf	Reeder
Wohnort	Hamburg, Deutschland
Abgeschlossenes Studium	Ja – Betriebswirtschaft
Kinder	Keine
Religion	Evangelisch
Raucher	Nein
Haustiere	Keine
Eigenschaften	Optimistisch, unkompliziert, gut aussehend, sportlich und selbstbewusst
Freizeitgestaltung	Ausgehen/Freunde treffen, ins Kino/Theater gehen und Lesen
Hobbys	Literatur, Kunst, Sport, Musik, Architektur und Kino
Sport	Fahrradfahren, Skifahren, Fitness, Segeln, Schwimmen, Tennis und Schnorcheln
Musikgeschmack	Rock/Pop, Symphoniekonzerte, Chansons/Lieder, Opern, Ethno, Jazz/Blues und Kammermusik
Instrument	Klavier und Schlagzeug
Sprachen	Englisch, Französisch und Deutsch
Lieblingszeitung / Zeitschrift	*Die Welt, manager magazin*

Ich über mich

Meine Traumfrau:
Lebenslustig, gern auch etwas »verrückt«. Selbstständig, spontan, improvisationsfreudig. So oft wie möglich ein Strahlen auf dem Gesicht. Egal welche Hobbys: Alles zusammen machen zu wollen, wäre zu viel des Guten.

Mein perfekter Tag:
... wenn sich beim gemeinsamen Essen die Blicke über den Weingläser-Rändern treffen und ausdrücken: endlich dieser Moment.

Die für mich wichtigsten Dinge sind:
Vollkommene und permanente Aufrichtigkeit und Verlässlichkeit.
Es muss nicht zwangsläufig immer alles gesagt und offenbart werden, weil dies häufig destruktiv ist. Aber blindes Sich-vertrauen-Können hat oberste Priorität.

Mein Äußeres:
Lang gewachsen, sportlich, schlank
Fröhliche blaue Augen, prägnante Nase, Falten des Lebens. Silbergraue, volle Haare
Kleidung: alles geht und passt

Das Besondere an mir:
Ich würde mich für unkompliziert, fröhlich, unkonventionell, großherzig und charmant halten. Und außerdem bin ich neugierig auf alles, insbesondere auf Menschen. Lebenslust und Lebenserfahrung sind meine »Aktivposten«.

Wovon ich mich nie trenne:
Meine Insel (s. u.)

Mein Lieblingsort:
Meine große Liebe gilt natürlich Hamburg und einer kleinen Insel im Mittelmeer, und das schon seit über zwanzig Jahren (was übrigens der Beweis für meine Bindungsfähigkeit ist).

Welche Persönlichkeit ich gern kennenlernen würde ...
J. F. Kennedy

Was gar nicht geht:
... dummes Geschwätz, Überheblichkeit, penetrante Stimmen

Mein Wunschtraum wäre es ...
... fliegen zu können (wie ein Vogel) und brillant Klavier zu spielen.

Nachricht von Kai-Uwe 05.01. · 21:22
Betreff: Kontaktgesuch

Guten Abend nach Berlin,
ich lese gerade im Abgleich unserer Profile, dass es bei uns Schwierigkeiten wegen »Eigenheiten oder festgefahrener Angewohnheiten« geben könnte. Das finde ich total spannend. Was das bloß sein mag? Ich habe übrigens mal in Berlin gelebt. Vielleicht kommt ja ein Kontakt zustande. Fotos schalte ich jedenfalls frei. Einen wohligen Samstagabend wünscht
Hamburg

Nachricht von Ulrike 07.01. · 01:35
Betreff: Von Eigenheiten und Angewohnheiten

Lieber Hamburg,
ich bin tatsächlich völlig festgefahren in meiner Eigenheit, eine Frau zu sein. Sind Sie vielleicht – rein gewohnheitsmäßig – ein Mann? Dann könnte es tatsächlich spannend werden. Selbstverständlich habe ich noch viele andere schlechte Angewohnheiten: Ich bin blond, eitel, manchmal schweigsam, schätze guten Rotwein, liebe lange Gespräche, die durchaus Inhalt haben dürfen, glaube, dass Liebe eine Naturgewalt mit sehr unterschiedlichen Gesichtern sein kann, und habe die Endlichkeit dieses Gefühls in einigen Facetten erlebt. Ich arbeite seit einigen Jahren im Großraum Hamburg. Meine Fotos sind auch freigeschaltet, mal sehen, was passiert.
Berlin

Nachricht von Kai-Uwe 08.01. · 00:14
Betreff: Re: Von Eigenheiten und Angewohnheiten

Liebe Berlin (die ja eigentlich Großraum Hamburg heißen müsste, doch wie unromantisch),
wenn ich fasziniert in Ihre Augen schaue, in diese großen, etwas melancholischen Blickfänger, dann ist mir klar, dass Sie völlig festgefahren sind in Ihrer Eigenheit, eine Frau zu sein. Und wohl wahr: Auch ich mache im tagtäglichen Hin und Her die Erfahrung, tatsächlich ein Mann zu sein – völlig unabhängig von meinen entsprechenden Gewohnheiten.
Wunderbar, dass Sie blond sind (finde ich). Und Ihre Eitelkeit ist wahrscheinlich ähnlich urelementar wie der Wunsch, die besten Gene weiterzugeben. Verhält sich beim Mann und damit auch bei mir übrigens nicht anders, heißt es.
Ich schweige nicht nur beim Autofahren ... Und guter Rotwein ist Lebenselixier in der dunklen Jahreszeit. Zur Liebe – sei es als Naturgewalt oder als sanftes Säuseln – äußere ich mich hier nicht, auch nicht dazu, welche gefühlsmäßigen Endlichkeiten und Unendlichkeiten ich schon erfahren durfte. Das ist Grenzgebiet, welches irgendwann auf Erkundung wartet.
Zur leichteren Orientierung, so Sie die denn überhaupt wollen oder benötigen, sage ich Ihnen, dass ich in Eppendorf lebe und arbeite.
Es ist schon spät, und der Wind fegt übers Dach.
Kommen Sie gut durch die stürmische Nacht.
Sehr herzlich,
Kai-Uwe

Nachricht von Ulrike 08.01. · 03:30
Betreff: Im Grenzgebiet

Lieber Kai-Uwe,
da tauchen ja eine Menge Schlüsselwörter auf, fast hätte ich von *»Keywords«* geschrieben, aber als Mann des Wortes konservativer Prägung darf man Ihnen mit platten Anglizismen und anderen Versaubeutelungen der deutschen Sprache bestimmt nicht kommen. Einen so frühen virtuellen Unmut will ich nicht riskieren. Ich habe – ich gebe es zu – für pointierte Anleihen aus anderen Sprachgebieten durchaus eine Schwäche.
Nur um schnell ein paar von Ihren aufschlussreichen Wörtern aufzunehmen, anzuschauen und zurück übers Netz zu bringen:
Mit den Urelementen der Eitelkeit und der listigen Weitergabe der besten Gene mag es sich so wie von Ihnen geschildert verhalten. Aber das dünne Mäntelchen der Zivilisation und ein paar überfällige feministische Knallfroschereien am Ende des letzten Jahrtausends haben doch auch interessante gegenläufige Tendenzen befördert. Es gibt Frauen – und ich hoffe, ich gehöre zu ihnen –, die aus Selbstzweck eitel sind, deren biologische Uhren sich ausgetickt haben, deren Kinderwunsch verstummt, erfüllt oder auf andere Weise von der Agenda verschwunden ist, und die trotzdem noch nicht ins asexuelle Großmutterfach rutschen wollen.
Ich werde ab sofort versuchen, vornehme Zurückhaltung zu üben (das fällt Berlinern aber traditionell schwer, und ich bin eine geborene Berlinerin), sobald es um Grenz- und Sperrgebiete hormonell-emotionaler Prägung geht. Bitte üben Sie Nachsicht, unautorisierte Kundschaftertouren hatte ich gewiss nicht vor. Im Gegenteil: Ich schätze ein gewisses Maß an Distanz und ein großes Maß an Diskretion auch und gerade, wenn man sich besser kennt.
Der nächtliche Sturm hat mich aus dem Bett an den Laptop geweht, sonst hätte ich Ihre Mail erst morgen früh gelesen. Übrigens danke für die artigen Komplimente zum Phänotyp. Und immer wieder der gleiche Fehler: Im Schutz der Nacht und von Stille begleitet, gibt man ein Quäntchen mehr von sich preis, als man eigentlich vorhatte.

Da sich – völlig zutreffend bemerkt – Großraum Hamburg mindestens unromantisch anhört, eher schon problemzonal: sehr herzlich,
Ulrike

Nachricht von Kai-Uwe 08.01. · 10:53
Betreff: Re: Im Grenzgebiet

Liebe Ulrike,
dass ist ja eine geradezu »stürmische« Antwort von Ihnen, die mich aus meinen Gedanken zum Lagebericht und ähnlich trivialen Vorstandsüberlegungen reißt. Haben Sie herzlichen Dank für diese fetzigsarkastische Nachtwanderung, auf die Sie mich Stolpernden mitgenommen haben.
Ganz nebenbei habe auch ich eine Schwäche für »pointierte Anleihen aus anderen Sprachgebieten« – und mein Auge hätte sich beim Anblick Ihrer Fotos geweigert, auch nur den Hauch der Vermutung, Sie könnten schon ins »asexuelle Großmutterfach« abgerutscht sein, zu akzeptieren. Ja, so sind wir Männer. Und dann wird uns unterstellt, die Komplimente seien bloß artig. *Anyway.* Bevor ich jetzt wieder zum Bericht zur – übrigens grottenschlechten – Lage einer AG zurückkehre, wollte ich Ihnen nur kurz mitteilen, dass und wie sehr ich mich über Ihre Post im Kerzenschein gefreut habe. Noch eine aufrichtige Bitte: Lassen Sie Ihre angedrohte vornehme Zurückhaltung bleiben – egal, ob es um Grenz- und Sperrgebiete hormonell-emotionaler Prägung (welch ein wunderbares Wortgebilde) oder um ein- oder zweideutige Bemerkungen geht. Unabhängig davon, sind auch mir gesunde Distanz und Diskretion sehr wichtig – werden es immer mehr.
Ich glaube, liebe Ulrike, ich mag Sie schon jetzt. Das gebe ich sogar im Licht des heute relativ hellen Tages preis.
Auch sehr herzlich,
Kai-Uwe

Nachricht von Ulrike 08.01. · 14:32
Betreff: Vornehme Zurückhaltung …
… zurück in die Mottenkiste …

Lieber Kai-Uwe,
das ist ja schön, dass ich Sie angesichts Ihrer Betrachtungen über den grottenschlechten Lagebericht eines Unternehmens kurzfristig ablenken konnte. Da bleibt Ihnen nur zu wünschen, dass Sie nicht etwa Eigenkapital im Fahrstuhl abwärts versenkt haben und die Aktionäre kein Feuerchen unter dem Chefsessel entfachen. Die Wirtschaft ist eben ein weites Feld. Manchmal ein zu weites Feld. Wie die Liebe. Aber das wusste ja schon Fontane.
Ich lese einigermaßen amüsiert-erfreut, dass ich meine mühsam aus dem charakterlichen Tiefschlaf gerissene vornehme Zurückhaltung gleich wieder sedieren und einmotten soll – na, wie hätten wir's denn nun gern? Ich habe deutlich im Ohr, dass am Schlagbaum zum Land der Emotionen das berühmte (und von Frauen gefürchtete) Männerschweigen herrscht, vielleicht ein gefühliges Säuseln sich gerade noch kräuselt, Naturgewalten aber nur aus weiter Ferne rumoren – mehr nicht. Und nun soll diese sicher mühevoll und sorgsam austarierte Gleichgewichtssituation durcheinandergedacht werden?
Ich kann nur warnen: Als Ureinwohnerin von Berlin (West) bin ich mit fragilen Allianzen und scheinbar bis in alle Ewigkeiten betonierten Grenzen und Weltanschauungen groß geworden. Das schärft den Blick. Männer bleiben also ein Rätsel, und man ist gut beraten, sich am Herumrätseln selbst zu erfreuen, ohne Anspruch darauf, jemals Lösungsworte zu finden. Genussvolle Ziellosigkeit sozusagen. Freies Assoziieren anstelle pragmatischer Logik. Auch gut.
Selbstverständlich unterstelle ich jedem Kompliment aus der Tiefe der virtuellen Anonymität (die Realität ist es jedenfalls nicht) Artigkeit. Mehr dahinter zu sehen, wäre reiner Selbstbetrug. Der Reiz des Mediums Internet besteht gerade darin, dass wir uns ungestraft von unserer Schokoladenseite zeigen dürfen und im Lichte freundlicher Selbstüberschätzung sonnen können. Keiner sieht

nämlich, dass man an so manchem scheinbar elegant dahingeworfen Satz länger herumgezimmert hat. Jetzt ist mein Tee kalt und meine Mittagspause vorbei. War aber nett, dass wir miteinander sprechen konnten.
Ebenfalls wieder sehr herzlich,
Ulrike, bekennende Kulturpessimistin

Nachricht von Kai-Uwe 09.01. · 14:06
Ohne Betreff

Liebe Ulrike,
Sie machen mir ganz schön bange. Ich wittere bereits den Brandgeruch zündelnder Aktionäre. Und um Fahrstühle mache ich ab sofort einen großen Bogen.
Apropos Fontane und dessen weite Felder: Auch er hat offenbar den Wald vor lauter Schlagbäumen nicht gesehen. Sonst wäre Effi Briest mit dem dräuenden Männerschweigen (und insbesondere dem ihres eigenen Ehemannes) ganz anders umgesprungen. Nun ja, auch das ist ein weites, zu weites Feld.
Von welchen Komplimenten, die da wohlfeil aus den Tiefen der virtuellen Anonymität emporblubbern wie Methangas aus den sich bedenklich erwärmenden Permafrost-Schichten (auch ein beängstigendes Thema), schreiben Sie eigentlich? Dass ich Sie oute als eine, die von der Rampe, über die Frauen haufenweise ins asexuelle Großmutterfach abrutschen wie in den Kohlenkeller, noch etliche Takte entfernt ist? Oder weil gepflegte Sätze gedrechselt werden, etwa: »Ich mag Sie schon jetzt«? Ist das etwa das Losungswort paarungswilliger Großstädter? Oder bedarf es da anderer Kaliber?
Sehen Sie und ich uns vor. Bei der kaum zu toppenden Anzahl von Matching-Stars sowie der überproportionalen Übereinstimmung beiderseitiger Gewohnheiten, fährt schon jetzt zuckend der Blitz in mich. Hoffentlich werden Sie nicht blass beim wahrscheinlich wieder erkalteten Tee.

Ich lasse mein allerbestes gefühliges Säuseln kräuseln und sende einen weiteren bekennenden Gruß an die ausgesprochen herzliche Kulturpessimistin und schlagfertige Verbal-Judoistin.
In pragmatischer Liebeslogik,
Ihr Kai-Uwe

Nachricht von Ulrike 09. 01. · 20:37
Betreff: Risikoanalyse

Lieber Kai-Uwe,
ich denke, Sie kommen mit den alltäglichen Bedrohungen, denen der deutsche Vorstand im Allgemeinen ausgesetzt ist, ganz gut klar. Sagt mir mein Bauchgefühl. Und Treppensteigen soll ja auch enorm gesund sein.
In Sachen Komplimente schrieb ich ganz allgemein: Denn ein jedes ist virtuell – und theoretisch. Vielleicht steckt sogar nur der Wunsch des Komplimentierenden dahinter, das mit Komplimenten beglückte Gegenüber möge über Charakterzüge oder äußerliche Annehmlichkeiten verfügen, die man schon vorsorglich bewundert. Das Risiko dabei: Trifft man sich in der unbarmherzigen Realität, so ganz ohne Schokoladenseitenüberzug und PR in eigener Sache, kann das einfache Fehlen von eingebildeten oder herbeigesehnten Eigenschaften beim anderen eine herbe Enttäuschung kreieren. Insofern habe ich schon seit Längerem den Verdacht, dass reger und angeregter Mail-Austausch einem Flirt mit sich selbst oder dem, der man gern wäre, nicht unähnlich ist. Der interessierte, unsichtbare Partner bildet eine spiegelnde Oberfläche – was durchaus gegenseitig sein kann.
Ein ziselierter Satz wie »Ich mag Sie schon jetzt« kann ein Losungswort sein. Muss es aber nicht. In der Empirie über den paarungswilligen Großstädter bin ich nicht bewandert genug, um das präzise beantworten zu können. Ich könnte darauf nur individuell im Sinn eines singulären Einzelfalls antworten. Und wissenschaftlich ist das nicht relevant. Das hieße dann aber, dass ich mich als paarungswillige Großstädterin oute. Und jetzt mal ehrlich: Wäre das nicht ein klitzekleines bisschen zu

deutlich? In Berlin kann man damit unter Umständen einen One-Night-Stand einläuten, aber der Hanseat tickt da, glaube ich, anders. Ich bin nur verhalten optimistisch, ob das die richtige Ansprache für Sie wäre. Außer dass ich im Winter grundsätzlich eher blass bin, was aber genetische Gründe hat, gab es bis jetzt keinen Grund, blass zu werden. Ist das bei Ihnen anders?
Die Kulturpessimistin in mir wäre jetzt offen für pragmatische logische Vorschläge, damit wir eines Tages nicht nur auf einen endlosen Mail-Kontakt zurückschauen müssen. Wovor sollten wir uns vorsehen? Erbitte weitere Risikoanalyse.
Sehr herzlich am Abend,
Ulrike

Nachricht von Kai-Uwe 10.01. · 21:45
Betreff: Re: Risikoanalyse und Strategie

Was Sie da in Sachen Komplimente formulieren: Kompliment, liebe Ulrike. Und nun möchte ich, der Komplimentierende, Sie, die zu Komplimentierende, sogar noch mit einem weiteren Kompliment beglücken: Sie haben ein stimmiges Bauchgefühl.
Und auch Ihr Verdacht, dass reger Mail-Austausch sehr häufig einem Flirt mit sich selbst ähnelt, hat sich bei mir schon vor geraumer Zeit eingestellt. Ich, der Komplimentierende, mache Ihnen Komplimente, damit ich, der ja der eigentlich zu Komplimentierende ist, die Genugtuung erfährt, Komplimente zu erhalten. Nicht wahr?
Schließlich haben Sie weiterhin mit Ihrer Vermutung recht, dass der Hanseat in mir wohl ein klitzekleines bisschen geschockt wäre, sollten Sie sich mir als paarungswillige Großstädterin outen. Womöglich noch mit diesem typischen Berliner-Schnauze-Freiheits-Glocke-Kudamm-Habitus eines One-Night-Stand-Angebots. Herrje, wie wird mir anders.
Aber mal ehrlich, liebe Ulrike: Wie finden wir heraus, wovor man uns warnen sollte? Achtung, Hochspannung! – Lebensgefahr!? Mir allein

diese Risikoanalyse aufzudrücken, grenzt allerdings ans Infame. Und wäre darüber hinaus höchst fahrlässig, was Ihre Person betrifft.
Mein Vorschlag: Wir gehen diesen brisanten Fall gemeinsam an und verabreden uns alsbald zu einem ersten Strategiemeeting (in allerbester Vorstandstradition; aber wehe, wenn Sie zündeln!).
In diesem Sinne und auch sehr herzlich am Abend,
Kai-Uwe

Nachricht von Ulrike 11.01. · 08:57
Betreff: Strategiebesprechung

Lieber Kai-Uwe,
vor mir liegt ein mit Terminen ausgesprochen angefülltes Wochenende, das wohl keine Zeit zum Feilen an schriftlichen Gedanken lassen wird.
Eine erste Strategiebesprechung anzuberaumen, finde ich eine gleichermaßen pragmatische wie kreative Idee. Ich verspreche, Zündhölzer und Späne zu Hause zu lassen. Aber nur unter der Maßgabe, dass kein Flipchart zur Visualisierung von Risikopotenzialen zum Einsatz kommt.
Für Terminvorschläge zwischen Dienstag und Freitag bin ich offen.
Für ein erstes Kennenlernen ist übrigens bedenkenswert, ein zeitliches Limit zu setzen. Auch Tageslicht hilft, eine durch regen Mail-Kontakt zu Idealisierungen neigende Wahrnehmung zur Ordnung zu rufen.
Sehr herzlich zum Wochenende,
Ulrike

Nachricht von Kai-Uwe 11.01. · 11:55
Betreff: Re: Strategiebesprechung

Liebe Ulrike,
Ihre knappen Zeitressourcen zum Wochenende respektiere ich.
Schön zu wissen, dass auch Sie an Ihren schriftlichen Passagen feilen.
Und schön, dass Sie meinen Vorschlag für ein Strategiegespräch als zielgerichtet empfinden.
Mit den Rahmenbedingungen wäre ich soweit einverstanden:
1. keine Flipcharts; 2. keine Brandbeschleuniger; 3. zeitliches Limit von maximal drei Stunden. Die Einschränkung auf ein Meeting im Tageslicht ist allerdings zu einschneidend. Zum einen ist der bislang gehaltene Mail-Kontakt nicht so rege, dass es bereits zu Idealisierungen dieser oder jener Art kommen könnte. Zum zweiten wäre der Effekt des abendlichen Absoftens eingedenk meines Jahrgangs mir sehr willkommen.
Mein Vorschlag: 17. Januar, ab 18 Uhr im Großraum Eppendorf-Winterhude-Uhlenhorst-Harvestehude. Darf ich Sie um ein paar Vorschläge bezüglich der Location bitten?
Ich wünsche ein pensumreiches und dennoch oder deswegen schönes Wochenende. Sollten Sie unmittelbare Fragen haben, können Sie mich gern auch außerhalb des PAIRFECT-Portals erreichen, meine Telefonnummer lautet: 01 71 / 0 00 00 00
Bis bald,
Kai-Uwe

Nachricht von Ulrike 12.01. · 02:01
Betreff: Brandbeschleuniger und andere Werkzeuge

Lieber Kai-Uwe,
ich hoffe, Sie sind sich bei Ihrer internen Risikoanalyse bewusst, dass unser Strategiemeeting an sich schon ein Brandbeschleuniger sein kann? Realistisch betrachtet wird er natürlich kein wirklich gefährliches

Potenzial haben, andererseits: Vier respektable Matching-Stars sprechen für sich.
Ich bin mir wohl bewusst, dass uns rund und eckig zwanzig Jahre Lebenserfahrung trennen. Ob das nun ein Grund ist, das Tageslicht zu fliehen? Ich weiß es nicht. Es könnte aber sein, dass sich irgendwann eine Begegnung bei Sonnenschein nicht mehr vermeiden lässt. Welchen Weichzeichner wollen Sie dann herbeizaubern? Es kann natürlich sein, dass Sie als hanseatischer Pragmatiker, im emotional-hormonellen Grenzgebiet mit allen logischen Wassern gewaschen, davon überzeugt sind, dass einfach nur *Carpe diem (»Nutze den Tag«)* zählt. Das ist natürlich völlig richtig. Rein statistisch kommt es sicher weit häufiger zu Einmaltreffen als zu Wiederholungstaten.
Insofern bin ich einer Begegnung zu den genannten Konditionen nicht abgeneigt, erbitte aber Geduld bis Montag, da ich erst dann den Rest der Woche überblicken kann.
Wieder mal herzlich,
Ulrike

Nachricht von Kai-Uwe 12.01. · 23:01
Betreff: Re: Brandbeschleuniger und andere Werkzeuge

Sie haben ja völlig recht, liebe Ulrike,
Weichzeichner hin, Altersunterschied her; Ich werde auf Sie und Ihr *go* warten. Derweil: Geduld haben, emotionell-hormonale Grenzgebiete tunlichst nicht beschreiten. Einfach warten. Warten auf den Augenblick, da alle eng verzahnten Sinneseindrücke mit einem Schlag auf mich eindringen: Natürlich aber nicht nur optische und akustische, sondern auch: Riechen, Spüren, Empfinden. Das wird spannend, liebe Ulrike.
Diesmal ganz besonders herzlich,
Kai-Uwe

Nachricht von Ulrike 15.01. · 21:53
Betreff: Jetzt wird es ernst ...

Guten Abend, lieber Kai-Uwe,
geduldiges Jonglieren und zähe Terminschieberei haben ihn mir beschert – den freien Donnerstagabend. Jetzt gibt es also kein Zurück mehr (jedenfalls nicht von meiner Seite), und wenn Sie nicht anders disponieren wollen, dann, ja, dann wird es wirklich ernst.
Ich wäre sehr dankbar, wenn Sie sich für die Festlegung des Ortes zuständig erklärten und mir mitteilten, wo es denn nun passieren soll, das Treffen, die Begegnung, hoffentlich kein Showdown. Das definierte Zeitfenster: ab 18 Uhr drei Stunden. Und wenn es ein Viertelstündchen mehr werden sollte: auch gut. Das würde bedeuten, es gäbe ausreichend Gesprächsstoff.
Ich freue mich auf unser Kennenlernen. Das wird spannend, lieber Kai-Uwe.
Herzlich am Abend,
Ulrike

Nachricht von Kai-Uwe 16.01. · 01:11
Betreff: Re: Jetzt wird es ernst ...

Liebe Ulrike,
gewiss, die Spannung steigt und steigt. Ich werde alles daransetzen, es mir nicht anmerken zu lassen (weil Frauen Schwächen beim anderen Geschlecht sofort und gnadenlos für sich vermarkten).
Nun, ich resümiere: Morgen, Donnerstag, 17. Januar, um 18 Uhr im »Tiefenthal«, Isestraße, Ecke Klosterstern.
O ja, es wird spannend werden, liebe Ulrike.
Schlafen Sie gut und eingekuschelt in dieser stürmischen Nacht. Sie mögen es nicht glauben, aber ich denke an Sie,
Kai-Uwe

Die Begegnung mit Kai-Uwe

Ich habe für diesen Abend ein schlichtes, schwarzes Businesskostüm ausgesucht, dessen einzige Auffälligkeit in drei großen goldenen Knöpfen an der Jacke besteht. Dem alten Stilgrundsatz folgend – »Entweder Beine oder Dekolleté zeigen, aber nie beides zusammen« –, habe ich mich für den kürzeren von zwei zur Verfügung stehenden Röcken entschieden. In Kombination mit schwarzen Pumps und schwarzen Seidenstrümpfen macht das einen guten Eindruck, hoffe ich zumindest. Die Kostümjacke ist gerade so hoch geschlossen, dass ich damit auch ein seriöses Bewerbungsgespräch führen könnte. Wird es eines der etwas anderen Art?

Wir sind also um 18.00 Uhr verabredet. Beim Stichwort »Tiefenthal« fällt mir leider unwillkürlich und völlig unpassenderweise der überspannte Kultporno *Im tiefen Tal der Superhexen* aus den späten Siebzigern von Russ Meyer ein.

Obwohl ich um 17.59 Uhr das Restaurant betrete, begleitet vom Einsetzen des 18-Uhr-Läutens einer nahe gelegenen Kirche, ist Kai-Uwe schon da. Er sitzt an einem Tisch, den man nur über eine halbrunde Treppe erreichen kann (immer wieder eine Herausforderung, so ein Hindernis scheinbar leicht schwebend in High Heels zu überwinden). Strategisch und geografisch befindet er sich absolut im räumlichen Mittelpunkt und hat den Überblick. Der Mann muss Segler oder Jäger sein. Kai-Uwe sieht genauso aus, wie frau sich einen erfolgreichen Geschäftsmann vorstellt. Groß, extrem langbeinig, schlank, mit einer Tendenz zur Sehnigkeit, elegant ergraut, eigentlich eher silbrig. Sein welliges Haar ist perfekt und kurz, aber nicht zu kurz geschnitten. Er hat freundliche blaue Augen und ein absolut souveränes Lächeln im Gesicht, das Gelassenheit und eine gewisse Erfolgsverwöhntheit durchschimmern lässt. Die annoncierte große Nase und die tief in sein Gesicht gegrabenen Falten in einer ansonsten erstaunlich glatten und für einen Mann ungewöhnlich feinporigen Haut lassen allerdings unterschiedliche Schlüsse zu: sehr viel Karriere und Arbeit, sehr viel Rotwein, sehr viel Lebemann, sehr viel Eitelkeit und Pflege – oder von allem etwas. Es ist die blendende Erscheinung eines durch und durch selbstbewussten Mannes Anfang sechzig.

Sein Lebensalter sieht man seinen Gesichtszügen an, in Kombination mit seiner überaus lebendigen und körperbetonten Art wirkt das aber ausgesprochen attraktiv. Ich vermute, dass die Zahl seiner Geliebten, Freundinnen und One-Night-Stands unüberschaubar groß sein muss. Dieser Mann hat, davon bin ich überzeugt, in geschätzten viereinhalb bis fünf Jahrzehnten sexueller Aktivität definitiv gar nichts ausgelassen.

Über seinen modischen Geschmack kann man geteilter Meinung sein. Qualität und Schnitt von Sakko und Hose lassen vermuten, dass er sich von Ladage & Oelke oder einem anderen gediegenen Hamburger Herrenausstatter beraten lässt. Die Farbwahl erscheint mir allerdings etwas riskant. Das Sakko, fast sommerlich hell und von winzigen Karos durchzogen (wir haben Januar!), wird von einem farblich mit der Krawatte korrespondierenden Einstecktuch begleitet. Das Hemd mit weißem Kragen und weißen Manschetten ist rosa-weiß gestreift, die Krawatte farblich passend etwas dunkler im Ton, mit Kohorten von Miniaturelefanten darauf. Ohne Krawattennadel und Manschettenknöpfe verlässt dieser Mann sicher nicht das Haus. Wenigstens Hose und Schuhe sind sowohl dunkel als auch einfarbig gewählt. Er ist der Typ Mann, der rosafarbene Kaschmirpullover zum Golfspiel trägt. In Berlin könnte ich mich in Begleitung eines so bekleideten Mannes nur in neo-feudalen Quartieren wie rund um den Gendarmenmarkt oder in ausgewählten Charlottenburger Restaurants sehen lassen. Für Hamburger Verhältnisse scheint diese Aufmachung dagegen völlig normal zu sein.

Wie erwartet, mangelt es nicht an Gesprächsstoff. Kai-Uwe ist unterhaltsam und amüsant, ein Erfolgsmensch, genussfreudig, trinkfest und mit einem Hang zu ausladenden Gesten. Philosophisches, Lebensklugheit und intellektueller Tiefgang kommen als Vorspeise allerdings noch nicht auf den Tisch. Aber das könnte sich ja noch ändern.

Wir gelangen schnell zu den Lieblingsthemen paarungswilliger Großstädter beiderlei Geschlechts: Warum bist du so geworden wie du bist? Warum geht ein/e so interessante/r, charmante/r Mann/Frau den Umweg übers Internet, um Bettgefährten mit dem Potenzial zum Lebensabschnittspartner zu finden? Wir komplimentieren und flirten, was das Zeug hält. Da er ein Routinier ist, geht das mit ihm ganz leicht. Wir befinden uns bereits auf freundschaftlichem Eroberungskurs und erarbeiten uns gegenseitig die Sympathie des anderen in Erwartung – Hoffnung wäre untertrieben – auf angenehme sexuelle Gunstbezeugungen im Verlauf der Nacht. Die verabredete Limitierung – »Beim ersten Date nicht länger als drei Stunden« – war im Vorfeld klug gewählt, um gute Erziehung vorzutäuschen. Als die Zeit um ist, klingelt die Weckfunktion meines Handys. Wir beschließen schnell und einvernehmlich eine zeitlich nicht limitierte Verlängerung des Abends und einen Ortswechsel.

Ich folge in meinem Auto Kai-Uwes schwarzem BMW-Cabrio (das mir für einen Mann dieses Alters doch einen Hauch unpassend erscheint) von Eppendorf nach Pöseldorf zu einem kleinen In-Italiener, in dem er bestens bekannt ist und nach allen Regeln der Kunst von der kompletten Kellner-Corona hofiert wird. Ohne weitere Order landen exquisite kleine Portionen Antipasti auf dem Tisch (»Wir haben heute nur keine großen Kapern für dich, Chef, alle aus.«)

und ein wirklich ordentlicher Rotwein. Ganz offensichtlich hat sich Kai-Uwe erst einmal mit mir auf neutralem Boden treffen wollen, um herauszufinden, ob ich für den Auftritt in seinem Stammlokal tauge. Das kann man glatt als Kompliment durchgehen lassen. Wenn man will. Ich finde diese Taktik ganz amüsant und gebe mir alle Mühe, die charmante Eroberung zu geben.

Kai-Uwe vermittelt den Eindruck, ausgesprochen zufrieden mit sich und dem bisherigen Verlauf des Abends zu sein. Der Tisch (natürlich mit rot-weiß gewürfelter Tischdecke, was denn sonst), an dem wir uns gegenüber sitzen, ist schmal genug, um sich küssen zu können, ohne eine Verrenkung der Halswirbelsäule befürchten zu müssen. Ich stelle fest, dass Kai-Uwe trotz vorgerückt nächtlicher Stunde noch fast perfekt rasiert ist. Ich verfolge seine Kinnlinie mit dem Zeigefinger, was ihm sichtlich gefällt. Sein Unterhautfettgewebe ist altersbedingt reduziert, seine Gesichtszüge erscheinen relativ weich, aber noch nicht schlaff. Die Haut seiner Handrücken ist dagegen erstaunlich straff, seine Fingernägel sind makellos manikürt. Sie scheinen sogar matt poliert zu sein. Er ist eine ausgesprochen gepflegt-appetitliche Erscheinung.

Gegen halb zwei entschließen wir uns zum Aufbruch, denn der Grad des Bedürfnisses nach Körperkontakt überschreitet das sozial kompatible Maß, das uns im öffentlichen Raum angebracht erscheint. Ich bin gespannt, wie er es bewerkstelligen wird, mich zu sich nach Hause und in sein Bett zu lotsen. Ich erwarte an diesem strategisch entscheidenden Punkt eine Mischung aus Eleganz und Direktheit. Er darf mich einerseits nicht gehen lassen und andererseits nicht zu offensiv und selbstverständlich davon ausgehen, dass ich ihm folge. Der Mann ist jetzt nicht zu beneiden. Aber: Er meistert die kleine diplomatische Krisensituation souverän.

Kai-Uwe zieht mich an sich, indem er seine Hand orthopädisch kenntnisreich exakt an der Stelle meiner Wirbelsäule platziert, an dem man diesen reflexhaften Knick des Beckens nach vorn und der Halswirbelsäule nach hinten provozieren kann. Rotwein und High Heels verstärken meinen Biegereflex noch, und ich spüre gleichzeitig warme Lippen an meinem Hals und eine noch viel wärmere Erektion an meinem linken Oberschenkel, der strategisch passgenau in seiner Körpermitte aufliegt. »Ich kann dich in diesem Zustand nicht mehr Auto fahren lassen«, sagt die eins neunzig große Verführung zu mir. »Wir parken es irgendwo, und du kommst mit mir. Wenn du möchtest, schlafe ich selbstverständlich auf meinem Sofa.« Ich antworte: »Muss ich auch auf dem Sofa schlafen oder gibt es ein Bett?« Kai-Uwe grinst. »Du kannst es nicht verleugnen: Du kommst aus Berlin.«

SMS von Kai-Uwe 18.01. · 7:30

Bist du gut zu Hause gelandet? Wo lebst du, dass du schon morgens um sieben Termine hast? K.-U.

SMS von Ulrike 18.01. · 11:25

Bist du gesprächswillig und gesprächsfähig? Ich wäre beides. Bin allerdings dezent verkatert. Danke für den zauberhaften und dabei am Ende politisch völlig unkorrekten Abend. Ich habe dich sehr genossen. Ulrike

Nachricht von Ulrike 18.01. · 15:10
Betreff: Ich bin beeindruckt

Mein lieber Kai-Uwe,
langsam verflüchtigt sich der Alkohol aus meinem Hirn, aber die Erinnerung an den gestrigen Abend wird durch einsetzende Nüchternheit überhaupt nicht schlechter, ganz im Gegenteil. Ich hatte einen wirklich hinreißenden Abend. Wäre zu schön, wenn es dir vielleicht ähnlich ginge. Er war absolut atypisch für mich. Dabei wollte ich doch bei einem Vollblut-Hanseaten wie dir als Lady punkten. Angefangen beim Kostümchen. Na, das ist nun alles ganz anders gekommen.
Ich fand, dass du mich wunderbar geküsst hast, und da war es mit meiner Contenance einfach vorbei. Mir schien außerdem, dass du auf eine erotische Weise fordernd, deutlich (und auch erregend spürbar) sexuell an mir interessiert warst. Das hat mir sehr gut gefallen. Das Ensemble der verstreuten Klamotten in deiner Wohnung war heute morgen filmreifes Klischee. Ich fand dich smart und sexy, gepflegt, in jeder Hinsicht gut gebaut und prima in Form. Schon die äußeren Begleitumstände waren also derart angenehm, dass ich mich nur zu gern in deine Arme und in dein Bett begeben habe. An das, was sich dort abspielte, erinnere ich mich ebenfalls noch. Und auch das war so angenehm und absolut über meine Erwartungen hinausgehend, dass ich nur sagen kann: Ich würde es jederzeit wieder tun. Mit dir. Dann aber nüchtern und auch gern mit mehr Zeit.
Du bist ein Gentleman und ein exzellenter Liebhaber. Ich freue mich sehr darüber, dass es dich gibt.
Ich habe dich, deinen Grips, deinen Witz, deinen Körper und den Sex mit dir einfach genossen.
Überaus herzlich, Ulrike

Kai-Uwe ruft mich ein paar Stunden später an, nachdem ich die Mail losgeschickt habe. Er klingt ausgesprochen warm und zutraulich. Im frühmorgendlichen Aufsteh- und Aufbruchsgefecht habe ich meinen Mantel bei ihm vergessen. Das erscheint uns beiden als willkommener Anlass, zwei Tage später ein kurzes Wiedersehen zu verabreden. Ich fahre auf dem Weg nach Berlin quasi bei ihm vorbei. Er ist an diesem Nachmittag später bei einer Mitarbeiterin eingeladen, so bleibt ein Zeitfenster von gut neunzig Minuten. Zu lang, um nur meinen Mantel abzuholen, zu kurz für diplomatische Verwicklungen. Perfekt für ein erotisches Intermezzo zur blauen Stunde.

Die zweite Begegnung mit Kai-Uwe

Es regnet in Strömen, als ich mich am Sonntagnachmittag auf den Weg mache. Weltuntergangswetter. Einer von den Tagen, wo es in Hamburg nicht hell wird. Dagegen hilft nur eine ordentliche Hormonausschüttung.

Das Wiedersehen mit Kai-Uwe ist herzlich, die Begrüßung aber leicht formell. Er holt mich – wieder ganz Gentleman – im prasselnden Regen mit Schirm an meinem Auto ab und bringt mich zu seinem Haus, wo er ein niedliches – für meinen Geschmack zu niedliches – Dachgeschoss bewohnt. Antiquitäten, schwere Silberleuchter, alte, liebevoll restaurierte Modelle von Segelschiffen, auch für den Laien leicht identifizierbare Kunst, ein großer, den Wohnbereich beherrschender Konzertflügel mit anspruchsvollen Klaviernoten auf dem Pult und eine riesengroße Hi-Fi-Stereoanlage aus den frühen Siebzigerjahren, die damals ein Vermögen gekostet haben muss und den ästhetischen Charme der James-Bond-Filme aus der Roger-Moore-Ära versprüht – so also wohnt ein Single der gehobenen Hamburger Mittelschicht. Als ich drei Tage zuvor das erste Mal in dieser Wohnung war, habe ich diese Einrichtung nur schemenhaft wahrgenommen. Da stand eher im Vordergrund, sich behände und dennoch graziös seiner Wäsche zu entledigen.

Uns verbindet ein etwas triebhaftes Verlangen, das durchaus freundlich, aber nicht persönlich gemeint ist. Es ist eine rein sexuelle Attraktion, in der Realität sind wir Welten voneinander entfernt – perfekte Kulisse für eine Affäre ohne Reue.

Die Kombination aus Wiedersehen bei Tageslicht und einem gewissen Zeitdruck helfen dabei, uns aufs Wesentliche zu konzentrieren. Kai-Uwe lotst mich in sein Schlafzimmer, direkt auf ein frisch bezogenes Bett, das so intelligent in eine Dachschräge eingepasst ist, dass man sich einerseits beim Hineinsinken nicht den Kopf stößt, sich andererseits in geeigneten Positionen an der Wand abstützen kann. Ich erkenne es deutlich wieder: Hier bin ich schon gewesen. Auch beim ersten Mal in knisternd frisch bezogener Wäsche. Der Mann hat Format. Oder Verschleiß. Wahrscheinlich beides.

Der Sex ist beiderseits serviceorientiert, dabei nicht einmal unverbindlich. Wir sind zielstrebig, ohne eilig zu sein. Jeder kommt für sich allein. Der Mann weiß einfach, wie es geht. Als ich die Augen öffne, duscht er bereits. Und hat selbstverständlich frische Handtücher für mich bereitgelegt.

Es bleibt noch reichlich Zeit, einen Tee zu trinken. (»Magst du nachmittags Darjeeling auch so gern? Mit einem Wölkchen Sahne? Kein Zucker, natürlich.«) Mit aufgefrischtem Make-up sitze ich auf einem blauen Sofa und lasse mir einen kleinen Nachmittags-Mozart am Klavier darbieten. Das kann er ebenfalls.

Die unangenehme Fragestellung: »Wie verlasse ich den Ort der sexuellen Begegnung ohne Peinlichkeit?« entsteht erst gar nicht. Ein Blick auf die Uhr mahnt zum Aufbruch – ich nach Berlin, er zu seiner im Mutterschaftsurlaub befindlichen Sekretärin. Er versichert mir schmunzelnd, dass er mit dem Urlaubsgrund der Dame nichts zu tun habe. Das nehme ich ihm ab, denn auch verhütungs- und seuchentechnisch verhält er sich angemessen.

Kai-Uwe bringt mich zu meinem Auto, wir verabschieden uns freundlich voneinander und versprechen, bald wieder zu telefonieren. Was wir nicht tun werden.

Wenn man über vierzig ist, hat man wahrscheinlich eine realistische Vorstellung entwickelt, wie viel Glück es im eigenen Leben geben kann. Phasenweise geht es auch ohne Glücklichsein sehr gut. Ordentlicher Sex in einem angenehmen Umfeld helfen dem Selbstbewusstsein und dem Selbstwertgefühl jedenfalls enorm dabei.

Mir kann das schauderhafte Wetter an diesem Nachmittag nichts mehr anhaben. Außerdem begleitet mich Amy Winehouse nach Berlin.

Sex ohne Liebe ist besser als gar kein Sex.

Hugh Hefner

Bernhard, der Klammeraffe

Oder: Wenn das Alleinsein schmerzt

BERNHARD im PAIRFECT-Profil

Matching-Stars	★★★★★
Person	54 Jahre, 177 cm, getrennt lebend
Beruf	Unternehmer
Wohnort	Berlin, Deutschland
Abgeschlossenes Studium	Jura
Kinder	3
Religion	–
Raucher	Nein
Haustiere	Keine
Eigenschaften	Spontan, humor- und fantasievoll, tolerant und selbstbewusst
Freizeitgestaltung	Ausgehen/Freunde treffen, ausruhen und entspannen, Kino und Theater genießen
Hobbys	Kochen, Musik, Musik, Musik, Tanz und Theater
Sport	Fahrradfahren, Fitness, Wandern, Trekking, Schwimmen und Tennis
Musikgeschmack	Rock/Pop, Chansons/Lieder, Opern, Musicals/Operetten, Kammermusik
Instrument	Gitarre
Sprachen	Englisch und Deutsch
Lieblingszeitung / Zeitschrift	*Financial Times Deutschland, Focus, Spiegel*

Ich über mich

Meine Traumfrau:
Lebenslustig, selbstständig, offen, spontan, gepflegtes Äußeres, improvisationsfreudig

Mein perfekter Tag:
... alle meine Projekte laufen optimal, sodass ich am Abend meine Partnerin sehen oder etwas gemeinsam mit Freunden unternehmen kann.

Die für mich wichtigsten Dinge sind:
Liebe, Zuneigung und Vertrauen in einer Partnerschaft, geschäftlicher Erfolg und Freundschaften

Mein Äußeres:
Charmant, intelligent und gut aussehend

Das Besondere an mir:
Ich bin sehr spontan, unternehmungslustig, geistreich und eigentlich auch ungewöhnlich emotional: Ich genieße neben der Liebe in der Partnerschaft durchaus gepflegte Gespräche.

Wovon ich mich nie trenne:
Von meiner Partnerin, die mich liebt und die ich liebe. Und von meinem Business.

Mein Lieblingsort:
Da, wo ich den Tag hinter mir lassen kann: mein Zuhause. Sonst am Meer oder in den Bergen.

Welche Persönlichkeit ich gern kennenlernen würde ...
Eric Clapton

Was gar nicht geht:

Der Widerspruch zwischen Ein- und Ausbildung, Lügen, Überheblichkeit, Dummheit und Ignoranz

Mein Wunschtraum wäre es ...

... fliegen zu können.

Nachricht von Bernhard 30.01. · 17:16
Betreff: Kontaktgesuch

Liebe Grüße aus Berlin,
ich bin neu im Sytsem und diese hat mich auf deine Seite gebraxcht die mir sehr gefällt. Ich stelle viele gemeinsame Lebenauffassungen fest die auch für mich wichtig. Schön wenn du dich melden würdest.
LG Bernhard

Kleine Bemerkung zu Bernhards Nachrichten:

Es ist nicht schwer, diesen Mann als Legastheniker zu identifizieren. Ich überlege, ob ich das an seiner Stelle am Anfang eines Kontakts einfach thematisieren würde. (So wie ich eben beispielsweise schrecklich kurzsichtig bin. Da weiß jeder, dass er mich gelegentlich mit colaflaschenbodendicken Brillengläsern auf der Nase akzeptieren muss.) Schließlich hält sich hartnäckig das Vorurteil, dass Legasthenie was mit mangelnder Intelligenz zu tun hat. Andererseits ist Legasthenie auch keine Garantie für geistige Spitzenleistungen ...

Um den nachfolgenden Schriftwechsel lesbar zu machen, bedurfte es gründlicher grammatischer und orthografischer Bearbeitung.

Nachricht von Ulrike 01.02. · 06:07
Betreff: 5 schwerwiegende Sterne

Lieber Bernhard,
danke für deine Mail inklusive Kompliment. Leider kann ich (noch) nicht adäquat antworten, was Vermutungen zu gemeinsamen Lebensauffassungen betrifft, da außer dem eher dürren Steckbrief für mich bis jetzt nicht viel von dir zu sehen ist. Fünf Matching-Stars

sind natürlich nach der PAIRFECT-Philosophie ein schwerwiegendes Argument.
Herzliche Grüße,
Ulrike

Nachricht von Bernhard 01.02. · 09:48
Betreff: Re: 5 schwerwiegende Sterne

Liebe Ulrike,
vielen Dank für deine netten Zeilen und dein Bild, beides gefällt mir sehr. Bei meinem müssen wir entweder auf meine Freischaltung im System warten oder wir verkehren über E-Mail, da kannst du meine Fotos sofort bekommen.
Etwas zu mir: Ich lebe seit über sieben Monaten getrennt, in einer eigenen Wohnung. Ich habe meine Ex verlassen, weil ich mit unserer kalten Beziehung nicht mehr klarkam. Wir lebten in einem sehr großen Haus, hatten beide eigene Schlafzimmer, Aufenthaltsräume usw. Meine Ex fand das toll, sie litt auch nicht am Erkalten der Beziehung. Ich, wie gesagt, schon. Vielleicht habe ich viel zu lange gewartet, jedenfalls habe ich den Bruch gewollt, den wir zwischenzeitlich notariell geregelt haben. Einer einvernehmlichen Scheidung steht nichts mehr im Wege.
Für mich war es wichtig, vor allem auch aus Respektgründen für meine Ex, erst dann eine neue Partnerschaft zu suchen, als die Trennung richtig vollzogen war. Ich habe sechs Monate gebraucht, um Abstand zu allem zu bekommen und mich zu finden. Seit Kurzem suche ich nun wieder eine feste Beziehung.
Ich selbst bin Jurist, aber seit vielen Jahren als selbstständiger Unternehmer tätig.
Du gehst gern tanzen, ich ebenfalls. In den letzten Jahren bin ich leider kaum dazu gekommen. Du hast einen Hund, ich hatte auch einen. Meine Ex war nicht bereit, obwohl sie noch in unserem Haus wohnt, ihn zu nehmen. Sie war der Meinung, dass der Hund meiner sei. Leider habe ich

ihn nicht behalten können, denn bei meinen vielen Terminen saß er bei jedem Wetter in meinem Jeep. Ich bemerkte, dass ich ihm, so lieb ich ihn hatte, keine artgerechte Haltung mehr bieten konnte. Jetzt lebt er bei Freunden, die ein Haus und einen Garten besitzen. Alle, neue Zieheltern wie der Hund selbst, sind offenkundig zufrieden.
Erzähle bitte mehr von dir. Was machst du beruflich, wie verlief dein Leben und was macht eine Single-Frau am 1. Februar?
LG Bernhard

Nachricht von Ulrike 01.02. · 13:27
Betreff: Single-Frauen am 1. Februar

Lieber Bernhard,
das hört sich nach einem schwierigen Ablösungsprozess an. Ich kenne das Problem, wenn zwei Menschen unterschiedliche Auffassungen von Distanz und Nähe haben. Da leiden immer beide. Aber so ist das wohl zwischen Männern und Frauen – und es bleibt lebenslang schwierig, die richtige Balance zu finden. Mir ist das in meinen bisherigen Beziehungen dauerhaft auch nicht gelungen.
Ich möchte das Dauerpendeln zwischen Berlin und Norddeutschland gern irgendwann beenden. Für mich hat sich herausgestellt, dass das ein Leben nicht an oder in sondern *zwischen* zwei Orten bedeutet. Das bekommt mir nicht gut.
Meinen für die Stadt viel zu großen Hund, der an ausreichend Bewegung gewöhnt ist, würde ich unter großen Verlustschmerzen auf dem Land zurücklassen müssen. Ich würde ihm keinen Gefallen tun, ihn mitzunehmen. Kopf und Herz gehen da zwei Wege, in solchen Situationen muss man den Kopf entscheiden lassen.
Berufliches: Ich habe Germanistik und Publizistik studiert, eine kaufmännische Ausbildung in der Werbung gemacht, lange eine Event-Agentur in Berlin geleitet und bin dann in die Nähe von Hamburg gegangen, wo ich mit dem Aufbau eines Betriebes zu tun habe, der sich mit Naturschutz und Landwirtschaft befasst.

Zum Privaten: Ich bin geschieden. Meine Tochter lebt noch bis zum Sommer in Kanada und wird danach voraussichtlich wieder in Berlin die Schule besuchen. Ich würde mich freuen, wieder von dir zu hören.
Herzliche Grüße,
Ulrike

Nachricht von Bernhard 02.02. · 13:43
Betreff: Re: Single-Frauen am 1. Februar

Liebe Ulrike,
das hört sich so an, als wäre es ein schwerer Ablöseprozess, ist aber seit Wochen geklärt. Du musst wissen, dass ich mich bereits seit über fünf Jahren innerlich mit dem Problem der Trennung beschäftigt habe und manchmal zu feige und manchmal zu bequem war, dies durchzuziehen. Insofern bin ich sehr weit – und finde diesen Schritt für mich sehr befreiend. Ich bin zutiefst davon überzeugt: Wenn man seine innere Ruhe und seinen Mittelpunkt im privaten Leben gefunden hat, lassen sich berufliche Anstrengungen und möglicherweise auch Rückschläge ganz anders kompensieren.
Ich denke, es wäre sehr schön, wenn wir uns persönlich kennenlernen würden. Wir können zunächst auch erst einmal miteinander telefonieren. Vielleicht kannst du das einrichten. Meine Telefonnummer lautet: 01 72 / 0 0 00 00.
Liebe Grüße,
Bernhard

Nachricht von Ulrike 02.02. · 16:15
Betreff: Wir können ...

... uns gern in den nächsten Tagen auf einen Wein oder Drink oder was auch immer treffen. Schlag einfach ein oder zwei Termine vor. Ellenlanges Hin- und Her-Mailen hilft nicht wirklich. Denn entweder ist man sich bei

der unausweichlichen »Gegenüberstellung« grundsätzlich sympathisch – oder eben nicht.
Herzlichen Gruß, Ulrike

Nachricht von Bernhard 03. 02. · 16:18
Betreff: Re: Wir können ...

Liebe Ulrike,
da hast du wirklich recht. Was hältst du von morgen Abend (Freitag) 20 Uhr? Irgendwo am Kudamm?
Liebe Grüße,
Bernhard

Nachricht von Ulrike 03. 02. · 16:21
Betreff: Irgendwo am Kudamm ...

... sollten wir vorher sicherheitshalber noch präzisieren. 20 Uhr hört sich schon mal gut an.
Herzlichen Gruß,
Ulrike

Nachricht von Bernhard 03. 02. · 16:24
Betreff: Re: Irgendwo am Kudamm ...

Liebe Helen,
ich schlage vor, dass wir uns an der Ecke Kudamm und Schlüterstraße treffen. Da ist so ein kleiner Platz. Von dort können wir irgendwo hingehen. Es gibt da sehr schöne Lokalitäten. Einverstanden?
Liebe Grüße,
Bernhard

Nachricht von Ulrike 03. 02. • 16:29
Betreff: Anfängerfehler

Lieber Bernhard,
klär doch erst einmal mit Helen ab, ob sie sich morgen mit dir treffen will. Ich würde der Dame in jedem Fall den Vortritt lassen wollen ...
Schönen Gruß von
Ulrike

Nachricht von Bernhard 03. 02. • 16:32
Betreff: Re: Anfängerfehler

Liebe Ulrike,
sei bitte nicht sauer. Ich habe den Namen verwechselt, weil ich permanent mit meiner Partnerin Helen und meinem Partner Günter aus der Firma per E-Mail Dokumente austausche, deswegen bin ich auch ständig online.
Entschuldige bitte, Helen-Ulrike. Wollen wir uns nun morgen treffen, ohne dass Sauerkeit aufkommt?
Liebe Grüße,
Bernhard

Nachricht von Bernhard 03. 02. • 16:37
Betreff: Re: Anfängerfehler

Liebe Ulrike,
also, ich habe alles mit Helen geklärt, sie tritt zurück. (Ist das die richtige Antwort?) Nein, aber mal ganz ehrlich: Ich würde mich über ein Treffen mit dir morgen sehr freuen und fände es schade, wenn du nun verschnupft bist.
Liebe Grüße,
Bernhard

Nachricht von Ulrike 03.02. · 16:54
Betreff: Fehler sind mähnschlich

Lieber Bernhard,
so schnell bin ich nicht zu verschnupfen. Außerdem ist mir klar dass dieses hier nicht mehr und nicht weniger als eine Kontaktbörse ist, Mehrfachkontakte sind also an der Tagesordnung. Was sollte auch verwerflich daran sein, sich in Ruhe umzuschauen?
Wenn ich im Bett allerdings immer noch mit dem falschen Namen angesprochen werde, reagiere ich möglicherweise etwas zurückhaltend. Insofern sind Kosenamen wie »Liebling« und »Schatz« sehr hilfreich.
Mit dieser Feststellung möchte ich jedoch nicht implizieren, dass es in meiner Erwartung dazu kommen sollte (weder zum Ort noch zur Namensverwechslung).
Also, lass dir erst einmal noch keine grauen Haare wachsen – ich bin mit einer gewissen Robustheit gesegnet.
Ich hoffe sehr, dass nun genügend Missverständliches ausgestreut wurde ...
Fröhliche Grüße,
Ulrike

Nachricht von Bernhard 03.02. · 17:00
Betreff: Re: Fehler sind mähnschlich

Liebe Ulrike,
vielen Dank, aber mein Fehler lag, ungeachtet, dass ich dir recht gebe, ganz woanders, idiotisch aber wahr. Und ich *bin wütend auf mich selbst*, dass ich so nachlässig geschrieben habe.
Willst du mir deine Telefonnummer verraten?
Liebe Grüße,
Bernhard

Nachricht von Ulrike 03.02. · 17:11
Betreff: Treffen morgen

Lieber Klaus-Dieter,
ich werde morgen pünktlich um 20 Uhr zur Stelle sein. Falls du mich nicht erkennen solltest: lange blonde Haare, ich komme voraussichtlich mit dem Fahrrad. Meine Nummer gebe ich dir dann. Sonst riskiere ich, dass du eines Tages bei mir anrufst und Pizza bestellst ...
Schönen Abend,
Ulrike

Nachricht von Bernhard 03.02. · 17:20
Betreff: Re: Treffen morgen

Liebe Ulrike,
ich denke, ich werde dich erkennen. Du wirst mir auffallen. (Du machst es mir auch einfach, eine schöne und attraktive Frau mit Fahrrad, wie viele fahren um dieses Zeit schon da herum?)
Gute Idee mit der Telefonnummer, ich wusste gar nicht, dass du noch einen Pizzaservice hast. Nein, das war jetzt Spaß.
Wenn du mich kennenlernst, wirst du feststellen, dass ich keine mir anvertraute Nummer ausnutze, um damit Unfug zu machen. Es wird so kommen, wie es kommen wird, und dann wird sich alles so oder so klären. Wenn ich dich irgendwo abholen soll, damit du nicht radeln musst, kannst du mir das ruhig sagen. Kein Problem.
Liebe Grüße,
Bernhard

Die Begegnung mit Bernhard …

… kommt nicht zustande, denn ich gehe nicht hin. Männer (ja, ich liebe Verallgemeinerungen sehr), auch und gerade die, die nicht besonders helle sind (da hilft auch kein Jurastudium), denken wohl, dass alle Frauen grundsätzlich blöd wie Bolle sind. Klar behalte ich eine Telefonnummer für mich, um mich anschließend an der Haustür abholen zu lassen – was für ein gerissener Bursche. Andererseits habe ich in der Vergangenheit schon mal meine Nummer verraten – und dann wurde sie nicht angerufen. Was mir auch wieder nicht recht war. Das Leben bleibt schwierig. Und unübersichtlich sowieso.

Abschiedsnachricht von Bernhard 05.02. · 19:34

Liebe Ulrike,
ich habe gestern lange auf dich gewartet. Leider vergeblich. Sehr traurige, aber liebe Grüße von Bernhard. Ich hätte wissen müssen, wie tief ich dich verletzt habe.

Ich lösche Bernhard aus meinen Kontakten.

» *Mein Hund ist als Hund eine Katastrophe, aber als Mensch unersetzlich.*

Johannes Rau (über seinen Hund Scooter)

Manuel, der Schweigsame

Oder: Sehne nichts herbei, was nicht herbeizusehnen ist

MANUEL im PAIRFECT-Profil

Matching-Stars	★★★★★
Person	54 Jahre, 187 cm, geschieden
Beruf	Unternehmer
Wohnort	Wien, Österreich
Abgeschlossenes Studium	Jura/Kommunikationswissenschaft
Kinder	Keine
Religion	Protestant
Raucher	Nein
Haustiere	Keine
Eigenschaften	Sinnlich, lebendig, eloquent
Freizeitgestaltung	Einfach nur ausruhen und entspannen, Ausgehen/ Freunde treffen und ins Kino/Theater gehen
Hobbys	Kino, Kunst, Literatur, Musik, Sport und Geschichte
Sport	Golf, Segeln, Skifahren und Schwimmen
Musikgeschmack	Opern, Symphoniekonzerte, Ethno, Jazz und Rock/Pop
Instrument	Klavier
Sprachen	Englisch, Französisch, Italienisch
Lieblingszeitung / Zeitschrift	*Der Standard*, *Financial Times*, *manager magazin*

Ich über mich

Meine Traumfrau:
Weiß, was sie will – und befindet sich in jeder Hinsicht auf Augenhöhe.

Mein perfekter Tag:
Liebe ist die zentrale Kraft meiner Tage und Nächte; ich nutze den Moment bestmöglich, meine Leute sind gut drauf und es herrschen Inspiration, Spaß und Gelassenheit vor ...

Die für mich wichtigsten Dinge sind:
Liebe, Vertrauen, Humor und Sich-füreinander-Einsetzen

Mein Äußeres:
Groß, schlank, blaue Augen, dichtes Haar, gut rasiert, gut aussehend

Das Besondere an mir:
Ich bin gern zärtlich und verwöhne gern und werde auch gern verwöhnt – ich gehe sehr gern ins Kino, liebe Musik und lese sehr gern Zeitungen und Feuilletons, liebe gute Geschichten und liebe das Leben in der Stadt und in der Natur ...

Wovon ich mich nie trenne:
Vom Glauben an die ganz große Liebe und Humor

Mein Lieblingsort:
In meinem Haus vor dem Kamin und in meinem Garten, auf einem Berggipfel, auf jeder Yacht, am Meer oder einem See, in meiner Firma und ganz besonders auf dem Weg zu meiner Liebe

Welche Persönlichkeit ich gern kennenlernen würde ...
Eine, die mich bestens versteht und gut zu mir passt – ansonsten Kevin Costner oder Steven Spielberg

Was gar nicht geht:
Ignoranz und Intoleranz

Mein Wunschtraum wäre es ...
... mich wieder richtig zu verlieben

Nachricht von Manuel 22.02. · 06:32
Betreff: Kontaktanfrage

Männerhandtaschen sind übel ... Sex findet zuerst im Kopf statt ... und erst recht, wenn sich Klugheit und Erotik treffen ... drei Statements, die mir in deinem »Ich über mich« aufgefallen sind.
Ich liebe Wien, wahrscheinlich so sehr wie du Berlin. Ich kenne die Stadt ganz gut, habe dort von 1970 bis 1972 an der, HdK, der Hochschule der Künste, studiert und später auch immer wieder dort gearbeitet.
... einzig als Tänzer gebe ich nicht so viel her, wie du wohl erwartest.
Liebe Grüße aus Wien nach Berlin,
Manuel

Nachricht von Ulrike 25.02. · 12:26
Betreff: An den klugen Nichttänzer ohne Handtasche

Lieber Manuel,
die gemeinsame Abneigung einem Accessoire gegenüber ist vielleicht keine tragfähige Basis für ein wie auch immer geartetes Miteinander – aber ein Anfang.
Als Erstes habe ich mich natürlich gefragt, was ein blendend aussehender Mann wie du in diesem Portal verloren hat. Du müsstest doch ins Beuteschema jeder zweiten Frau zwischen Wien und Flensburg passen – und nur die wirklich interessanten Anfragen abarbeiten. Denn wie überall im Leben ist Zeit der einzig limitierende Faktor.
Aber da du dich ganz männlich zur Offensive entschlossen hast, will ich auch ordnungsgemäß antworten:
– Ja, ich liebe Berlin (wenn man eine Stadt denn lieben kann). Ich bin zwar Berlinerin, empfinde sie gelegentlich aber als eng, dreckig und laut. Gegenüber ihren selbsterklärten Liebhabern, von denen sie sicher gern mal den einen oder anderen unerhört ließe, wenn man sie denn ließe, bin ich skeptisch und eher reserviert – und zeige meine Liebe daher nicht allzu deutlich.

– Wien kenne ich nur überaus flüchtig. Ich bin im vergangenen Sommer im Burgenland gewesen und hatte auf dem Rückweg Zeit, mich bei strahlendem Sonnenschein am Stephansplatz herumzutreiben.
– Mit der Hochschule der Künste hatte ich nie etwas zu tun, ich bin kreativ eher ein Dünnbrettbohrer, gehe aber leidenschaftlich gern in Museen – immerhin.
– Meine Achse heißt seit einigen Jahren Berlin – Hamburg, außerdem fahre ich regelmäßig nach Frankreich.
– Wegen meiner Tochter bin ich in den nächsten Jahren hauptsächlich in Berlin angesiedelt. Sie geht dort noch zur Schule, momentan lebt sie allerdings während eines Austauschjahrs im Ausland. Nach dem Ende ihrer Schulzeit bin ich frei, um zu entscheiden, ob ich weiter in Berlin sein will.
Das mit der Tanzerei ist kein echter Ausschlussgrund, an mir ist auch keine Ginger Rogers verloren gegangen. Ich habe allerdings ein Faible für Männer, die keine Bewegungsmuffel sind und wissen, dass sie über einen Gelenkapparat namens Hüften verfügen. Also, wirklich viel erwarte ich diesbezüglich nicht.
Herzliche Grüße aus Berlin nach Wien,
Ulrike

Nachricht von Manuel 26.02. · 18:19
Betreff: ... ja wenn's ...

... so einfach wär, von Flensburg bis Wien, liebe Ulrike. Man sieht's mir wahrscheinlich nicht so an, dass ich etwas Zurückgezogenes und Scheues in mir habe. Auch müsste man sich etwas in der Öffentlichkeit bewegen, damit man irgendwo auf die lechzenden Herzdamen treffen könnte – und die moderne Kommunikation bietet da doch Raum und die nötige Anonymität, um zu navigieren.
Siehst gut aus – auch wenn ich dein Lachen auf dem Foto vermisse.
Bin auf dem Sprung in den Burggarten.

Freue mich sehr, dir weiter zu schreiben und von dir zu hören. Liebe Grüße am Doabend aus W.,
Manuel

Nachricht von Ulrike 28.02. · 09:43
Betreff: Fehlendes Lachen ...

... ist nicht so sehr mein Problem. Es war eher die Anstrengung der multifunktional komplizierten Aufgabe, mit dem Selbstauslöser ein brauchbares Abbild zu produzieren. Da war dann Lachen nicht mehr drin.
Also: Ich habe noch alle Zähne und bin dem Beispiel altersgleicher Geschlechtsgenossinnen bis jetzt nicht gefolgt, mir mit Hilfe von *Botox to go* die Lachfältchen giftig wegbügeln zu lassen. Dazu konnte ich mich einfach noch nicht durchringen.
Das scheue Reh sieht man vor allem deinem ersten Bild überhaupt nicht an. Da wirkst du eher wie ein omnipräsenter, medial selbst bestens trainierter Coach – was bitte überhaupt keine Beleidigung sein soll.
Die beiden anderen Fotos gehen mehr so in die Richtung »Kevin Costner in intellektuell« (den ich als Schauspieler in der ein und anderen Rolle schätze, menschlich aber seiner christlich-fundamentalistisch-frömmelnden Überzeugungen wegen wahrscheinlich eher verabscheuen würde). Tja, so erzeugen Bilder Gedanken – was du als HdK-Absolvent wahrscheinlich besser weißt als ich.
Anfang nächster Woche fahre ich für ein paar Tage nach Frankreich und nehme keinen Computer mit. Wenn ich zurückkomme und du das magst, können wir diesen Mail-Kontakt fortsetzen, gern an meine private Mailadresse. Sie lautet: ulrike.purblind@gmx.de. Du hast also die freie Wahl.
Sehr herzliche Grüße am Freivormittag,
Ulrike

E-Mail von Manuel 28.02. · 20:14
Betreff: ... Frankreich ...

Liebe Ulrike,
ich habe mich über deine Mail sehr gefreut. Mich so grad als scheues Bambi zu sehen, wäre dann doch etwas übertrieben, obwohl ich mit der Bambi-Figur zärtlichst mitempfinde. Immerhin schmeichelst du mir weiter mit dem, der mit dem Wolf tanzt ...
Deine Lachfältchen wegbügeln zu lassen, kann ich mir schwer vorstellen – du strahlst eine Intensität, Schönheit und Ehrlichkeit aus, die jeden Gedanken in diese Richtung überflüssig macht.
Deine Fähigkeit, dich selbst zu porträtieren, erreicht auf Anhieb Meisterschaft. Zusammen mit deinem zweiten Schreiben an mich erhält deine Selbstdarstellung eine sehr wahrhaftige Dimension. Dieser bühnenreife Blick in die virtuelle Tiefe der Seele ist schon sehr gekonnt und von großer Sinnlichkeit und Attraktivität – du gefällst mir.
Vor deiner Reise nach Frankreich sollten wir vielleicht telefonieren.
Ich würde zu gern deine Stimme hören und mich mit dir unterhalten.
(Meine Mobil-Nummer: 01 74 / 0 00 00 00.)
Liebe Grüße,
Manuel

E-Mail von Ulrike 28.02. · 23:42
Betreff: Homo anonymus

Lieber Manuel,
da wolltest du doch anonym navigieren – und schon wähne ich mich einem (wenn nicht gar dem) österreichischen Headhunting-Guru gegenüber. Wie konnte dir das passieren? Derzeit kannst du ja nicht davon ausgehen, dass ich mich zur passablen, aber wenigstens vielleicht lechzenden? – Herzdame eigne. Ich bin aber so vorsichtig gewesen, meine verräterische Hauptadresse bei meinem Provider durch eine zweite – *anonymisierte!* – zu ergänzen. Denn »purblind« ist nicht mein Nachname, wie du dir als international gewandter

Österreicher natürlich sofort gedacht hast. Es bezeichnet eine unsichtbare, aber unkorrigiert höchst folgenreiche Behinderung: Ich bin blind wie ein Maulwurf. Na gut, nicht ganz blind, aber sehr kurzsichtig.
Ich verspreche, dass ich dir als Revanche zur unautorisierten Recherche (die ich bei Google startete, nachdem ich in deiner E-Mail-Adresse deinen Namen gelesen hatte) vorbehaltlos und bei Gelegenheit auch den Blick in die eine und andere meiner Mördergruben freigeben werde, die sich unter der dünnen Sozialisationsschicht einer vorgeblich gesitteten Blondine verbergen – Interesse deinerseits vorausgesetzt.
Ich gebe sofort zu, dass ich mit allem gerechnet habe, aber dass sich hinter charmanten fünf Matsching-Stars im *Der mit dem Wolf tanzt*-Pelz nun die geballte österreichische Headhunting-Branche versteckt gehalten hat – wie konnte das passieren?
Vielleicht sollte ich an dieser Stelle erwähnen, dass ich in meinem ersten Leben mal Geisteswissenschaften studiert habe. An der Freien Universität in Berlin. Was sollte man in den frühen Achtzigern da auch sonst tun, als genau das zu studieren, zu streiken und zu kiffen? Danach machte ich Mitte der Achtziger im werbemäßig ziemlich verschnarchten West-Berlin eine Ausbildung als Werbekauffrau. Anschließend habe ich in einer PR-Agentur gearbeitet und mich mit einer Event-Agentur selbstständig gemacht.
Um noch ein paar Nebelkerzen in die Gegend zu werfen, verrate ich dir jetzt noch, was ich im Sommer im Burgenland getan habe:
Ich nahm auf einem großen landwirtschaftlichen Gut an einem Seminar teil, bei dem ich das Bullenflüstern lernte (das hat nun nichts mit Polizeitaktik, sondern mit bester alpenländischer Landwirtschaft zu tun). Und ein leider ziemlich unvorteilhaftes Foto wurde in der regionalen Presse veröffentlicht, das einen Limousin-Bullen und mich in eifriger Interaktion zeigte.
Ich hoffe, du siehst mir das unkontrollierte Googeln nach. Aber wenn man einem journalistischen Amateur wie mir einen Namen anbietet, ist das so ähnlich, als gäbe man einem neugierigen Kind am schön bestückten Kamin Zunder und Streichholz in die Hand. Herzliche Grüße,
Ulrike

PS: Meine Mobil-Nummer: 01 76 / 0 00 00 00

E-Mail von Ulrike 01.03. · 12:37
Betreff: Schlecht recherchiert ...

... habe ich, als ich Kevin Costner zum religiösen Eiferer abstempelte. Der Stempel gehört auf Mel Gibsons Stirn – die beiden habe ich aber immer schon mehr schlecht als recht auseinanderhalten können. Ich bin eben ein cineastisches Leichtgewicht.
Ulrike

E-Mail von Manuel 01.03. · 13:05
Betreff: Re: Schlecht recherchiert

Liebe Ulrike,
habe deine Mails – vor allem Ersteres – zum Frühschoppen genossen, und ich gebe zu, dass ich fahrlässig mit der Offenlegung meiner Identität umgegangen bin. Aber wie dein Schreiben zeigt, hat dich dieses taktisch riskante Manöver bereits zu überdurchschnittlichen Analysen verleitet, die es mir wiederum erlauben, meine gesammelten psychologischen Kenntnisse zu mobilisieren und erste gewagte Schlüsse zu ziehen, die ich dann, sofern dein Mobile einmal auf Empfang gestellt ist, mit dem Wahrnehmen deiner Stimme sogleich wieder gänzlich revidieren kann. Nun werde ich mich für zwei Stunden in die Niederungen des samstäglichen Massenshoppings stürzen, um mich danach beim Golfen zu erholen.
Nächtens werde ich dann deine Handynummer nochmals auf ihr Funktionieren prüfen ...
Liebe Grüße,
Manuel

Nachts findet das erste Telefonat statt.

Wir reden über seine Leidenschaft Golf, das Freisetzen von Endorphinen bei der Ausübung dieser Sportart (was ich mir schwer vorstellen kann) und den Blödsinn, der im Zusammenhang mit Horoskopen über die Welt gebracht wird. Zwei Stunden vergehen wie im Flug.

SMS von Ulrike 04.03. · 23:59

Telefonieren ist verführerisch schön und leider gefährlich. Es kann gut sein, dass du später jemandem begegnest, den du nicht sehen, fühlen oder riechen magst. Und hast ihm vielleicht schon zu viel von dir offenbart. Ist das nicht eine deprimierende Vorstellung? Ulrike

SMS von Manuel 05.03. · 07:49

Liebste Ulrike, hatte ein wunderbar verregnetes Wochenende im englischen Sinn: Kamin, Bücher, Flasche Bordeaux, Kamin, Sonntagszeitungen, viel Golf, Erdinger Weiße. Heute geht's schnell nach Salzburg. Liebe Grüße, Manuel

E-Mail von Ulrike 06.03. · 16:21
Betreff: Eingeklemmt

Lieber Manuel,
danke für deine längere Nachricht auf meiner Mailbox. Ich habe sie aus lauter Begeisterung mehrfach abgehört. Du hast eine echte Begabung, Nähe herzustellen. Beim Anhören fiel mir nicht auf, dass ich dich gar nicht kenne. (Der letzte Satz musste sein, um romantische Untertöne zu brechen.)

Mit einem persönlichen Treffen scheint es bei uns im Moment eher schwierig zu sein. Aber ich kenne das von dir trefflich beschriebene Gefühl durchaus, am Abend vom Tag so zu zu sein (nein, nicht vom Alkohol, sondern von den Nachwehen des Jobs und all dem Inanspruchgenommenwerden sowie den Gedanken daran, ob denn tatsächlich alles erledigt und gut erledigt ist undsoweiter), dass selbst Dinge, die möglicherweise angenehm sein könnten, einfach nur zur belastenden Bürde werden.

Meine freien Tage sind auch schon wieder Geschichte. Mit einigem Unbehagen beginne ich mich wieder auf den schwierigen Spagat zwischen Berlin und meinen landwirtschaftlichen Pflichten und Ambitionen einzurichten. Es ist tatsächlich so, dass ich zwei Leben führe, die fast nicht miteinander verbunden sind.

Da es im Moment keine realistische Möglichkeit für ein tiefer gehendes Kennenlernen zu geben scheint, denke ich an dich als den Mann in Österreich, den ich sehr gern dreidimensional sehen und anfassen würde (wegen meiner Kurzsichtigkeit ist meine haptische Veranlagung nämlich sehr ausgeprägt).

Stell dir also bitte Folgendes vor: In meinem Seelenregal steht eine Geschenkbox – in Griffweite und optimaler Augenhöhe platziert –, und eines Tages wird es vielleicht die Gelegenheit geben, sie zu öffnen. An dem Paket klebt ein Post-it mit den wehmütigen Worten: »WV ohne Termin: M.«

Ich wünsche dir, den positiven Erfolgsstress gut durchzustehen.

Melde dich, wenn du magst und wenn die Kräfte zum Atmen, Sprechen und Telefonieren wieder reichen.

Ulrike

SMS von Manuel 06.03. · 19:52

Egal wie, liebste Ulrike, ich würde dich so gern sehen. Findet sich nicht doch ein Ort, eine Zeit? Liebstgruß. Manuel

Bitte, was heißt: »WV ohne Termin«?

SMS von Ulrike 06.03. · 20:01

»WV ohne Termin« heißt: »Wiedervorlage ohne Termin«. Das bedeutet: Es liegt in der aktuellen Mappe auf dem Schreibtisch und schaut mich täglich an. Was du noch siehst: Die Landkarte meiner Seele ist ein Schreibtisch ... kein weites Feld ...
Ulrike

SMS von Manuel 06.03. · 20:05

Deine Seele ist kein Schreibtisch. Und wenn doch, dann ist er groß und weit, mit sinnlichen Rundungen, sicher aus der Zeit des Art Déco. M.

SMS von Ulrike 06.03. · 20:08

Ich würde dich gern sehen. Am 16. März habe ich ab zirka 17 Uhr frei. Das ist ein Sonntag. Wir könnten uns in Berlin treffen. Was denkst du?
Ulrike

SMS von Manuel 06.03. · 23:55

Ja. Liebste Ulrike. Ich denke einfach: ja. 16. März ist gut. Manuel

E-Mail von Ulrike 09.03. · 23:02
Betreff: Biochemische Lotterie

Lieber Manuel,
das Arbeitsleben des Headhunters fordert offenbar wieder volle Aufmerksamkeit. Darum keine SMS, keine Mails kein Foto, kein Anruf – gar nichts.

Mein Timer und mein Verstand sagen mir, dass es – mit Glück und Bezirzen von Chronologica (der Göttin der Filofaxe) – ein Treffen geben kann nach elf Nächten und vor der zwölften. Die Zahl Zwölf ist auf jeden Fall rund wie ein Schreibtisch aus dem Art Déco und anerkannt gut. Gibt es den Begriff »Dutzend« überhaupt in Österreich?
Also, gesetzt den Fall, Chronologica und dein Timer sind mir wohlgesonnen, dann stehen sich am späteren Abend eines Sonntags im mittleren Märzen zwei Menschen gegenüber, die nichts – fast nichts – voneinander wissen.
Hast du in deiner Fantasie mal durchgespielt, wie das aussieht? Ich ja. Natürlich fühle ich mich geschmeichelt, dass jemand nur für mich ein Flugzeug besteigen will, keine Kosten und Mühen scheut, mich zu treffen. Nun sehen wir uns: Was sagen Größe, Habitus, Erscheinung? Der Headhunter schaut außer nach den erwünschten und unerwünschten Kurven noch nach den Marken: Womit schmückt sie sich und in welcher Absicht? Welche Rückschlüsse lassen sich auf ihr Sexualverhalten ziehen? *Vice versa* passiert das natürlich genauso. Sie denkt seit Tagen darüber nach, welches philosophische Statement sich hinter schlammfarbenen Yamamoto-Anzügen verbirgt, die er auf diversen offiziellen Pressefotos trägt, und entwickelt so ihre Vermutungen.
Wir unterschreiten den sozial notwendigen Alltagsabstand von hundert Zentimetern (wenigstens die Hand müssen wir uns schon geben), spätestens in diesem Moment senden die limbischen Systeme die entscheidenden Signale (kannst du sie riechen? ja/nein; kannst du ihn riechen ja/nein). Bevor sich unsere rechten Hände gefunden und wieder getrennt haben (vielleicht gibt es auch eine angedeutete lockere Umarmung, die aber nie so locker ist, wie man es gern hätte), wissen unsere linken Gehirnhälften längst, was in den nächsten Stunden passieren wird. Und vor allem: Was nicht passieren wird. Stell dir vor, limbisches System vorneweg, Augen und Verstand hinterher – sie sind einmal einer Meinung (wann waren sie das zuletzt?). Blitzartig werden Endorphine und Tausende von anderen Hormonen in Gang gesetzt, die etwas ganz Schreckliches tun: Sie starten das völlig altersunabhängige, peinlich-menschliche Balzverhalten. Sie streicht sich die Haare

aus dem Gesicht, während sie gleichzeitig den Hals neigt (Unterwerfungsgeste); er reckt sich (Körpergröße verschafft Überblick = Überlegenheit), senkt die Stimme in dem Bestreben, mit der richtigen Frequenz ihren Solarplexus zu stimulieren. Und er spricht langsam und bedacht, denn das erweckt Seriosität und Zuverlässigkeit. Möglicherweise suchen beide oberflächlichen Hautkontakt, um die elektrische Spannung der Körper zu synchronisieren.

Und was passiert dann?

Das limbische System gibt schließlich keine Informationen darüber, ob wir Gesprächsthemen finden und kompatibel sind. Stimmt die Synchronisation? Was ist angenehm? Was ist zulässig? Und zu welchem Zeitpunkt?

Das Timing scheint eine entscheidende Stellschraube in der Verführungsmechanik zu sein, eine extrem schwierige Figur in der Choreografie der zwischenmenschlichen Kommunikation. Die Gratwanderung bleibt: Zu frühe Ekstase ist unangebracht, zu viel Laisser-faire behindert die Leidenschaft. Nase und Timing, dieses unselige Duo entscheidet über so viel.

Willst du dich dem wirklich aussetzen? Je länger ich darüber nachdenke, umso mehr habe ich den Eindruck, es handelt sich mehr um eine biochemische Lotterie als um Gefühle.

Ich verspreche dir, dass ich dir unmittelbar nach Bewusstwerdung mitteilen werde, was ich fühle. Wenn du dich um ähnliche Offenheit bemühen willst, gibt es vielleicht schon am Flughafen in Berlin eine seltene Begegnung von Ehrlichkeit. Allerdings umweht von dem Risiko, dass völlig divergierende Gefühle formuliert werden: Einer fühlt Nein, der andere sagt leidenschaftlich Ja. Was für ein Drama – mit der Chance auf einen frühen Rückflug.

Ulrike

E-Mail von Manuel 10. 03. · 22:00
Betreff: Aufbruchstimmung

Liebe Ulrike,
so unendlich schön: Alles was du denkst, schreibst, ist von einer guten Energie, schwingt direkt in mich hinein (obwohl die Schmetterlinge ihre Flügel noch einigermaßen gesittet gefaltet halten). Ich werde so planen, dass ich am Montag nicht zu früh aufbrechen muss. Höre gerade die neue Dylan-CD *Modern Times*, einmal mehr ein sehr dichtes Album. Alter macht manche wieder total cool. Ruf mich doch kurz zurück.
Liebstgruß & Gedanken. Manuel

Wir telefonieren über zwei Stunden.

SMS von Ulrike 11. 03. · 00:01

Gute Nacht, du bist auf dem besten Weg, mein Lieblings-Österreicher zu werden. U.

SMS von Manuel 11. 03. · 00:05

Liebste Ulrike, das wäre ich so gern ... Dir auch eine gute Nacht. Manuel

SMS von Ulrike 11. 03. · 09:35

Meine Schmetterlinge widersetzen sich allen Disziplinierungsversuchen.
Ulrike

SMS von Manuel 11.03. · 22:54

Lass sie fliegen. Es sind die Boten einer schönen Seele. Liebstgruß. Manuel

Kurz nach Eingang der SMS ruft Manuel an. Es entwickelt sich ein anregender Dialog, an dessen Ende Telefonsex steht.

SMS von Manuel 12.03. · 07:48

Ulrike, was für eine Verführung – ich freue mich so sehr auf dich. Liebste Gedanken. Manuel

Wir telefonieren abends. Unser Gespräch findet offenbar beiderseits mit der Absicht statt, es mit Telefonsex zu beenden.

SMS von Ulrike 15.03. · 06:30

Guten Morgen,
ich denke an dich an diesem regnerischen Frühlingsmorgen. Wenn mein unmathematisches Hirn richtig zählt, trennen uns weniger als achtundvierzig Stunden. Dann wird mein Lieblings-Österreicher dreidimensional. Ich mag es kaum glauben. Das ist doch mal eine sexy Vorstellung, oder? Ulrike

SMS von Manuel 15.03. · 09:25

In Gedanken bin ich schon seit Tagen bei dir ... Manuel

SMS von Ulrike 15.03. · 19:48

In vierundzwanzig Stunden kennen wir uns vielleicht schon besser. Weißt du, wie ich mich heute fühle? Es ist ein bisschen wie das Warten aufs Christkind. Aber reizvoller. Ulrike

SMS von Manuel 16.03. · 06:35

Schlaf-kühl erwacht. Früh. Zuerst noch per Morgenflieger zu einem Kunden nach Salzburg ... denke an dich ... freu mich auf dich ... Manuel

SMS von Manuel 16.03. · 16:15

Bin seit eben auf dem Weg nach Berlin. Zu dir. Manuel

SMS von Ulrike 16.03. · 16:30

Wo immer du jetzt gerade steckst – es ist ein wunderbares Gefühl, dass du auf dem Weg zu mir bist. Ulrike

SMS von Manuel 16.03. · 17:10

Soeben gelandet. Wieder in Berlin. Nehme es aber ganz anders wahr ... neu ... Ich warte im Hotel auf dich. Manuel

SMS von Ulrike 16.03. · 17:20

Willkommen in Berlin. Es ist schön, dich dort zu wissen. Ulrike

Die Begegnung mit Manuel

Manuel und ich sind in einem kleinen, nur ganz leicht verwohnten Fünf-Sterne-Schlosshotel im noblen Berliner Grunewald verabredet. Er ist bereits am späten Nachmittag eingetroffen, da bin ich noch auf halber Strecke auf der A 24 von Hamburg nach Berlin unterwegs.

Je näher ich der Hauptstadt und der Begegnung mit diesem Mann komme, umso mehr realisiere ich, wie aufgeregt ich bin. Im oberen Drittel meines Magens summt es. Die Intensität dieser Empfindung erinnert mich an das übertriebene Lampenfieber, das mich als Kind regelmäßig befiel, wenn es um Schülerauftritte der städtischen Musikschule ging, der meine Eltern die musische Erziehung ihrer angeblich begabten Tochter anvertraut hatten. Obwohl im Saal dieses Bildungsinstituts nie mehr als nur zwei Dutzend durchweg wohlmeinende Eltern und Großeltern versammelt waren, wurde mir vor Aufregung jedes Mal abwechselnd übel und schwarz vor Augen, wenn ich aufgerufen wurde, meine mühsam einstudierten Stücke auf der Blockflöte zu Gehör zu bringen. Begleitet wurde ich am Klavier von einem hingebungsvoll geduldigen Pianisten, einem beseelten Pädagogen, der meine unerwarteten Tempiwechsel und technischen Schludereien perfekt auffing und mich trotz meines äußerst begrenzten Talenthorizonts jedes Mal zum rettenden Ufer eines Achtungserfolgs navigierte.

Dieses Magensummen habe ich nach meiner vorsichtigen Rechnung seit mindestens drei Jahrzehnten nicht mehr gespürt. Ich bin irritiert. Mitten in diese beunruhigenden Überlegungen hinein klingelt mein Handy. Manuel. Wo wir uns denn sehen wollen?, fragt er. Wenn ich gleich aufs Zimmer käme, wäre das seiner Meinung nach zu vordergründig und der möglichen Bedeutung des ersten Ansichtigwerdens nicht angemessen. Ich schlage vor, dass ich ihn anrufe, wenn ich in der Hotelhalle bin. Ich kenne das Haus gut und weiß um die mondäne und einen Hauch morbide Wohnzimmeratmosphäre, die es ausstrahlt. Sicher der angemessenere Ort. Er ist einverstanden.

Als er aufgelegt hat, denke ich darüber nach, dass es wohl etwas distanz- und stillos gewesen wäre, plötzlich wie ein Etagenkellner vor seiner Zimmertür zu stehen. Hätte ich nicht gemacht. Aber er geht offenbar davon aus, dass ich das vorhatte. Eine neue Irritation gesellt sich zur schon vorhandenen.

Ich finde einen Parkplatz ein paar Häuser von der Fast-Luxusherberge entfernt, allerbeste Berliner Wohnlage im alten Westen, inmitten stiller Seitenstraßen. Die Gehwege, Hecken und Straßenbäume wirken so akkurat gepflegt, als würden sie wie die meisten Anwohner hier privatärztlich versorgt. Die paar Schritte bis zum Hotel tun mir gut; ich versuche, meine Aufregung einigermaßen in den Griff zu bekommen. Als ich endlich die Halle des Hotels betrete, werde ich von zwei Servicemitarbeitern ausgesprochen warmherzig begrüßt. Wir kennen uns von diversen Jobs, die schon einige Jahre zurückliegen. Da war ich externe Veranstaltungsleiterin, nicht Gast. Ihre Wiedersehensfreude erscheint mir nicht allzu gespielt. Ich bestelle grünen Tee und nehme artig ihre Komplimente entgegen. Im Gegensatz zu früher, wo ich beruflich grundsätzlich hochgeschlossen und eher streng in Erscheinung trat, bin ich heute geradezu leger unterwegs: Ich trage Jeans und eine weiße Bluse im Piratenstil, das heißt, mit überlangen und völlig unpraktischen Rüschen an den Manschetten. Dazu habe ich ein Kaschmirjackett, klassische italienische Wildlederpumps mit unseriös hohen Absätzen und eine große Handtasche à la Jane Birkin kombiniert, alles in Schwarz. Mein BH ist ebenfalls schwarz, aber das ist nur ansatzweise und vom richtigen Winkel aus betrachtet sichtbar. Meine Haare habe ich in den letzten Jahren wachsen lassen und trage sie oft –

auch heute – locker aufgesteckt. Ein alter Bekannter (jetzt als Oberkellner in sicher, dafür aber schlecht bezahlten Diensten des Hotels) mutmaßt, ich hätte mich lukrativ scheiden lassen. Das ist leider nicht so, aber mit diesem Image kann ich gut leben.

Der Tee kommt. Ich entspanne mich. Mir fällt ein, dass ich Manuel anrufen muss. Während ich die Nummer im Telefonspeicher meines Handys suche, nehme ich aus den Augenwinkeln wahr, dass ein Mann die Halle betritt. Manuel. Er steht im Eingangsbogen und schaut direkt zu mir herüber. Ich sitze in einem Fauteuil, der am diagonal gegenüberliegenden Ende der Halle positioniert ist und dessen taubenblauer Bezug aus angescheuerter, sanft ausgeblichener Atlasseide wunderbar mit den Farben meines Outfits harmoniert.

Manuel ist mittelgroß, sehr schlank und besitzt die gelassene Selbstsicherheit des erfolgreichen Intellektuellen. Sein Anzug ist mit Sicherheit von Yamamoto, der teure Stoff undefinierbar dunkel, vielleicht anthrazitfarben. Er trägt ein weißes Hemd, das bis zum obersten Knopf geschlossen ist, keine Krawatte, dazu klobige, aber bestimmt rahmengenähte schwarze, auf Hochglanz polierte Designerschuhe. Ich tippe auf Pferdeleder. Es ist die strenge Uniform des kreativen Beraters, der das Minimalistische liebt. Dieses luxuriöse Understatement braucht Eingeweihte, um es identifizieren zu können. Zum Glück war ich vorbereitet. Und obwohl ich weiß, dass allein das Jackett nicht unter zweitausend Euro gekostet haben dürfte, erinnert es mich fatal an die grauen Arbeitskittel, die in den Sechzigern Pflichtgarderobe der Eisenwarenhändler waren. Diese despektierliche Assoziation vertraue ich Manuel allerdings zu keinem Zeitpunkt unseres Treffens an.

Er fixiert mich aus ungewöhnlich hellen Augen, die hinter einer das Gesicht dominierenden, kantigen Hornbrille geschickt in Szene gesetzt sind, und geht langsam auf mich zu. Während ich mich aus den Tiefen der Polster erhebe, nehme ich noch seine durchkomponierte Erscheinung wahr: klassische Gesichtszüge, römische Nase, schmale, dabei sinnliche Lippen, dichtes, kurz geschnittenes Haar von undefinierbarer Farbe. Er streckt mir seine linke Hand entgegen, dabei taxiert er mich in Sekundenbruchteilen: Ich werde regelrecht gescannt – so kommt es mir jedenfalls vor. Er lächelt mich an. Trotz meiner hohen Absätze ist er größer als ich. Wie schön.

Mit seiner rechten Hand fasst er die linke Seite meines Halses, von dort lässt er sie langsam in mein Genick wandern. Durch einfaches Abspreizen des Daumens liegt plötzlich mein Hinterkopf in seiner Hand und folgt unwillkürlich seiner Bewegung. Ich schließe die Augen. Er küsst mich. Das ist eine Inszenierung. Und zwar seine.

Zu dieser Uhrzeit sind nicht viele Gäste im Haus. Aber die, die sich außer uns in der Halle aufhalten, schenken uns ihre volle Aufmerksamkeit. Meine beiden Vertrauten aus alten Event-Tagen grinsen breit. Entschieden zu breit für ein Fünf-Sterne-Haus. Das alles nehme ich eher wahr, als dass ich es sähe. Denn Manuel hält mich einfach weiter fest. Ganz selbstverständlich. Seine Lippen streifen sacht meine Stirn am Haaransatz entlang, wandern weiter bis zu meinem Ohrläppchen, um schließlich meinen Hals zu küssen. Er riecht gut. Ich bin willenlos, bevor das erste Wort gefallen ist.

Manuel fasst meine Hände, und wir setzen uns. Seine Stimme ist weich, warm und hat eine fast schon hypnotische Wirkung. »Endlich sehe ich dich.« Ja, denke ich, geht mir auch so. Das ist doch mal eine Begrüßung. »Nur selbstbewusste Frauen tragen kurze Fingernägel«, sagt er mit Blick auf meine in der Tat sehr sachlich manikürten Hände.

Ich muss meine Überraschung verarbeiten. In meiner (Wunsch-)Vorstellung, genährt durch die erotischen Hörabenteuer der letzten Tage, war Manuel eine Mischung aus klassisch-seriösem Unternehmer und unkonventionellem Romantiker. Vor mir sitzt aber ein für meinen Geschmack fast zu jung gebliebener vierundfünfzigjähriger Mann, den ich, wäre ich unvorbereitet gewesen, auf Ende dreißig geschätzt hätte. Vielleicht eine alte Seele in einem jungenhaften Körper. Er ist wählerisch, elegant, anspruchsvoll – das spürt mein am Stadtrand des ehemaligen Westberlins entwickelter Animus sofort – und mahnt zur Vorsicht. Ich wittere eine brandgefährliche Mischung aus Narzissmus, Hedonismus und Disziplin. Und ignoriere sie. Ich bin zu sehr von der unmittelbaren Begegnung und der vorangegangenen schriftlichen und akustischen Kommunikation beeindruckt.

Zu meiner Verwunderung bittet Manuel mich schon nach ein paar Minuten durchaus erotisch angehauchter Konversation, ihn auf sein Zimmer zu begleiten. Wie verträgt sich das mit seinem telefonischen Statement ein paar Stunden zuvor? Da aber dem Kennenlernen auf körperlicher Ebene in einer Hotelhalle enge Grenzen gesetzt sind, bin ich leicht zu überzeugen. Sein Vorschlag lautet, nach der ersten »Begegnungsrunde« etwas zu essen, eventuell mit einem anschließenden Bar-Besuch in der Stadt. Mein Verstand sagt: »Vorsicht, One-Night-Stand.« Mein Bauch sagt: »Ich will sofort mit diesem Mann ins Bett.« Was dann auch fast unmittelbar erfolgt.

Allerdings duscht Manuel vorher ausgiebig und bittet mich, das ebenfalls zu tun, was ein weiteres leichtes Befremden bei mir auslöst. Dieses führt dazu, dass beim nachfolgenden Sex meine Wahrnehmung etwas wacher als üblich bleibt. Manuel gibt den erfahrenen, kundigen Liebhaber, der pflichtgemäß und sorgsam alle üblichen Stellungen durchdekliniert, bevor er – politisch völlig korrekt – kondombewehrt und ohne weitere Aufregungen einen Orgasmus erleidet. Eine rechte Nähe mag sich danach zwischen uns erst einmal nicht einstellen, dafür entwickelt sich ein spannendes Gespräch über Bob Dylan, unterbrochen nur dadurch, dass Manuel wieder ausgiebig unter die Brause geht und mich erneut bittet, ihm darin zu folgen.

Überaus frisch geduscht, setzen wir uns der Anstrengung aus, im Hotelrestaurant eine »Kleinigkeit« zu essen. Eine mit Sternen und Mützen ausgezeichnete Küche mag keine Tellergerichte servieren, das ist bekannt. Der ambitionierte Restaurantleiter findet in Manuel einen ebenbürtigen Gegner. Es darf alles sein, solange es *petit* bleibt, bitte nichts Überzogenes oder Überkandideltes. Selbstverständlich, der Herr. Die Diskussion mit dem Sommelier über den Wein entwickelt sich zu einem önologischen Wortgefecht unter Kennern, Manuel bleibt natürlich Sieger. Das, was schließlich ins Glas kommt, entspricht nicht der Leidenschaft und Entschiedenheit, mit der dieser Diskurs geführt wurde. Finde ich jedenfalls.

Das ganze Brimborium und die unangemessene Etikette ermüden mich. Ein unprätentiöser Teller mit Nudeln und ein Glas Rotwein unbekannter Herkunft wären mir lieber gewesen.

Geschlagene zweieinhalb Stunden später werden die Reste eines Bonsai-Desserts abgetragen. Manuel isst nicht, er steckt lediglich hier und da sein Besteck in kleine, übersichtlich angerichtete Portionen, die vom Service mit langen Namen betitelt werden. Da ich mir keine Blöße geben will, piekse auch ich in den minimalistischen Arrangements nur herum, an denen lediglich die Blumendekorationen eine Art Üppigkeit ausstrahlen.

Während des zeremonienhaften Essens erzählt Manuel aus seinem Leben: Der berufliche Erfolg war vorprogrammiert. Als Spross einer alten Unternehmerfamilie ging es nur darum, das Sujet, dem man seine ökonomische Aufmerksamkeit künftig widmen würde, sorgfältig zu wählen. Das habe er getan. Erfolg haben könne jeder Idiot, aber glücklich und zugleich erfolgreich zu sein, das sei die wahre Herausforderung. Nur im inneren Gleichgewicht könne man Sechzehn-Stunden-Arbeitstage und ein Leben auf und zwischen allen Kontinenten bewältigen.

Ob er eine Liebesbeziehung direkt suchen würde, wisse er nicht so recht. Aber er hoffe, eine zu finden. Parallel schwebe ihm noch vor, ein Kind zu zeugen. Allerdings wolle er zur Mutter des Kindes keine persönliche Beziehung aufbauen, und er hätte gern das alleinige Sorgerecht. Es solle nur sein Kind sein. Lieber eine Tochter als ein Sohn, Mädchen seien bekanntlich leichter zu führen. Er habe vor, der späteren Erbin eine hervorragende Erziehung und Ausbildung zu ermöglichen, allerdings würde er gefühlsmäßig distanziert bleiben wollen. Die Intensität emotionaler Bindungen halte er zwischen Eltern und Kindern für überbewertet.

Ein Blick zur Uhr überrascht Manuel. Schon so spät. Der Flieger morgen früh geht um halb acht. Also, kein Bar-Besuch mehr.

Ich bin von der Kälte seiner Ausführungen halb erfroren, außerdem habe ich fürchterlichen Hunger – aber in erster Linie bin ich todmüde. Obwohl ich weiß, dass es falsch ist, entschließe ich mich, im Hotel zu übernachten, anstatt nach Hause zu fahren. Zurück auf dem Zimmer lasse ich es mit Abschminken und Zähneputzen bewenden – Manuel dagegen duscht erneut lange und ausführlich. Während ich vorgebe, in der *FAZ* zu lesen, beobachte ich so unauffällig wie möglich sein Vorbereitungsritual für den kommenden Tag: Anzug und Wäsche werden bereitgelegt, alle anderen Sachen penibel verpackt, obenauf Laptop, Handy und Zeitungslektüre – offenbar eine seit Langem gepflegte Routine.

Eine sorgfältig ausgesparte Kuhle bleibt frei, denn der Kulturbeutel wird wohl erst morgen früh verstaut. Nach einer langen, ausgiebigen morgendlichen Dusche, wie ich vermute. (Ich vermute richtig, wie sich herausstellen wird.)

Manuel trägt anstelle eines Schlafanzugs ein riesengroßes weißes T-Shirt, worin er aussieht, als sei er der vierzehnjährige Bruder eines Rugby-Stars. Er bietet mir ein ganz ähnliches Hemd an. Ich fühle mich schon fast verwöhnt, aber dann stellt sich heraus, dass er nachts unabsichtlichen Kontakt mit fremder, kalter Haut verabscheut. Wie ein altes Ehepaar lesen wir im Bett noch etwas Zeitung (»Hast du das Feuilleton schon durch? Wunderbar, gib es mir bitte«). Nebenbei läuft mit gedämpftem Ton CNN.

Am frühen Morgen erwache ich langsam und bemerke, dass ich bereits Sex habe. Der Mann ist uninspiriert und eilig, dabei aber zielstrebig. Na, denke ich, solange du noch keinen Privatjet hast, wartet der Flieger eben nicht. Manuel nimmt mein eher symbolisch gemeintes Angebot an, ihn zum Flughafen zu bringen. Auf dem Weg dorthin reißt der Gesprächsfaden mehrfach ab. Ich suche erst gar keinen Parkplatz, sondern setze ihn direkt am Gate ab. Er umarmt und küsst mich, bedankt sich höflich für den wunderbaren Abend. Und sagt den magischen Satz: »Ich ruf dich an.« Ich denke unwillkürlich: Das hört sich doch an nach *Don't call us, we call you.* Mein Gefühl trügt nicht. Ich höre nie wieder von ihm.

Auf dem Weg nach Hause – endlich –, höre ich im Auto Dylans Album *Modern Times.* »Ain't Talking«, singt der alte Bob. Dabei fällt mir noch ein schöner anderer alter Titel von ihm ein – »It Ain't Me, Baby«.

Abschiedsnachricht von Ulrike – nicht gesendet

Tja, mein lieber Nichtmehrlieblings-Österreicher,
da waren wir mit unserem romantisch-erotischen Dauertelefonieren-Countdown bereits die lustvollen Totengräber einer doch eigentlich ersehnten Realität. Aber wenn sie dann unwiderruflich eintritt, diese Wirklichkeit, dann nützt alle virtuelle – und damit eben nur eingebildete – Vertrautheit nichts.
Keine Kommunikation, noch dazu von einem Meister seines Fachs, ist ein einsichtiges Statement. Es könnte kaum überzeugender ausfallen, lässt es doch einen enormen gedanklichen Spielraum für den Empfänger des Schweigens. Diesen Raum habe ich in den letzten Tagen gründlich durchmessen.
Was bleibt, ist die Erkenntnis, dass der Flirt mit den eigenen Projektionen immer wieder funktioniert – leider. Ein tatsächliches Lernen findet nicht statt, auch nach vielen Erfahrungen, die eigentlich das Gegenteil bewirkt haben müssten.
Ich gebe ungern, aber unumwunden zu, dass mich diese Entwicklung deprimiert.
U.

> *Kann man so geschickt schweigen,*
> *dass man verstanden wird?*
>
> Wolfgang Neuss

Leopold, die Generation Beckenbauer

Oder: Man kann's ja mal versuchen

LEOPOLD im PAIRFECT-Profil

Matching-Stars	★★★
Person	51 Jahre, 177 cm, getrennt lebend
Beruf	Dr. Dipl.-Ing.
Wohnort	Wasserburg a. I., Deutschland
Abgeschlossenes Studium	Ja
Kinder	Keine
Religion	Katholisch
Raucher	Ja
Haustiere	Keine
Eigenschaften	Charakterstark, zärtlich, warmherzig, gebildet und wertebewusst
Freizeitgestaltung	Ins Kino/Theater gehen, Lesen und Ausgehen/ Freunde treffen
Hobbys	Musik, Kunst, Fotografie, Theater und Literatur
Sport	Fahrradfahren, Tauchen und Fliegen
Musikgeschmack	Symphoniekonzerte, Rock/Pop, Jazz/Blues und Kammermusik
Instrument	Früher einmal Klavier und Querflöte
Sprachen	Deutsch, Englisch, Italienisch
Lieblingszeitung / Zeitschrift	*FAZ* & *SZ*

Ich über mich

Meine Traumfrau:
Zärtlich, liebevoll, charmant, spontan, attraktiv, fantasievoll, verspielt

Mein perfekter Tag:
Ich wache auf und schaue in geliebte Augen, fühle zärtliche Hände auf meinem Körper. Wie wird dieser Tag beginnen? Voll zärtlicher Hingabe? Mit spielerischem Toben? Leidenschaftlicher Verführung? Egal, es wird die wunderbarste Art sein, einen neuen Morgen zu begrüßen – hinterher kuscheln wir ganz verliebt miteinander. Nach dem Frühstück gehen wir auf den Markt und kaufen für das Abendessen ein. Diese leuchtenden Farben von dem Obst und dem Gemüse sehen, diesen Duft der Kräuter riechen, und schließlich ganz bedächtig das Essen auswählen. Dann etwas ganz Verrücktes tun oder vor dem Kamin liegen und lesen, gemütlich reden, kuscheln ... Es wird Abend, und wir fangen an, für das Abendessen zu kochen. Riechst du, wie es duftet? Die Vorbereitung des Essens und das Essen selbst sind eine einzige gegenseitige Verführung! Mein Herz, mein Körper, meine Seele jubelt: Ich *liebe* und ich gebe und ich nehme alles! Ich schaue dich an und bin glücklich. Endlich bin ich in meinem Leben zu Hause, bei der Frau, die ich liebe.

Die für mich wichtigsten Dinge sind:
Meine Gedanken mit und an meiner Partnerin zu »wetzen«; Sinnlichkeit und Leidenschaft; gutes Aussehen der Frau (ich lebe mit *all* meinen Sinnen, und wenn nicht alles zusammenpasst, dann habe ich damit ein Problem). Und viertens: Meine Partnerin muss sich – wie ich – sicher auf gesellschaftlichem Parkett bewegen können!

Mein Äußeres:
Eleganter Silberfuchs – groß, schlank, distinguiert

Das Besondere an mir:
Ich passe in keine Schublade, bin niemandem ähnlich und immer für Überraschungen gut! Ich bin dein Ruhepool und gleichzeitig dein Quecksilber. Ich bin der gleiche Mann, der morgens im Anzug ein Meeting leitet, mittags in Jeans und Turnschuhen durch die Wälder tobt (ich liebe es, zu toben!), der abends auf einem internationalen Ball tanzt und dir nachts völlig den Verstand raubt. Aber dies alles geht nur, wenn ich mein Pendant gefunden habe! Die *eine* Frau, die es schafft, mich ganz zu faszinieren, die werde ich erobern, sie nach allen Regeln der Kunst verführen. Der werde ich die Sterne zu Füßen legen und ihr bis ans Ende der Welt folgen. Die werde ich mit meinem ganzen Herzen und meiner Seele lieben – und ich habe ihr viel zu geben! Mit dieser Frau werde ich eine echte Partnerschaft eingehen.

Wovon ich mich nie trenne:
Meinem grenzenlosen Idealismus

Mein Lieblingsort:
München & die große, weite Welt

Welche Persönlichkeit ich gern kennenlernen würde ...
Winston Churchill

Was gar nicht geht:
Hektik, Ungemütlichkeit, Intoleranz

Mein Wunschtraum wäre es ...
... alle Sprachen zu beherrschen, ohne sie lernen zu müssen.

Nachricht von Leopold 02.04. · 11:03
Betreff: Kontaktgesuch

Sehr geehrte unbekannte junge Frau,
mit dieser hohen Zahl von Matching-Stars sind wir ja einsame Spitze! Sehr gern würde ich Sie näher kennenlernen und mit Ihnen in einen E-Mail-Kontakt treten. Mit dem folgenden Steckbrief möchte ich mich kurz vorstellen: gestatten?
Leopold, 1,77 m, schlank, Steinbock, Nichtraucher, Dr. Dipl.-Ing., unkonventionell, aber manchmal konservativ und konventionell, dunkelhaarig, blaue Augen, die nicht (!) lügen können, sehr zärtlich, dasschöneliebend, barfußplatt 177 cm – zehenspitzenhoch 188 cm, in der Nähe Münchens lebend, aber inallerweltunterwegs, schonüberfünfzig, niveauvoller Begleiter, Wunschableser, humorvoller Wortverdreher, einenschönenberufausübend, lesegeübte Nachteule, sportlich breitgefächert bei allem, was mit einem Lächeln in der freien Natur zu bewältigen ist, gesprächsliebend mit gebildeten Menschen, motivierender Partner, viel und gern in der Welt herumreisend. Lust auf mehr?
Viele liebe Grüße, Leopold

Nachricht von Ulrike 04.04. · 11:40
Betreff: Doktorale Emotionen

Lieber Leopold,
ich würde drei Matching-Stars nicht als einsame Spitze interpretieren – da geht sicher noch mehr, jedoch habe ich leise Zweifel, was die Aussagekraft dieser Zahl angeht.
Wenn Sie trotzdem riskieren wollen, mich zu treffen, müssen Sie sich darauf einstellen, dass ich Sie im Normalfall wohl überragen würde (selbstverständlich rein optisch). Außer beim Laufen, Schwimmen und gelegentlich beim Fahrradfahren trage ich mit Begeisterung unnützes Schuhwerk, das jeden Orthopäden als potenziellen Partner zuverlässig ausschließt.

Womit wir bei den Berufsbezeichnungen wären. Ich habe bis jetzt »Dr. Dipl.-Ing.« immer für einen Titel gehalten, nicht für eine Tätigkeit. Aber auch bei mir ist das mit dem Beruf nicht so leicht. Ich hatte in meinem Leben mit Geisteswissenschaften zu tun, danach mit Werbung, Marketing und Event. Die letzten Jahre habe ich den Aufbau eines ökologischen Landwirtschaftsbetriebs in Schleswig-Holstein begleitet. Ein Titel ist bei alledem nicht herausgekommen, aber eine gewisse Lebenserfahrung.
Jetzt können Sie in Ruhe überlegen, ob Sie einen Anfangskontakt vertiefen möchten. Meine Bilder schalte ich frei, ich denke, diese erste optische Hürde sollte immer schnell genommen werden, den biologischen Rastern entgehen wir ja doch nicht.
Auch ellenlanges Mailen ist meiner Ansicht nach nicht wirklich hilfreich, es sei denn, man hat Spaß daran und erhebt es zur Kunstform. Ich stelle fest, dass ich jenseits digitaler Notwendigkeiten doch sehr in der analogen Welt zu Hause bin, mit allen haptischen, optischen und sonstigen Sinneseindrücken.
Herzlich am Freitag, Ulrike

Nachricht von Leopold 06.04. · 12:36
Betreff: Re: Doktorale Emotionen

Liebe Ulrike,
vielen Dank für Ihre netten Zeilen. Ja, das klingt alles sehr interessant und nach mehr!!! Gern würde ich Sie recht bald näher kennenlernen.
Kein Problem, wenn Sie mich überragen sollten, das ist doch wunderbar. Eine blonde, große, schlanke, hübsche Frau mit langen Beinen – mein Gott, warum sollte ich mich *nicht* in Sie verlieben können. Ihre Bilder sehen gut aus, mein Kompliment, Ulrike – Sie sind eine schöne Frau! Diese Woche fing wieder mit einem ganz tollen Wetter an. Hier ist herrlicher Sonnenschein und überall sind die Rapsfelder bestimmt bald leuchtend gelb. Am Donnerstag geht es in das lange Osterwochenende,

was machen Sie zu Ostern? Ich werde nach Budapest fahren und bei guten alten Freunden (einem Künstlerehepaar) sein. Ich freue mich auf Ihre Antwort!
Ganz liebe Grüße sendet Ihnen
Leopold
... und sonst hoffentlich keiner ...

Nachricht von Ulrike 07.04. · 11:32
Betreff: Budapest – Berlin – München

Lieber Leopold,
von langen Beinen war noch gar nicht die Rede. Sie haben aber leidlich richtig getippt. Ich bin wohl eher der langbeinige Typ.
Ich bin bis Ende April in Berlin angebunden. Also: kein Osterurlaub.
Viel Spaß in Budapest, ich finde diese Stadt großartig, war aber leider viele Jahre nicht dort.
Herzliche Grüße, Ulrike

Nachricht von Leopold 08.04. · 12:28
Betreff: Frohe Ostern

Liebe Ulrike,
vor meiner Abreise nach Budapest möchte ich Ihnen schnell noch einen Gruß und eine gute Nachricht senden. Erst einmal lieben Dank für Ihre netten Gedanken, ich freue mich immer, von Ihnen Post zu bekommen – und gebe gern zu, dass ich hin und wieder Ihre hübschen Fotos anschaue. Wie schön, dass Sie »eher der langbeinige Typ« sind, seien Sie stolz drauf!
Kein Urlaub in Sicht bei Ihnen? Auch gut, das trifft sich nämlich in der Tat ganz hervorragend: Ich werde am Mittwoch nach Ostern in Berlin auf einem Kongress sein. Dann ergibt sich doch bestimmt die Möglichkeit eines Treffens?!

Vorschlag: 13 Uhr bei meinem Lieblingsitaliener? Dem »Paparazzi«, falls Sie's kennen. Würde mich freuen!
Bis bald. Viel Spaß am Wochenende und frohe Ostern wünscht Ihnen
Leopold

Die Begegnung mit Leopold

Ich bin spät dran. Das italienische Bistro, in dem Leopold sich mit mir treffen möchte, wird leider auch von politischen Mandatsträgern frequentiert. Das führt in der engen Seitenstraße in Berlin-Mitte zu permanentem mittäglichen Stau, denn immer zwei dunkle Limousinen pro Politpromi bleiben – reine Sicherheitsmaßnahme – in zweiter Reihe stehen. Wahrscheinlich aus Gründen der Geheimhaltung werden im politischen Berlin keine Fahrgemeinschaften gebildet. Die Sicherheitsbeamten mögen mit allen Gefährdungsszenarien vertraut und im Nahkampf erfahren sein (Bin Ladens Arm reicht in diesen Tagen ja bis in die letzte Pizzeria), in der Auseinandersetzung mit aufgebrachten, strikt basisdemokratisch orientierten Anwohnern machen sie aber eine denkbar schlechte Figur. Kleinrentner mit Einkaufswägelchen und alleinerziehende Mütter auf Fahrrädern sind wortgewaltige Gegner im Kampf gegen ungebetene Besucher ihres Quartiers. »Die soll'n ma schön in ihrer Kantine im Reichstag bleim. Ham wa extra mit Steuergeldern bezahlt.« Eine junge Radlerin merkt spitz an, dass es dem übergewichtigen Spitzengrünen da drinnen guttun würde, öfter mal in die Pedale zu treten – nicht nur politisch. Die Herren mit dem Knopf im Ohr und dem Spiralkabel, das auffällig unauffällig zwischen Hemdkragen und Nacken im Anzug verschwindet, stehen wie die Ölgötzen an ihren gepanzerten Audis und BMWs. Sie versuchen erfolglos, sich unsichtbar zu machen und vor allem sich unbeeindruckt zu geben.

Eilig schlängele ich mich durch diese hübsche Szenerie und betrete das Restaurant. Ich suche nach meinem eleganten »Silberfuchs«, »groß, schlank, distinguiert«. Das Foto habe ich mir extra noch mal angesehen, bevor ich mich auf den Weg machte. Ich bin bestens gelaunt, weil ich nach dem Mail-Wechsel einen eloquenten Bayern erwarte. Drinnen wimmelt es nur so von gut situierten Herren in dunklen Anzügen. Alle sind so wichtig, dass sie neu ankommende Gäste keines Blickes würdigen. Mein Date würde also wegen einer zu erwartenden Reaktion identifizierbar sein.

Ich schaue mich möglichst unauffällig um. Im Hauptraum kann ich niemanden ausmachen, der mit Foto und Selbstbeschreibung übereinstimmen würde. Ich biege darum mit schnellen Schritten in den Nebenraum ab – und falle fast über zwei riesige Schrankkoffer, die mitten im Gang stehen. Dieser Raum ist für ein Date nicht wirklich geeignet, denn er besteht aus einem Mittelgang mit rechteckigen Tischen rechts und links. Alles steht viel zu eng beieinander, man wird unfreiwillig Zeuge von Gesprächen an den umliegenden Tischen. Am zweiten Tisch rechts kann ich auch sofort den Spitzengrünen ausmachen, der hastig Spaghetti aus einer seine Bauchspeicheldrüse wahrscheinlich überfordernden Soße zusammendreht, während er mit der anderen Hand missmutig den Leitartikel einer konservativen Tageszeitung liest, in dem er wieder mal nicht gut wegkommt. Männer sind in Zwangslagen also doch multitaskingfähig, denke ich. Links neben mir sagt eine angenehm bayerisch gefärbte Stimme: »Hallo Ulrike.«

Ich schaue in Richtung Stimme, die ich hinter den Koffern erst nicht ausmachen kann. Ein unauffälliger älterer Herr schält sich aus der Bankreihe ganz links. Seine komplett ergrauten Haare weisen einen intensiv gelblichen Schimmer auf. Auch er ist also auf das Werbeversprechen eines

Haarkosmetikherstellers hereingefallen, der ein maßlos überteuertes Shampoo anbietet, von dem behauptet wird, es würde ergrautem Haar auf natürlichem Weg die ursprüngliche Farbe zurückgeben. Was natürlich blanker Unfug ist. Die Benutzung des Shampoos bewirkt entweder gar nichts oder – wie im vorliegenden Fall – einen hässlichen Gelbton.

Ich erkenne dieses farbliche Unglück deswegen so genau, weil einer meiner Exmänner dieses Shampoo ebenfalls so lange verwendete, bis das Fast-Weiß seiner eigentlich wunderbaren Haare begann, unappetitlich ins Grünlich-Gelbe zu changieren. Zu diesem Zeitpunkt war unsere Beziehung aber schon irreparabel im Eimer, und ich hatte nur noch Verachtung für seinen ebenso hilflosen wie verzweifelt eitlen Versuch übrig, die neue Frau an seiner Seite zu beeindrucken. So entließ ich ihn also mit ruinös urinös verfärbter Haartracht in sein neues Leben – eine winzig kleine Satisfaktion.

Leopold trägt einen mittelgrauen Anzug, dazu ein cremefarbenes Hemd und eine graubraun gestreifte Krawatte. An den Füßen nehme ich ausgetretene, schlecht geputzte braune Slipper mit angegrauten Gehfalten wahr. Die Bündchen ausgeleierter heller Socken sind an seinen geschwollenen Knöcheln heruntergerutscht. Ich versuche den Gedanken zu verdrängen, wie die Unterwäsche unter diesem Ensemble wohl aussehen mag. Als er aufsteht, ist er dann doch etwas über mittelgroß, wir befinden uns dank meiner High Heels gerade eben auf Augenhöhe. »Was für eine Erscheinung«, sagt er mit Kennerblick. »Es tut mir leid, dass du offenbar Kummer hast – Trauerfall in der Familie? Aber verzeih, wenn ich das so locker sage: Schwarz steht dir exzellent.« – »Hallo Leopold. Kein Grund zum Kondolieren«, sage ich freundlich. »Schwarz ist nur meine Lieblingsfarbe.« Mir wird klar, dass hier wohl größere Kulturunterschiede vorliegen.

Der benachbart sitzende Grüne fühlt sich offenbar bereits gestört und schaut missbilligend von Nudeln, Soße und Leitartikel hoch. Ich lächle ihn süßlich an und denke grimmig: Du Schneck solltest besser auch nur noch Schwarz tragen. Macht schlank.

»Na dann«, sagt Leopold und macht eine ausladende Geste. »Setz dich bitte, meine Liebe.« Er beugt sich vertraulich über den Tisch hinweg zu mir vor und greift jovial nach meiner Hand, um sie etwas zu kräftig zu tätscheln. »Du bist natürlich eingeladen.« Ich deute auf die monströsen Koffer. »Willst du den Laden hier in die Luft jagen oder gehst du nach unserem Essen sicherheitshalber auf Weltreise?«

Er schaut mich etwas verunsichert an, entschließt sich aber nach einer Schrecksekunde, über meine Bemerkung zu lachen. »Naaah«, verneint er in schönstem breiten Bayerisch. »Ich bin ein alter Papiertiger. Mit dem Computerzeugs kann ich mich nicht mehr anfreunden. Ich liebe die guten alten Handakten. Den Rest machen dann meine Sekretärinnen.«

Der Kellner kommt, überreicht mir die übersichtliche handgeschriebene Karte und fragt im Namen der Geschäftsleitung, ob man die Koffer nicht hinter dem Tresen parken könne, man würde gewiss gut achtgeben. Ich sage freundlich, dass ich mir keinen sichereren Ort vorstellen könne, als bei der libanesischen Tresen- und Küchenbesatzung. Meine fein gemeinte, aber leicht xenophob gefärbte Ironie bleibt von beiden glücklicherweise unbemerkt. Leopold lächelt säuerlich, der Kellner strahlt, und Sekunden später sind die als Koffer getarnten Aktenberge aus meinem Blickfeld verschwunden. »Einer Frau wie dir kann man natürlich keinen Wunsch abschlagen«, bemerkt Leopold.

Inzwischen stehen zwei Gläser Prosecco vor uns. Mir ist nicht ganz klar, ob mein Gegenüber sie bereits geordert hatte oder ob der Aperitif ein Zeichen der Dankbarkeit des Wirts ist. Ich hasse Prosecco.

»Wo fangen wir denn an?«, fragt Leopold. »Aber eins muss ich dir vorneweg sagen: Ich weiß ja, wie schwer es Frauen in deinem Alter haben, einen neuen Partner zu finden. Auch für mich warst du mit über vierzig natürlich nur in der B-Auswahl. Ich suche eigentlich eine Frau Mitte dreißig, denn ich habe das Thema Kinder für mich noch nicht endgültig aufgegeben. Aber du, du gehst für keinen Tag älter als – na, sagen wir mal – siebenunddreißig durch.« Er lacht. »Wenn du keine Kinder mehr bekommen kannst, könnte man mal über Adoption nachdenken. Ich habe gute Kontakte nach Russland und Indien.« Er lehnt sich erschöpft zurück. Auch ich bin ganz betäubt von diesem Feuerwerk offenbar ernst gemeinter Komplimente und den weitreichenden Familienplänen meines Silberfuchses. »Malawi soll bei Adoptionen gerade sehr *en vogue* sein«, bemerke ich. »Na, nix Schwarzes, und nix mit Schlitzaugen«, sagt Leopold entschieden, offenbar erfreut, dass ich mich seinen Gedankengängen anschließen kann. »Es sind natürlich alles Gottes Kinder. Aber in der Schule haben sie es dann doch schwer. Und für was sollen dich die Leute halten, wenn sie dich mit einem Negerbaby sehen?«

»Vielleicht für seine Adoptivgroßmutter?«, mutmaße ich. Ich bin von so viel Rücksichtnahme und christlicher Gesinnung sehr angetan. Was will eine Frau in meinem Alter eigentlich noch? Mir fällt wieder ein, wer in unmittelbarer Nachbarschaft sitzt. Ich gebe vor, an meinem Schuh zu nesteln und werfe einen neugierigen Blick schräg nach hinten. Der Schneck hat bestimmt alles gehört, denn er schnaubt politisch korrekt, als er meinen Blick wahrnimmt. Klasse, denke ich. Das hier ist mit Geld nicht zu bezahlen.

Der Kellner bringt ein Körbchen mit warmen Baguettescheiben und mehrere Schälchen mit sahnig aufgeschlagenen, in unterschiedlichen Geschmacksrichtungen aromatisierten Cremes. Leopold geht direkt mit einer Brotscheibe in eins der Töpfchen, die auf Brottellern bereitliegenden Buttermesser leger ignorierend. Er langt so herzhaft zu, dass die Creme über das Brot hinaus bis an seinen Daumen gelangt, wo sie unter dem Nagelrand verläuft. Er steckt sich den Daumen in den Mund und säubert ganz offensichtlich mit der Zunge seinen Daumennagel. Mit der zweiten Brotscheibe verfährt er ebenso, wobei er diese nicht selbst isst. Er reicht sie über den Tisch und macht eine Geste, die mir signalisiert, dass ich den Mund öffnen soll. »Ich suche eine Frau, die mir aus der Hand frisst«, sagt er und lacht dröhnend. Ich weiche zurück und deute auf eine andere Creme. »Danke, ich probiere erst mal diese hier.« Er zuckt mit den Achseln und dirigiert die Brotscheibe zurück, in seinen Mund. »Bisschen Spaß muss sein«, sagt er kauend.

Egal, was noch passiert, ich kann mich hier nie wieder blicken lassen. So viel ist jetzt schon klar. Der Kellner kommt mit gezücktem Notizblock zurück. Ich bestelle getrocknete Tomaten in Olivenöl als Vorspeise und einen Salat mit Zanderstreifen als Hauptgang. »Find ich gut, wenn die Damen auf ihre Figur achten«, kommentiert Leopold meine Wahl und ordert seinerseits ein opulentes Drei-Gänge-Menü plus Dessert. »Spart auch Geld.« Ohne mich zu fragen, ordert er eine Flasche Weißwein. Der Ober schaut mich fragend an. »Haben Sie noch einen Wunsch?« Ich ergänze die Getränkeorder um eine Flasche Mineralwasser. »Mir als Vielflieger geht die ewige Pinkelei auf die Nerven«, eröffnet mir Leopold. »Da denken die Leute doch gleich, ich hab's mit der Prostata.«

»Altersbedingt gibt es da wohl tatsächlich gelegentlich Probleme, hört man«, sage ich freundlich. »Na, bei mir ist unten rum alles prima in Schuss.« Ich lasse besonders diesen letzten Satz von Leopold in mir nachklingen. Hinter mir schnaubt der Schneck. Das ist wirklich besser als Kino. Ich fange trotzdem an, über Fluchtpläne nachzudenken.

Leopold beginnt inzwischen zu erzählen. Nachkriegskindheit in Oberbayern, der Pfarrer im Dorf erkennt, dass er gescheiter ist als die anderen Buben. Er kommt mit finanzieller Unterstützung von Mutter Kirche nach Regensburg aufs Gymnasium und muss im Kloster wohnen. Im Schlafsaal für zwanzig Jungen wird peinlich genau darauf geachtet, dass dic Hände in Brusthöhe über der Bettdecke gefaltet bleiben – die ganze Nacht lang. So etwas prägt fürs Leben. Nach dem Abitur entzieht er sich einer drohenden Klerikerlaufbahn durch Wahl eines technischen Studiengangs. Auf das lockere Studentenleben in München hat ihn keiner vorbereitet. Zwischen Burschenschaften mit verordneten Alkoholexzessen und verklemmtem Sex (Damenbesuch auf der Studentenbude nach 20 Uhr ist unerwünscht; die Zimmer sind nicht abschließbar, die Wirtin kommt gelegentlich mal nachsehen, also wird bis 20 Uhr im – abschließbaren – Klo auf dem Gang gevögelt) schlägt er sich durchs Studium.

Als junger Dipl.-Ing. geht er ins Ausland. Er betreut Staudammprojekte im arabischen Raum und Brückenbauten in Afrika. Das bedeutet: Er ist 330 Tage im Jahr weg von Deutschland. Das macht ihm nichts aus, denn er hat kein Zuhause. Der Sex ist nicht mehr so verklemmt, sondern wird jetzt bezahlt, das gehört zum Comment der Auftragsabwicklung bei Bauprojekten dieser Größenordnung einfach dazu. Vom im Ausland verdienten Geld kauft er in Oberbayern einen Hof, den seine Schwester bewirtschaftet. Dafür kümmert sie sich um die alten Eltern; er selbst ist nicht öfter als ein-, zweimal im Jahr bei ihnen. Mit dem Zusammenbruch des Ostens nimmt seine Karriere noch mal richtig Fahrt auf. Er spezialisiert sich auf die Projektierung von Flughafenneubauten, davon werden im ehemaligen Ostblock immens viele benötigt, da die vorhandenen Flughäfen meist technisch völlig veraltet sind und internationalen Normen angepasst werden müssen.

Er heiratet überstürzt eine junge Bauingenieurin aus Georgien, die er beruflich in Aserbaidschan kennenlernt. Nach zwei Jahren Ehe verschwindet sie über Nacht aus der gemeinsamen Wohnung in Baku – auf Nimmerwiedersehen. Er vermutet, dass sie ums Leben gekommen ist (ich vermute etwas anderes). Diese Ehe war gleichzeitig seine längste Beziehung. »Wenn du in einem der islamischen Länder nicht sofort heiraten oder wegen einer Frau umgebracht werden willst, bleibt dir nur das Bordell. Aber«, sagt er und lacht wieder, »die sind wirklich bestens bestückt. Als Mann braucht man das eben. So ist das.« Ja, so ist das wohl.

»Und jetzt«, frage ich mitfühlend, »jetzt möchtest du endlich sesshaft werden, verstehe ich dich richtig?« – »Ja, genau.« Er strahlt mich an. Ich habe ihn völlig richtig verstanden.

Während Leopold sich an sein Dessert macht – eine beeindruckende Portion Tiramisu –, lenkt er das Gespräch auf die unmittelbar bevorstehende Zukunft. »Ich bin mit meinen Terminen bis übermorgen ziemlich frei. Die Bande (er meint vermutlich seine Auftraggeber) steht stramm, wenn ich Zeit habe. Schließlich wollen die was von mir und nicht umgekehrt.« Er lacht ausgesprochen zufrieden. »So wie du aussiehst, könnten wir uns also ruhig näher kennenlernen. Sesshaft will ich zwar werden, aber ich kaufe ja nicht die Katze im Sack.«

Ich kann sein Kompliment leider nicht erwidern, ohne zu lügen, und über einen Kaufpreis mich betreffend habe ich mir bislang auch noch keine Gedanken gemacht. Ob Kamele hier die richtige Währung sind? Bevor ich antworten kann, entwickelt er bereits einen Plan. »Du bringst mich jetzt erst einmal ins Hotel, dann ist das mit den Koffern erledigt. Danach siehst du dir das Zimmer an. Falls es dir zu klein sein sollte, mache ich ein Upgrade – kein Problem. Ich bin in der Hotelhalle noch zu einem kurzen Gespräch verabredet. Danach stehe ich dir zur Verfügung – solange du willst. Wir können später auch ausgehen.« Später? Wieso später? Was passiert vor später? Mich schaudert leicht. »In Berlin soll's ja dolle Nachtclubs geben.« Er sagt tatsächlich »doll« – mit »d«.

Ich entschließe mich, dem Gespräch jetzt langsam eine Wendung zu geben. »Danke für die zauberhafte Einladung«, sage ich sehr freundlich, »leider sehen meine Pläne für heute etwas anders aus. Ich bin gleich mit ein paar wohlhabenden Damen verabredet, die haben gerade eine internationale Liga für Frauen- und Kinderrechte gegründet. Du weißt schon: gegen sexuelle Ausbeutung, Zwangsprostitution, Kinderarbeit, illegale Adoptionen – das ganze Programm. Außerdem ist mein Smart mit den Ausmaßen deines Gepäcks überfordert. Tja, und dann ist es noch so: Wie du richtig bemerkt hast, muss ich mich altersbedingt etwas beeilen. Darum treffe ich heute Abend zwei weitere Herren. Ich muss natürlich sehen, was der Markt so zu bieten hat und was ich verlangen kann, bevor ich mich festlege. Das ist ja eine weitreichende Entscheidung, nicht nur für mich, auch für den Herrn. Da hängt eins am anderen. Wenn ich mich für eine umfassende Beziehung entscheide, kann es sein, dass ich nicht nur umziehen, sondern mein ganzes Leben auf den entsprechenden Herrn zuschneiden muss. Da gibt es organisatorisch und auch notariell vielerlei zu bedenken. Also, du siehst, das kann und sollte man nicht übers Knie brechen. Wir können aber so verbleiben: Da du ja grundsätzlich Interesse an mir hast, kannst du schon mal darüber nachdenken, in welchem Umfang du mir welchen Lebensstil anbieten und langfristig sicherstellen kannst. Wenn wir uns einigen, können wir auch über alle anderen Arten der Annäherung nachdenken.« Ich beuge mich vor, lächle ihn strahlend an und senke die Stimme. »Ich bin da für vieles offen. Für sehr vieles.«

Vor Leopold steht das halbgegessene Tiramisu, er hält den Löffel in der Hand, isst aber nicht mehr. Das Lächeln ist aus seinem Gesicht verschwunden. Ich stehe auf und greife nach meiner Jacke, die an einem Haken links hinter ihm an der Wand hängt. Ich küsse ihn – mit einigem Sicherheitsabstand zu seinen gelben Haaren und auch mit etwas Selbstüberwindung – auf die Stirn. Seine Haut ist sogar an dieser Stelle leicht schwammig. »Danke für das wunderbare Essen. Ich muss jetzt leider sofort los. Du weißt ja, wie du mich erreichen kannst.«

»Ja«, sagt Leopold matt, »das weiß ich. Na, ist aber klar. Versteh ich schon. Ist aber schade mit jetzt. Irgendwie.« Ich drehe mich um und sehe, dass der Schneck ähnlich versteinert wie Leopold auf seinem Platz sitzt. Ich mache einen Schritt auf ihn zu, seine Augen weiten sich ganz leicht. Ich schaue ihn freundlich, aber bestimmt an und sage: »Ich finde, dass Sie Ihre aus Steuergeldern bezahlte Mittagspause ungebührlich überziehen. Außerdem: Es gilt gemeinhin als unfein, Gesprächen zu lauschen. Das grenzt an Voyeurismus.« Jetzt haben diese doch sehr unterschiedlichen Herren etwas gemeinsam: Sie blicken mir verständnislos nach. Ich spüre das in meinem Rücken.

Mein Auto habe ich strategisch ungünstig geparkt, ganz am Anfang der Einbahnstraße, da ich für meinen geräumigen Kombi – das mit dem Smart war natürlich gelogen – immer große, halblegale Parklücken suchen muss, wie man sie in der Innenstadt häufig nur an Kreuzungen findet. Ich fahre also zwangsläufig noch einmal am Restaurant vorbei. Der Mittagsstau ist nicht vorüber, die Durchfahrt wird weiterhin von dunklen Limousinen und jetzt zusätzlich von einem Großraumtaxi behindert. Ich halte unfreiwillig direkt hinter dem Taxi am Restaurant an, als die Eingangstür sich öffnet. Zwei Schrankkoffer werden von fluchenden Küchenhelfern ins Freie bugsiert und direkt vor dem Kühlergrill meines Wagens verladen. Ein offensichtig übellauniger Leopold steigt in den Fond des Taxis ein. Als er die Tür hinter sich zugezogen hat, wirft er einen Blick nach hinten, als wolle er nach seinem Gepäck sehen. Danach gleitet sein Blick weiter zum nachfolgenden Wagen, über den von mir ordentlich ausgerichteten Stern hinweg die große Kühlerhaube entlang bis zur Windschutzscheibe – bis er mir direkt in die Augen sieht. Ich lächle freundlich, winke und setze meine Sonnenbrille auf. Sein Taxi fährt langsam an, ich folge ihm. Erst an der Kreuzung, ein paar hundert Meter weiter, biegt es nach rechts ab – und ich nach links.

Abends stelle ich beim Blick in den Computer fest, dass Leopold mich bereits aus seinen Kontakten gelöscht hat.

» *Mit den dritten Zähnen*
beißen die Männer am besten an.

Zsa Zsa Gabor

Mike, der Wahnsinnige

Oder: Ich rufe Sie an, ich werde dann nichts anhaben

MIKE im PAIRFECT-Profil

Matching-Stars	★
Person	55 Jahre, 189 cm, geschieden
Beruf	Arzt und Mathematiker
Wohnort	Berlin, Deutschland
Abgeschlossenes Studium	Medizin, Musik, Mathematik, Sinologie, Literaturwissenschaft
Kinder	3
Religion	Viele – von allen das Beste
Raucher	Ja
Haustiere	Keine
Eigenschaften	Direkt, offen, grenzenlos, leidenschaftlich, erregend, anregend, überragend
Freizeitgestaltung	Ausgehen/Freunde treffen, ins Kino/Theater gehen und Lesen
Hobbys	Weltliteratur, Art Basel Miami, Sport, Musik, Architektur, Kino
Sport	Fallschirmspringen, Free Climbing, Paragliding, Tiefseetauchen, Judo, Karate, Kick-Boxen, Mountainbike-Downhill
Musikgeschmack	Rock/Pop, Symphoniekonzerte, Opern, Ethno, Rap/HipHop, Jazz/Blues und Kammermusik
Instrument	Klavier, Orgel, Saxofon, Schlagzeug, Bass, Cello – professionell
Sprachen	Englisch, Französisch und Deutsch
Lieblingszeitung/Zeitschrift	*New York Times*, *El País*, *Hamburger Morgenpost*, *FAZ*, *Penthouse*, Bibel

Ich über mich

Meine Traumfrau:
Dich haben Götter geschickt, du wandelst auf Rosen, bist Heilige und Hure, du hast der Stadt die Köpfe verdreht, du gehst weiter als alle anderen, du spielst in meiner Liga – du bist wahnsinnig ... genial!

Mein perfekter Tag:
Der Morgen: erregend, lasziv, entspannend. Der Mittag: nervtötend, elektrisierend. Der Abend: sternenklar und gespenstisch. Die Nacht: ekstatisch, unvergesslich.

Die für mich wichtigsten Dinge sind:
Aufrichtigkeit, Unkonventionalität, Verlässlichkeit, Irrationalität, Nonkonformismus, Kubismus, Anarchie, Diktatur, Freiheit und Schönheit, geistiger und materieller Reichtum, Nacktheit

Mein Äußeres:
Extrem gut aussehend, durchtrainiert, muskulös, breitschultrig, unauslöschlicher Charakter und ein fesselndes Flackern in stahlblauen Augen

Das Besondere an mir:
Ist es der Charme, die Intelligenz, die Potenz, die endlose Leidenschaft oder aber die Mischung aus alledem?

Wovon ich mich nie trenne:
Meinem 7er BMW, meiner Harley, meinem Penthouse, meinem Ferienhaus in den Hamptons, der Villa in Südfrankreich, meinem Araber, meinen Kindern, meiner Kunstsammlung

Mein Lieblingsort:
Die Welt – war es eben noch der Sunset Boulevard, ist es morgen und übermorgen schon wieder der Gauklerplatz in Marrakesch oder der Birger-Forell-Platz, der Savignyplatz, aber ganz sicher die »Paris Bar«.

Welche Persönlichkeit ich gern kennenlernen würde ...
... Orhan Pamuk, Gandhi, Marilyn Monroe, Fjodor Michailowitsch Dostojewski, Mick Jagger, Catherine Deneuve, Rocco Siffredi und ich – alle zusammen an einem Tisch.

Was gar nicht geht:
Dummes Geschwätz, peinliche Überheblichkeit, überkandidelte Dummheit

Mein Wunschtraum wäre es ...
... unendlich zu leben – wenn es geht mit dir.

Betreff: kontaktgesuch

hallo,
ich möchte dich gern näher kennenlernen. wenn es dir auch so geht, dann melde dich bitte.
ich freue mich, von dir zu hören.
mike

Nachricht von Ulrike 09.05. · 22:36
Betreff: Smoke in the City

Arzt sein, drei Kinder haben und beherzt rauchen – das spricht für sympathische urbane Schizophrenie.
Bist du Psychiater in Heckeshorn?
Ich bin übrigens weder Arzt noch Ärztin, habe nur ein Kind und rauche nicht. Wenn das Rauchverbot demnächst greift, wo kann man dich denn dann treffen?
Ulrike

Nachricht von Mike 10.05. · 00:37
Betreff: nicht schizophren, maniac

bin nicht psychiater in heckeshorn bei den meschuggenen leuten, bin arzt in kommender praxis und diplom-mathematiker.
hätte große lust, dich näher kennenzulernen, hast ja 'ne kesse schreibe, vorzeigbar bist du nicht nur, du bist schön, ohne neid, wie nicole kidman, ein tick intellektueller und jünger.
ich freue mich, von dir zu hören, und pardon, ich habe vier kinder. vergesse immer meine große angeheiratete tochter, weil sie schon lange kein kind mehr ist, sondern eine schöne frau, louise mit namen. sie wird bald selbst ein kind haben, wenn es ein junge wird, wird der aussehen wie 'ne mischung aus johnny depp und brad pitt.

wenn du lust hast, gehen wir essen, spazieren oder ins kino, oder einfach auch nur einen kaffee trinken, oder alles zusammen, mal sehn.
mit liebem gruß,
mike

Nachricht von Ulrike 10. 05. · 09:07
Betreff: Re: nicht schizophren, maniac

Guten Morgen, Mike Maniac,
so manisch hörte sich das ja alles nicht an, 'n bisschen gehetzt vielleicht. Die gute Nicole Kidman ist definitiv jünger als ich. Mit der hat mich noch niemand verglichen. Außerdem bin ich überhaupt kein zerbrechlicher, vom Windhauch umsturzgefährdeter ätherischer Typ. Eher so skandinavisch-handfest (wie ich über mich schrieb: kein dürres Model). Über vierzig gibt's da eben Gebrauchsspuren und Abnutzungserscheinungen. Was mich jedoch nicht fassungslos werden lässt. Aber es macht mir jeden Tag bewusst, das das Leben nicht mehr unendlich ist, sondern eine Restlaufzeit unbekannter Länge hat.
So, Arzt in »kommender Praxis«. Was darf man sich darunter vorstellen? Fertilitätsberatung? Ich bin nächste Woche wieder in Berlin, vielleicht passt es für einen Kaffee.
Herzlichen Gruß von
Ulrike

Nachricht von Mike 10. 05. · 10:38
Betreff: mache fertilitätsberatung für schweine

und solche, die es noch werden sollen. ansonsten bin ich facharzt für kardiologisch, gastroenterologisch und herz-kreislaufmäßig ziemlich intensiv ausgebildet. habe jahrelang an der uni in der ersten reihe geforscht, in internationalen, amerikanischen, renommierten fachzeitschriften veröffentlich, hohes lob bekommen, und so weiter,

blablabla. außerdem bin ich diplom-mathematiker, was ich dir schon geschrieben habe, aber darauf gehst du leider nicht ein, wahrscheinlich ist es dir schnuppe, du sternschnuppe.
wo treibt's du dich eigentlich herum, in stockholm oder in island in stykkishólmur, einem schönen städtchen mit 1200 einwohnerinnen, alle wahrscheinlich so hübsch wie du? es liegt drei autostunden nördlich von reykjavik, da wo immer die sonne scheint, mein sonnenscheinchen. oder warst und bist du in der türkei, in den pamukelischen heißen quellen, da wo orhan pamuk herkommt?
über schönheit, ich meine kunst, solltest du meinem urteil vertrauen und nicht mit mir darüber einen fruchtlosen streit beginnen, das muss ich dir als fertilitätsberater für schweine und solche, die es werden wollen, ja wohl nicht zweimal sagen.
ok, wenn es nur um einen kaffee geht, das bekomm ich noch zusammen, ich lad dich, großzügig, wie ich eben bin – aber nur bei dir, mein schatz – zu meinem lieblingsbäcker am birger-forell-platz ein, in berlin-wilmersdorf. ist zwar ziemlich verranzt da, aber das stört mich überhaupt nicht, dich schon, aber das ist mir egal. kriegste eben keinen leckeren milchkaffee, und der ist da besonders gut. frau lieberberg und frau hanke-rüttler machen ihn immer mit espresso, wie einen latte macchiato, und der kostet 1.90 euro, macht 2 x 1.90 = 3.50, stimmt so.
siehste, ich kann rechnen, hab ja mathe studiert. löse noch immer schwere differentialgleichungen im bett vor dem einschlafen, und die nächste gleich beim aufwachen.
aber jetzt mal ganz was anderes. es geht um die lady down under, billy the kid und dich. über schönheit solltest du mit mir auch als maler (habe schon mehrfach recht teuer verkauft) nicht debattieren. mir ging es ja vor allem um deinen geist und den von nicole smith, äh ... ich meine den geist von nicole, the kid man. der geist von der anderen, anna nicole, ist ja längst im himmel. aber das mit dem geist hast du wieder mal unterschlagen, so wie deine festnetz- und handynummer. ich sag auch bitte, bitte zu dir, schick sie mir doch einfach mal, dabei brichst du dir ja kein zacken aus deiner verdienten prinzessinnenkrone.

wenn ich dich schon nicht riechen kann – für mich ganz wichtig, ernsthaft –, dann will ich wenigstens wissen, ob du flüsterst oder über den spitzen stein stolperst, wie die hamburger zu sagen pflegen. ich möchte doch wenigstens deine stimme hören, ob sie die einer leopardin – ich selbst bin der schönste leopard der welt, im indianischen horoskop – oder die einer, meiner froschkönigin ist. da würde ich dich sofort küssen, wenn ich dich bei aldi in berlin-wilmersdorf, da wohne ich nämlich, wenn ich dich da auf der straße sehe, wie du gerade vollbepackt bist mit tüten für dich und deinen mann und deine kids, also gemüse und dosenfleisch eingekauft hast.
ich könnte jetzt so stundenlang weitermachen, mach ich aber nicht.
ich denke an dich. vielleicht bist du ja auch ein gespenst, was sich nur verlaufen hat, oder ein luftgeist – mir fällt jetzt der name von denen nicht ein, ich glaube styxinnen heißen die im griechischen – aus stykkishólmur. kennst du das überhaupt? oder du bist übrig geblieben von dem amerikanischen erntedankfest halloween. oder heißt es hallo-meine-queen?
in diesem sinne,
mike

ich hoffe, jetzt sind die dinge um dich und mich ein- für zweimal geklärt, in diesem sinne verbleibe ich dein mike-mike. kann man auch aussprechen mm, ist kürzer, das eine ist die amerikanische, das andere die ich-weiß-nicht-woher-form.
in diesem sinne, meine liebe, alles liebe und alle sinne – hab eigentlich nur einen – für dich.
es geht, wie gesagt immer ums gleiche, immer um die ladies down under oder down reykjavik, um billy the kid, das bin ich manchmal, und dich.

Nachricht von Ulrike 10.05. • 12:31

Betreff: Hilfe, ein entfesselter Arzt ...

... als Kardiologe solltest du doch wissen, dass der Sprung kopfüber in die Prozac-Box über kurz oder lang zu Schäden führt (wie man auch bei Anna Nicole Smith sehen konnte). Wie deinem morgendlichen Schreibstil anzulesen ist, scheinst du die Dinger wie Smarties zu konsumieren. Wenn du dich in unterschiedlichen Lebenslagen so benimmst, könnte das amüsant werden. Oder anstrengend. Oder beides.

Mathematisch bin ich leider in jeder Hinsicht völlig unbegabt. Abends löse ich vor dem Zubettgehen höchstens die Riemchen meiner High Heels, ich bevorzuge aber eigentlich klassische Zehn-Zentimeter-Pumps ohne Riemchen.

Bei Aldi wirst du mich nicht so schnell antreffen, da ich keine Attac-Aktivistin bin, die gegen diesen Laden agitiert. Wenn ich jünger wäre, würde ich das vielleicht tun. In meinem Alter wirkt so was zu angestrengt und politisch korrekt. So bleibt nur gezielter Konsumverzicht. Ich kaufe – ach herrje! – im Ökosegment: zielsicher, gesundheitsbewusst, hedonistisch und gänzlich ohne Fettwollepullover.

Angesichts deiner Kinderschar hast du dich in Sachen Fertilität ja selbst gut beraten. Ich bin mittlerweile gegen Kinder (global gesehen: insgesamt zu viele, und hierzulande: zu dick & zu doof). Aber ich hab auch leicht reden, denn meins ist ein ganz tolles, gar nicht dick und ziemlich schlau. Das war jetzt prima, weil politisch völlig unkorrekt. Das mag ich gern.

Was tue ich den ganzen Tag so, wenn ich nicht auf der Suche nach einem vermögenden Sexgott bin? Und vermögend muss er schon sein, man will ja nicht ewig arbeiten. (Was sollte man sonst bei PAIRFECT suchen?) Ich kümmere mich um einen ökologisch höchst korrekten Biolandbetrieb in Schleswig-Holstein, der sich mit extensiver Mutterkuhhaltung befasst. Das heißt: Rinder züchten im Naturschutzgebiet. Keine Milch, kein Käse. Milch nur für Kälber. Mutterkühe werden uralt für Kuhverhältnisse, zwanzig Jahre sind keine Seltenheit. Die Bullen werden 1. nur sechsunddreißig Monate alt und dann 2. lecker gegessen,

was 3. ein prima feministisches Prinzip ist und 4. ein einträgliches Geschäft, da gutes Fleisch in diesem Land Mangelware ist (in jeder Hinsicht).
Wenn man nicht in der Agrarbürokratie versinkt (während ich dies schreibe, drücke ich mich gerade vor einem ungefähr hundertseitigen Formular, das ich bis heute Abend ausfüllen muss), ist das eigentlich ganz lustig. Und ich bin bis jetzt die einzige Bäuerin, die in Zickenpumps zur Landwirtschaftskammer geht. Das hat mir der Amtsleiter verraten. Auf seine Weise versucht eben jeder, aus der Masse hervorzustechen.
So, mein mathematisch-künstlerisch begabter, prozacsüchtiger Schweinefertilitätsberater, der braven Wilmersdorfer Hausfrauen bei Aldi über Dosenfleisch und Tütensuppen hinweg Avancen macht, um sie hinterher bei Frau Lieberberg mit einem Eins-neunzig-Kaffee zu umgarnen, ich geh jetzt an meine Formulare.
Ulrike

Nachricht von Mike 10. 05. · 23:58
Betreff: das heißt zaczac

von kühen verstehe ich nix, nur von schweinen. ich könnte dir auch mal deine high heels lösen, als aufgabe meine ich, als gleichung. kannst du überhaupt bis zwei zählen? bin jetzt zu müde zum rechnen, komme gerade aus dem kino mit freunden. aber morgen früh, da gibt es wieder süßes oder saures, je nachdem, du kleiner verirrter halloweengeist aus island, der sich zurzeit vor mir in schleswig-holstein versteckt. na warte, ich kriege dich schon.
mike

Nachricht von Ulrike 11.05. · 07:45
Betreff: Guten Morgen, ...

... Prozac-Man, wie kommt es, dass jemand mit umfangreicher wissenschaftlicher Bildung so schreibt wie du?
Ich bin schon gespannt auf deine morgendliche Süßes-oder-Saures-Eruption.
Lese sie aber erst später, weil ich mich jetzt mit meinen Lieblingsagrarbürokraten treffe. Auf dem Land ist acht Uhr schon ein später Termin.
Als gebeutelter Kardio-Veterinär weißt du natürlich, wie ätzend frühes Aufstehen ist.
Island is calling,
Ulrike

Nachricht von Ulrike 14.05. · 02:23
Betreff: Hattest du ...

... Erfolg beim Anbaggern einer Lady – über den Einkaufswagen und über Ketchup und Dosenfleisch hinweg? Bei Aldi? Wenn es so ist, herzlichen Glückwunsch.
Falls du Ratschläge brauchst, kannst du mich gern auf einen Kaffee einladen. Mittwoch und Donnerstag werde ich übrigens in Berlin sein.

Nachricht von Mike 14.05. · 06:45
Betreff: nachricht von einem schlaumann,

der ich bin: du kennst bestimmt die geschichten von ede wolf und den drei kleinen schweinchen, darin bin ich das rosafarbene schweinchen schlau. aber obwohl ich mir jetzt um halb sex meine kleine, schöne birne zermartere mit deinem text, scheine ich doch heute eher ein blödmann zu sein! ich dachte, du kommst aus schleswig-holstein. wie kann es dich dann als liebhaberin von schönen bullen in die weltmetropole berlin verschlagen? hä?

ähm, puh, jetzt hab ich schon vergessen, was du noch in deinem briefchen geschrieben hast. ach so, jetzt fällt es mir ein. endlich habe ich deine handynummer. wie persönlich du doch sein kannst. nützt aber nix, ich habe die bedienungsanleitung meiner beiden telefone verlegt, hab nur noch die polnische und tschechische ausgabe, diese beiden weltsprachen kann ich aber nun gar überhaupt nicht. ja, ähm, puh, das ist wie bei dem abgesang von dem unsäglichen pilawa sein ratequiz, da heißt es immer am schluss, und ich glaube auch am anfang: »... ähm, puh, genug gerätselt, mit der chakalakkasoße von maggi.« was ist denn das nun wieder: »schakalaga« oder auf Neudeutsch »chakalakka«, ein tanz bei den hottentotten?
kann gar nicht sein, hängt ja noch soße dran. ich werd da mal mitmachen, bei dem quiz, oder schreibt man das am ende mit »s«? da werd ich dann die eins neunzig euro gewinnen, wovon ich dich dann einladen kann. du siehst, ich kann, wenn ich will, ganz schön eruptiv sein, wie ein vulkan. jetzt gehn mir aber langsam die lichter und die worte aus, denn son geistesarbeiter bin ich nun mal auch nicht. also, jetzt mal hübsch langsam.
ach so, ladies angebaggert. na ja, bei einer hab ich da schon einen teilerfolg erzielt, sie hat mir immerhin ihre handynummer geliefert, aber diese vielen zahlen, diese vielen nummern, ich weiß nicht, kann zwar bis sechs und sogar bis acht zählen, aber dann hört es schlagartig – abrupt-eruptivmäßig – auch schon auf.
alles weitere dann bei einem treffen unter vier augen oder bringst du dann etwa deine beiden chiwawas mit? bin bis donnerstag, freitag in hamburg und an der ostseeküste, vielleicht können wir uns mal auf der autobahnraststätte zuwinken?
wie wär's, meine liebe, wir bleiben in kontakt, wenn ich mit meinem moped nicht verunglücke und heil nach berlin zurückkomme, dann treffen wir uns. fein, dann lade ich dich, wie versprochen, zu einer latte ein.
ich hoffe, ich habe all deine schweren fragen beantworten können und alle klarheiten beseitigt, freue mich auf ein wiedersehen, ähm, meine natürlich sehen, sehne mich sozusagen schon danach.
ähm, puh, schakalaga, war das jetzt ein langer text. ich denke, ich

habilitiere mich doch noch, das flutscht ja richtig hier am pc.
liebe grüße an dich nach schleswig-holstein, an deine todeskandidaten-bullen und an deine vielen milchkühe. hoffentlich erkenne ich dich überhaupt, wie ne blödkuh siehst du auf den fotos gerade nicht aus!
alles weitere dann persönlich,
mike

jetzt geh ich mal frühstücken bei einem glas frisch gepressten orangensaft. das muss ja ausgiebig gefeiert werden, dass ich dich kennenlernen darf. in den zeitungen schau ich mal nach, wo es die nächste fortbildung zu dem thema »ferkelfertilitätsmaßnahmen unter dem besonderen aspekt der allgemeinen globalisierung« gibt. ich glaube, da reden sie auch auf den g8-gipfeln drüber, hab gerade mit angela ferkel, äh, ich meine, merkel, meine merkel, kleines ferkel, telefoniert.
in der *süddeutschen*, äh nee, in der *faz*, die ist irgendwie besser, schau ich nach, wie viele doofe und wie viele gescheite rinder es in holstein eigentlich noch gibt. die soll'n ja vom aussterben bedroht sein. kein wunder, bei deinen aktivitäten beim bullenkillen.
mike

Nachricht von Ulrike 14. 05. · 22:53
Betreff: Lesen führt zur Analyse ...

... und Interpretation ist dann wohl Mathematik.
Ich habe an keiner Stelle behauptet, eine Holsteinerin zu sein. Insofern hat es mich auch nie nach Berlin verschlagen. Ich bin da geboren. Bin ein echter Berliner Ureinwohner. Noch dazu aus Westberlin. Mauerkind. Verschlagen hat es mich dorthin über Hamburg, diese unterkühlte Hansestadt.
So viel zur Chronologie. Aber Männer haben immer gleich Geschichten im Kopf. Interpretationen. Mensch Ede Schlau, wo bleibt denn da dein marzipanschweinchenrosafarbener Verstand, der wissenschaftliche? Zu viel publiziert in Amiland und andernorts?

Heute morgen bist du offensichtlich wieder tief ins Prozac-Glas gefallen, deine Finger kamen wohl auf der Tastatur nicht schnell genug deinen düsenjägernden Gedanken hinterher. (Wie lesen sich da wohl erst die hochwissenschaftlichen Ergüsse vom Med.-Math.-Man?)
Versuch bei all den Prozacs und Orangensäften zwischendurch einmal durchzuatmen und etwas Sauerstoff ins Hirn zu lassen.
Hyperventilierender Intellekt hat bestimmt eine schlechte Halbwertzeit.
Viel Spaß auf dem Motorroller. Die Luft wird dir guttun.
Vielleicht klappt es mit dem Kaffeetrinken um Pfingsten herum.
Allerschönste Grüße,
Ulrike

Nachricht von Mike 14. 05. · 23:57
Betreff: an pfingsten

ok, ich rufe dich an.
ciao bella

Nachricht von Ulrike 25. 05. · 09:48
Betreff: Viele leider ...

Lieber Mike,
schönen Dank für die Nachricht. Leider habe ich mein sündteures neues Handy ruiniert. Ich sehe zwar, dass jemand anruft, aber leider hört derjenige, der anruft, nix.
Aus dem Treffen zu Pfingsten wird auch nix. Ich bin nur heute und morgen bis mittags in Berlin, weil ich ein paar Dinge zu erledigen habe, dann muss ich schleunigst zurück auf die Kolchose.
Vielleicht ist aufgeschoben nicht aufgehoben, und es klappt beim nächsten Anlauf.
Herzlichen Gruß,
Ulrike

Nachricht von Mike 25.05. · 10:56
Betreff: ein paar subotnix schaden nix

meine liebe ulrike, schade dass du an pfingsten nicht kannst. aber aufgehoben ist gefunden, so finde ich dich schon noch mitten in der walachei auf deiner kolchose.
baut ihr spargel an? könntest welchen mitbringen! hab einen heizlüfter, transportabel, mit dem könnte ich dir die spargelspitzen garen, den rest schmeißen wir dann weg.
mit liebem gruß, wo immer du dich versteckt halten magst.
mike

Nachricht von Mike 25.05. · 11:05
Betreff: jetzt ist mir die letzte nachricht doch noch entwischt,

wollte ich gar nicht.
wollte dir noch was schreiben, das tue ich hiermit.
lade dich am samstag, 9. juni, zum selbstgekochten spargelessen ein, als vorspeise spaghettis! mmh, lecker. warum gerade am 9. juni, fragst du mich? weil da der hundertjährige kalender folgende aussage hat (das ist keine ausrede wie bei dir: »handy kaputt« – dass ich nicht lache).
also, in dem kalender heißt es: »wenn ein heiligenschein zur ständigen kopfbedeckung wird, verliert er an glanz.« mach's gut,
mike white

Nachricht von Ulrike 29.05. · 20:27
Betreff: Mike White –

es konnte ja gar nicht anders sein, als dich aus dem Nirwana des geschriebenen Wortes herauszufischen.
Also: Der deutsche Landwirt ist arm, der hat keine Leibeigenen, keine Wanderarbeiter, keine Sobotnix. Nix dergleichen. Und: Ich

habe mit Spargel nix am Hut. Sondern mit Rindern. Schrieb ich das nicht?

Also: Da ist eine kleine Chance am kommenden Freitag, da bin ich tagsüber in Berlin. Vielleicht magst du ja mittags mit mir Spargel essen. Wenn dich die Geduld verlässt – ich bin verständnisinnig. Was jedoch tragisch wäre für mich: Wer lässt schon ungestraft Mike White an sich vorbeiziehen?

Also, mach's auch gut.

Ulrike

Nachricht von Mike 29.05. · 21:31

Betreff: geduld habe ich genug,

das is kein problem. wäre schön, wenn es am freitag klappt, habe den termin schon rot in meinem kalender notiert.

mike

Die Begegnung mit Mike

Wir telefonieren am Vorabend unserer Verabredung, nicht sehr lange. Mikes Stimme ist dunkel und samtig, ausgesprochen männlich; er hat eine angenehme Art zu sprechen. Sanft, interessiert, nicht ansatzweise so durchgeknallt, manisch und hysterisch-atemlos wie seine Mails es erwarten lassen. Er ist witzig und schlagfertig. Angesichts seiner Mails bleiben dennoch profunde Zweifel. Ich denke, es könnte sich um einen behandlungsbedürftigen Spinner handeln. Eine Einschätzung, die in krassem Gegensatz zur Farbigkeit und Ausdrucksstärke seiner Stimme und Sprache steht.

Ganz klar, ich bin mit diesem Treffen eher auf Besichtigungstour als auf dem Weg, einen Mann kennenzulernen.

Ich habe erhebliche Bedenken, ob irgendetwas von dem wenig Substanziellen, das ich von ihm zu lesen bekam, auch nur ansatzweise der Wahrheit entspricht.

Mit dem ICE fahre ich nach Berlin, unterwegs erhalte ich einige Gaga-SMS von Mike. Wir verabreden, dass er mich am Zug abholt.

Als dieser in den neuen Berliner Hauptbahnhof einfährt, bin ich mental auf ziemlich viel gefasst. Ich steige aus und sehe unterhalb einer großen Anzeige – dem verabredeten Treffpunkt – einen Mann stehen, der mich breit und provozierend angrinst. Da ich relativ viel Gepäck dabeihabe – Handtasche, Laptop und Beautycase –, scheint eine sofortige Flucht mit Aussicht auf Erfolg ausgeschlossen. Ich erwäge kurz, ihn zu ignorieren und mich bis zu den Taxis durchzuschlagen. Ich könnte behaupten, belästigt zu werden. Mit entsprechend lärmendem Klimbim sollte es möglich sein, ihn abzuschütteln. Zu meiner eigenen Überraschung siegt meine Neugier über meinen Fluchtreflex: Mich interessiert, was einen Menschen – nein, einen Mann, diesen Mann – dazu treibt, ein umfangreiches Profil auf einem ernst zu nehmenden Dating-Portal zu veröffentlichen, wo schon seine dürren Angaben zum Phänotyp in ans Lächerliche grenzendem Kontrast zu dem stehen, was sich hier real vor mir aufbaut: Mike ist maximal eins achtzig groß (wenn überhaupt), trotz der frühsommerlichen Temperaturen an diesem Tag trägt er einen langen, verschossenen, graugrünen Staubmantel, der durch ewige Benutzung seiner Bezeichnung alle Ehre macht. Darunter kommen Jeans mit breiten Aufschlägen zum Vorschein und schwarze, modisch-klobige Schnürschuhe, die an jedem Mann über fünfundzwanzig bemüht jugendlich und damit lächerlich wirken. »Mega-uncool«, würde meine Tochter sagen.

Der Mantel ist über einem imposanten Bauch bis hinauf

zu einem schwammigen Kinn geschlossen. Mikes Gesichtszüge, die munteren Schweinsäuglein, seine rotgeäderte Knollennase und der konturlose Übergang von Kinn zu Hals erinnern mich gar nicht sehr entfernt an die rotwangigen, stoisch-fröhlichen Gartenzwergphysiognomien aus dem Garten meiner Großmutter. Auch das über den Ohren spärlich angeordnete restliche Haar könnte gut um eine imaginäre Zipfelmütze herum arrangiert sein. Vor mir steht ein Mann gewordener Albtraum, sozusagen ein gigantischer Gartenzwerg. Unter seiner rechten Achsel steckt, achtlos eingerollt in weißes Packpapier wie aus dem Fischladen, ein schmaler Blumenstrauß, der oberhalb seines Trommelbauchs hervorlugt. Drei Rosen, unterschiedlich groß, in unterschiedlichen Farben, jede welk und mit hängendem Kopf.

Mit dem linken Arm versucht er, mich an sich zu ziehen und zu küssen. Ich sehe stark durchblutete, fleischige Lippen, die sich öffnen und den Blick auf gelbliche Zähne freigeben. Seine Zunge schiebt sich lüstern an der Kante seiner Schneidezähne entlang. Ich kann förmlich spüren, wie eine Armada von Herpesviren aktiv wird und meinen Körper durchflutet, der Schock dieses Anblicks überfordert mein Immunsystem bei Weitem, in spätestens zwei Stunden werden Lippenbläschen grauenvoll sichtbar werden.

»Ah, Madame küsst also nicht jeden. Ist auch besser so.« Das sind die ersten Worte, die der Gartenzwerg im wahren Leben an mich richtet. Ist das die Stimme, mit der ich telefoniert habe? »Hallo«, sage ich matt, »alles zu seiner Zeit.« Er zieht das welke Sträußchen unter der Achsel hervor und schiebt mir die Blütenköpfe unter die Nase. Ich nehme Berliner Großstadtgerüche wahr und greife das Packpapier mit spitzen Fingern. »Frisch für dich geklaut.« Ich glaube ihm sofort. »Ganz toll. Danke. Das wäre aber nicht nötig gewesen.« – »Weiß ich doch, macht aber bei den Mädels einfach immer einen guten Eindruck.«

Er erwartet keine Antwort und nimmt mir stattdessen mit Kennerblick die relativ leichte Laptop-Tasche ab, Handtasche und wuchtiges Beautycase überlässt er mir. Aus meiner Handtasche schauen mein Lieblings-Wirtschaftsmagazin und die soeben erschienene *Zeit* heraus. »Haste extra gekauft, um mich zu beeindrucken. Bestimmt.« Fragesätze sind offenbar nicht Mikes bevorzugte Kommunikationsform. Während ich mich im Bahnhof an den blauen Parkhausschildern orientiere, strebt er Richtung Hauptausgang. Auf meine Frage, wo er denn sein Auto abgestellt habe, antwortet er mit einem ganz leichten Anflug von Unsicherheit, dass sein 7er BMW ausgerechnet heute in der Werkstatt sei. Wir könnten doch den Bus Richtung Innenstadt nehmen. Ich biege sofort zum rechts von mir liegenden Taxistand ab. Mike gibt dem Taxifahrer als Ziel die »Paris Bar« an. »Das ist nämlich mein zweites Wohnzimmer«, erklärt er mir. Das wüsste ich aber, denke ich ungnädig.

Die Fahrt verläuft schweigsam und ungemütlich. Ich versuche in den Kurven, die der Chauffeur berlintypisch schneidig nimmt, Körperabstand von meiner Begleitung zu wahren. Vor der »Paris Bar« angekommen, springt Mike voll unerwartetem Elan aus dem Taxi und kümmert sich plötzlich und konzentriert um mein gesamtes Gepäck. Auf diese Weise verbleibt die Bezahlung in meinem Verantwortungsbereich. Der Taxifahrer wirft mir durch den Rückspiegel anstelle eines Abschiedsgrußes einen verständnislosen Blick zu.

Als ich die »Paris Bar« betrete, hat Mike bereits seinen Mantel ausgezogen und sitzt an einem der Bistrotische vor dem Fenster. Um auf die seinem Platz gegenüberliegende Bank zu gelangen, muss ich mich an ihm vorbeidrücken.

Für mich ein ungewollter Körperkontakt. In jeder Hinsicht erschöpft, lasse ich mich auf das rote Polster sinken. Ich bin unschlüssig, ob sein Exhibitionisten-Outfit – er sah am Bahnhof aus wie der berüchtigte Mann mit langem Mantel im Park vor der Grundschule – nicht doch dezenter war als das, was ich jetzt ansehen muss: Die Jeans hat nicht nur die bereits besichtigten grässlichen Aufschläge, sie wird auch noch von Edelflicken in unterschiedlichen Farbtönen und Materialien geziert. Hellgelbe Wildseide findet sich am Oberschenkel, mintgrüner Samt an der linken Wade. Über einem früher wohl weißen, nun verschossenen T-Shirt trägt er eine Art Sweatshirt, allerdings mit Hemdkragen und Knopfleiste. Wie bei Shirts für Mannschaftssportarten üblich, prangen auf dem Rücken und an der Brusttasche aufgenähte Zahlen. Ich erinnere mich schwach, beim Polo schon mal solche Hemden gesehen zu haben. Jedes Polo-Pony müsste allerdings unter der Last dieses Reiters kapitulieren.

Mikes Gesichtsfarbe ist ausgesprochen ungesund. Fahl. Seine Augen haben dunkle Ringe und sind rot geädert, die Gesichtszüge wirken nur auf den ersten Blick glatt. Er ist einfach aufgedunsen, dazu schlecht oder wohl eher gar nicht rasiert. Sein Körper ist massig, vielleicht hat er früher Kraftsport gemacht, jetzt mutet er ihm jedenfalls einiges an Übergewicht zu. Erstaunt betrachte ich seine Hände. Sie sind groß und grobknochig, dabei sehr konturiert und sehnig, fast mager. Auf den ersten Blick wirkt es so, als seien rechter und linker kleiner Finger jeweils oberhalb des ersten Gliedes amputiert. Es scheint sich aber nur um eine Fehlstellung zu handeln, denn die zuerst nicht sichtbaren Teile dieser Finger fehlen glücklicherweise nicht, sondern sind nur dauerhaft eingekrümmt und offensichtlich unbeweglich. Was aussieht wie ein skurriler extraterrestrischer Gruß, ist Folge von zu viel Kampfsport – wie mir Mike später erklären wird. »Die Sehnen sind durch Karate und so zu oft gerissen. Kann man nichts mehr machen.« Und so. Könnte »und so« auch die ein und andere tätliche Auseinandersetzung oder Kneipenschlägerei gewesen sein?

Bevor mir mulmig wird, vergegenwärtige ich mir, dass es hellichter Tag ist, ich in einem ordentlich beleumundeten Restaurant bin und mein Gegenüber nicht weiß, wie ich mit vollem Namen heiße, wo genau ich wohne und wie man mich erreichen kann. E-Mail-Adresse und Mobilnummer habe ich mir schließlich genau für solche Fälle neu zugelegt, sie sind nirgendwo verzeichnet.

Er hat die Zeit, die ich brauchte, um seinen Anblick zu verkraften, offenbar ebenfalls genutzt. »Du bist ja ein klasse aussehendes Mädel«, sagt er und greift blitzschnell unter dem Tisch nach meinem linken Fuß. Ich bereue sofort, keine Strümpfe zu tragen. Er hält meinen Fuß an der Fessel umschlossen, trotz des schützenden Wildlederpumps bleibt mir eine direkte Berührung nicht erspart. »Du bist gesund und ernährst dich gut. Wenig Fleisch, kaum Kohlenhydrate, viel Gemüse. Für eine Frau deines Alters ist die Hautspannung total okay. Keine Wassereinlagerungen im Gewebe. Du machst wahrscheinlich regelmäßig Sport. Dein Hintern sieht nämlich auch noch bestens aus.« Während er das sagt, lässt er seinen Daumen über meinen nackten Fuß und unter der Jeans hinauf Richtung Schienbein und Wade wandern. Ich schaudere. Ich bin von so viel Distanzlosigkeit völlig überfordert, aber von dieser Art der Dreistigkeit zugleich fasziniert. Ich bekämpfe einen erneut aufkeimenden Fluchtreflex entschlossen mit tiefer Bauchatmung weg.

Da ich nicht allzu zickig erscheinen will, befreie ich mich sanft aus dieser attackeartigen Umklammerung – und lasse beide Füße rasch unter meiner Sitzbank verschwinden. Ich schweige, mir will einfach nichts Unverfängliches zu seinem Äußeren einfallen. Das passiert mir nicht oft. Schließlich sage ich höflich: »Ist ja toll, was du mit ein paar Berührungen und deiner Beobachtungsgabe so alles rausfinden kannst.« – »Ist doch klar«, entgegnet er mit diesem breiten Grinsen, das ich schon vom Bahnhof kenne, »bin doch Mega-Medizinmann und ein mathematisch-analytisches Genie. Außerdem: Ich kenne Frauen. Ich kenne sie richtig gut. Viele kenne ich besser als die sich selbst. Gefällt aber nicht jeder.« Ich weiß genau, was du meinst, denke ich. Meine Angriffslust erwacht.

Obwohl die »Paris Bar« bereits geöffnet ist, werden wir vom Personal erst einmal professionell ignoriert. Ich setze ein strahlendes Lächeln auf und versuche auf diese Weise, einen mürrischen Kellner auf mich aufmerksam zu machen. Mike, der mit dem Rücken zu Bar und Personal sitzt, schaut gelangweilt nach unten, lässt plötzlich seinen linken Arm in die Luft schnellen und schnipst beeindruckend laut dreimal mit Daumen und Mittelfinger – ohne einen Blick nach hinten zu verschwenden. Er ruft: »Henry, mach mal das Übliche. Bier mit Selters. Halb-halb. Wenn du das erste gebracht hast, fang gleich das nächste an. Und die Lady hier will bestimmt auch was.« Henry betätigt wortlos und ohne jede sichtbare Regung den Zapfhahn. Ich sehe, dass er nicht erst etwas Bier ablaufen lässt, wie es sich eigentlich gehört, schließlich wohnt das ja seit Stunden abgestanden in der Leitung. Er bringt die eigentümliche Bier-Selters-Mischung an den Tisch und stellt sie schweigend vor Mike hin. Danach registriert er mich, lächelt reflexhaft, aber uninteressiert, und fragt nach meinen Wünschen. Ich kann ihn nur um einen großen Milchkaffee bitten. Den weitaus größeren Wunsch vermag er mir sowieso nicht zu erfüllen. Ich sehe ihn an und meine Augen flehen: Beschützen Sie mich. Schaffen Sie diesen Mann hier weg. Lassen Sie mich nicht im Stich. Bitte. Ich war immer ein gut zahlender Gast bei

Ihnen. Er versteht alles sofort, zuckt aber dennoch gleichgültig mit den Schultern und sagt: »Gern. Kommt sofort.«

Wenig später serviert Henry den Milchkaffee, jetzt habe ich was zum Festhalten und Aufwärmen, meine Lebensgeister erwachen. Ich will mehr von Mike wissen. Könnte es vielleicht sein, dass er seine Selbstdarstellung im Internet für authentisch und aufrichtig hält? Dass er einfach nur eine kleine Störung der Eigenwahrnehmung hat? Oder fährt er auf dem Frechheit-siegt-Ticket? Erst einmal das Mädel am Tisch haben – und dann sehen wir weiter. Oder ist das alles eine Inszenierung und gleich springt irgendein gegeltes Moderatoren-Bengele aus der mittäglichen »Paris Bar«-Kulisse, das Mikro mit dem Logo eines gefürchteten Privatsenders im Anschlag, und hat pseudo-investigative Fragen auf den Lippen? Ich schaue mich vorsichtig um, aber alles wirkt unverdächtig.

Während ich noch über Mikes Intentionen spekuliere, holt sehr weit aus, mit raumgreifenden Gesten und lauter Stimme. Und er fängt ganz von vorne an. Das, was er bis jetzt beruflich und privat alles gemacht hat, reicht locker für drei Leben. Im Moment praktiziert er angeblich nicht (»Zu viel Elend macht einen kaputt.«). Er malt (»Immer schon vor dem ersten Pinselstrich sechsstellig verkauft.«), schreibt einen Roman, der die Welt aufrütteln wird und ihn wegen der darin enthaltenen unangenehmen Wahrheiten über das medizinische Establishment das Leben kosten kann. Er entwickelt nebenbei ein bahnbrechendes Arzneimittel im Kampf gegen Krebs und AIDS (»Funktioniert todsicher bei beiden Krankheiten. Hat ja alles dieselbe Wurzel.«). Ansonsten knackt er hobbymäßig die Börse, da er ein System entwickelt hat, mit dem man Kursentwicklungen präzise vorhersagen kann. (»Mit den sechzig Millionen Euro aus dem nächsten Deal kann ich die Forschung für das Krebsmittel abschließen. Das kostet alles so scheiß viel Geld, und jeder hält die Hand auf.«) Um weder meine gerade wiedergewonnene gute Laune noch mein Leben in Gefahr zu bringen, entschließe ich mich zur Bewunderungsstrategie (»Wirklich? Ist ja großartig. Wie schaffst du das alles bloß?«).

Nachdem ich noch von anderen wichtigen Stationen seines Lebens erfahren habe – vier Kinder von vier Frauen, mehrmals jährlich Ausübung aller nur denkbaren Extremsportarten, der Iron Man ist da ein kleiner Spaziergang zwischendurch –, ist mir klar: Vor mir sitzt ein bedauernswerter Alkoholiker, der jede Bodenhaftung verloren hat, wenn er sie denn je hatte. Münchhausen lebt. Mikes Mitteilungsbedürfnis ist zum Glück derart groß, dass nicht viel Raum bleibt, um über mich sprechen zu müssen. Das ist gut so.

Schließlich schlägt er einen Spaziergang vor (»Ich kann nicht stundenlang herumsitzen, muss mich immer viel bewegen.«), schnipst – genau wie zuvor den Kellner – jetzt den Patron herbei und sagt: »Ich hatte ein Bier. Verteilt auf zwei Gläser. Wasser ist vom Haus. Haha.« Er begleicht tatsächlich nur die Rechnung für sein Bier. Ich zahle meinen Milchkaffee selbst.

Während ich aufstehe, sehe ich in einem Spiegel, dass er das von mir als Tip liegen gelassene Wechselgeld einsteckt. Mein Gepäck bleibt in der Bar, so bin ich mobiler. Ich werde die Sachen später abholen. Ich ärgere mich trotzdem über meinen strategischen Fehler. Man sollte sich nie an Orten treffen, die zum eigenen, häufig frequentierten Territorium zählen. Möglicherweise kann ich mich jetzt auch an diesem Ort wochen- oder monatelang nicht mehr sehen lassen. Andererseits habe ich Mike noch nie hier getroffen. Oder einfach nicht registriert?

Ich will ihn noch ein Stück begleiten, denn ich habe bislang nicht erfahren, wie er sich seine neue Frau vorstellt, welcher Traum von Beziehung oder Liebe ihn treibt. Im öffentlichen Raum werde ich bei einem kleinen Ausflug ungefährdet sein. Außerdem bin ich selbst in meinen gemäßigt hohen, aber unpraktischen Slingpumps beweglicher und auf jeden Fall schneller als er. Ich kann ihm also jederzeit entkommen.

Es ist Nachmittag, die Sonne scheint, es ist angenehm warm, ein Frühsommertag in Berlin. Mike hat die Hände tief in den Hosentaschen vergraben und unter einem Arm den Mantel zusammengeknautscht, wie vorhin die Blumen, die ebenfalls im Lokal geblieben sind. Er tapst neben mir her wie ein fröhlicher, dicker Bär, sein Übergewicht ist straff verpackt. Ich stelle fest, dass er gerade eben genauso groß wie ich ist. Meine Eins-achtzig-Schätzung vom Bahnhof stimmt also ziemlich präzise.

Glauben Männer eigentlich, dass Frauen nicht schauen können, geschweige denn rechnen? Ich überlege: Eine Frau von ein Meter siebzig verabredet sich mit einem Mann, der von sich behauptet, ein Meter fünfundachtzig groß zu sein. Sie trifft ihn. Möglicherweise gefällt er ihr sogar. Zum Schluss kann sie ihm in gerader Kopfhaltung die Nasenspitze küssen. Ist damit der Anfang einer vielleicht tollen Liebesgeschichte nicht wegen einer kleinen und dabei völlig unnötigen Unwahrheit getrübt? Während ich über solche diplomatischen Ungeschicklichkeiten sinniere, fällt mein Blick im Vorübergehen auf mein Spiegelbild in einem Schaufenster. Amüsiert stelle ich fest, dass es keine erfolgreichere Radikaldiät und kein schnelleres Turbo-Wellness-Programm gibt als die Gegenwart eines dicken, kleinen Mannes. Es ist unglaublich: Neben Mike sehe ich groß, schlank und wohlproportioniert aus.

Ich wage den Frontalangriff und frage ihn: »Wie muss eigentlich die Frau sein, die dich interessiert?« Seine Antwort ist so schlicht wie bestechend: »Du würdest mir gefallen. Und ich könnte dich zu der Sexgöttin machen, die du immer sein wolltest. Das hast du dich aber bis jetzt nicht getraut. Du tust zwar so, als seiest du offen und emanzipiert, du bist aber eigentlich verklemmt.« – »Wie hast du das so schnell erkannt?«, frage ich tapfer. »Ich kenne deinen Typ Frau einfach.« Danach folgt ein knapp fünfzehnminütiger Vortrag über seine sexuellen Fähigkeiten und Vorzüge: Aufgrund einer dankenswerten organischen Dysfunktion kann er eine Dauererektion generieren – über Stunden und ohne zu ejakulieren. Seine Sexualpartnerinnen können sich also nach Belieben – und natürlich völlig verhütungsfrei – an ihm bedienen. Da er sich aus einer als natürlich empfundenen Abscheu heraus nicht selbst befriedigt (»Niemals. Einfach nie. Mach ich nicht. Warum auch?«), ist er jederzeit bereit, sich in den Dienst einer Lady und der Erfüllung ihrer genussvollen Wünsche zu stellen. Übrigens jetzt gerade auch. Dafür müssten wir aber zu mir gehen, denn sein doppelstöckiges Penthouse wird gerade von Grund auf renoviert. Hotel wäre auch eine Alternative. Allerdings habe er heute früh seine Brieftasche mit allen Kreditkarten im BMW liegen gelassen, als er ihn in die Werkstatt brachte.

Diese neuerliche Dreistigkeit ist bewundernswert. Ich versuche, alle Details zu übersetzen: Der Mann ist pleite und hat offenbar keine Wohnung, ist dafür aber notgeil und hat keinen Bock zu verhüten. Mag es in Berlin tatsächlich noch Frauen geben, die auf so eine Nummer reinfallen? Und die vielleicht wochenlang darauf warten, endlich mal in die frisch sanierte Wohnung eingeladen zu werden? Das scheint mir kaum möglich.

Mein Erkenntnisbedarf ist schlagartig befriedigt. Ich schaue auf die Uhr und stelle erschrocken fest, dass mich nur noch eine knappe halbe Stunde von meinem nächsten (soeben erfundenen) Termin trennt. Ich halte ein Taxi an, was um diese Uhrzeit auf der Kantstraße kein Problem ist. Mike, der bekanntlich kein Freund von umständlichen Fragen ist, steigt auch einfach ein und sagt: »Du kannst mich irgendwo rauslassen. Am liebsten wäre mir die Schlüterstraße.« Ich nicke dem Fahrer zu, der sofort wendet und Mikes Wunschziel ansteuert. Als wir bereits in die Schlüterstraße eingebogen sind, nimmt Mike mich in den Arm. »Was machen wir zwei Hübschen denn heute Abend?« – »Du Hübscher kannst ganz frei planen, denn ich bin schon verabredet. Freunde haben mich zum Abendessen eingeladen.« Er erwidert allen Ernstes: »Wenn du willst, kann ich dich gern begleiten. Ich bringe auch einen guten Roten mit.« Ich lehne dankend ab und verspreche, mich bald zu melden.

Nachdem er den Taxifahrer hat anhalten lassen, bittet mich Mike, zum Abschied auszusteigen. Er möchte mich noch mal richtig in den Arm nehmen. Aus den Augenwinkeln sehe ich, dass wir vor einer Kneipe angehalten haben. Gartenmöbel stehen zwischen grünen Sonnenschirmen und überlebenswilligen Rhododendren in Holzkübeln auf der Straße. An einem der Tische sitzen drei oder vier Männer vor Bier und Korn, lachen laut und schauen unverhohlen neugierig in Richtung Taxi. Ich vermute, dass ich Mike gerade zu seinem nachmittäglichen Stammtisch chauffiert habe. Ich bleibe mit Blick auf die Uhr im Taxi sitzen und setze meine Sonnenbrille auf. Er reißt noch einmal die Tür zum Fond auf, greift nach meiner Hand und küsst sie lange und theatralisch.

Im Davonfahren sehe ich, wie er sich zu der kleinen Kneipentruppe gesellt. Ein Mann steht auf und klopft ihm jovial auf die Schulter, zwei andere sind ebenfalls aufgestanden und schauen meinem Taxi hinterher. Ich sehe nach vorn, spüre das leichte Pochen aufkeimender Lippenbläschen an meiner Oberlippe und sage zum Taxifahrer: »Manche Dinge im Leben dürfen nicht ungestraft bleiben.« An der nächsten roten Ampel hält er an, dreht sich zu mir um und sagt: »Stimmt.«

Abends will ich den skurrilen Kontakt mit Mike per SMS beenden. Während ich noch überlege, wie ich das in möglichst wenige Worte verpacke, erhalte ich selbst eine.

SMS von Mike 01.06. · 22:15

ich rufe sie an, ich werde dann nichts anhaben. mike

> *Ich habe ein starkes Bedürfnis,*
> *in den Mutterleib zurückzukehren,*
> *in irgendeinen.*
>
> Woody Allen

Frank, der Verbalerotiker auf der Flucht

Oder: Wenn Träume drohen, wahr zu werden

FRANK im PAIRFECT-Profil

Matching-Stars	★ ★ ★ ★
Person	51 Jahre, 171 cm, ledig
Beruf	Architekt
Wohnort	Starnberg, Deutschland
Abgeschlossenes Studium	Dipl.-Ing.
Kinder	2
Religion	Katholisch
Raucher	Nein
Haustiere	Keine
Eigenschaften	Leidenschaftlich, zielstrebig, liebenswert – keine halben Sachen
Freizeitgestaltung	Einfach nur ausruhen und entspannen, Ausgehen/Freunde treffen und Hobbys nachgehen
Hobbys	Kino, Literatur, Musik, Kochen und Sport
Sport	Rennradfahren, Joggen, Wandern/Trekking und Fitness
Musikgeschmack	Rock/Pop, Symphoniekonzerte, Jazz
Instrument	Trompete
Sprachen	Englisch, Französisch
Lieblingszeitung / Zeitschrift	*Süddeutsche Zeitung*

Ich über mich

Meine Traumfrau:
Charmant, tolerant, attraktiv

Mein perfekter Tag:
Das Wort gefällt mir hier nicht.
Ich beschreibe mal einen möglichen Tagesablauf: Morgens ausgeruht und optimistisch aufstehen, es riecht »taufrisch«, die Sonne scheint ... tagsüber läuft der Job einigermaßen geradlinig, das Geplante wird erledigt, danach noch etwas Zeit für den körperlichen Ausgleich. (Frühsport fällt eher auf das Wochenende.)
Am Abend koche und genieße ich mit Leidenschaft, probiere einen Wein, der hoffentlich schmeckt, führe ein gutes Gespräch über die großen und kleinen Dinge, die die Welt bewegen, philosophiere ein bisschen mit meinem Gegenüber, fühle Verständnis – all das kann den Tag perfekt abrunden.

Die für mich wichtigsten Dinge sind:
- mein kleiner Sohn
- mein Beruf, der mir ermöglicht, kreativ zu gestalten und Abläufe spontan zu ändern
- Ehrlichkeit und Freunde, ohne Wenn und Aber

Mein Äußeres:
- markantes Gesicht, jünger aussehend
- dunkler, südlicher Typ
- dunkelhaarig, einige Haare grau, teilweise haben sie mich auch schon verlassen; noch sportlich
- Kleidung: vielseitig, aber in Jeans & Jackett fühle ich mich einfach wohl.

Das Besondere an mir:
- Meine Vergangenheit ist, was frühere Beziehungen betrifft, abgeschlossen und verarbeitet. Ich wünsche mir sehr, dass das bei der Frau, in die ich mich bald verlieben möchte, auch so sein möge.

- Partnerschaft bedeutet Nähe, aber auch Freiraum mit viel Vertrauen.
- Ich will leben, lieben und geliebt werden. Dafür bin ich bereit, Kompromisse einzugehen, durchaus auch etwas aufzugeben, aber nicht zu verlieren.

Wovon ich mich nie trenne:
Materielle Dinge können schön und auch nützlich sein, aber von ihnen kann ich mich trennen, wenn's dem Leben dient. Die Laufschuhe sollte man mir schon lassen.

Mein Lieblingsort:
Viele Orte:
- Unendlichkeit des Meeres
- Natur, besonders in der Provence und in Andalusien
- meine Wohnung

Welche Persönlichkeit ich gern kennenlernen würde ...
Frank Gehry

Was gar nicht geht:
Oberflächlichkeit, Taktlosigkeit, Lügen, Intoleranz und Gewalt

Mein Wunschtraum wäre es ...
... gesund, geistig rege und fit zu bleiben.

Nachricht von Frank 04.06. · 21:36
Betreff: Kontaktanfrage

Hallo nach Berlin,
eigentlich wohnst du zu weit weg. Aber dein Schreibstil in deiner Selbstbeschreibung amüsiert mich. Er weckt meine Neugierde.
Mein Herz hängt an Berlin, ich habe dort sechs Jahre gelebt. Nach langen Wegen und Irrwegen bin ich im Großraum München ansässig geworden. Ich sende dir einfach mal einen visuellen Eindruck von mir. Ich heiße Frank, das ist eine alte Familientradition, völlig konträr zu unserem Ursprung Norditalien. Das liegt jedoch vier Generationen zurück. Falls ich nichts mehr von dir höre, wünsche ich dir viel Erfolg beim Surfen im Netz.
Frank

Nachricht von Ulrike 04.06. · 23:33
Betreff: Neugier

Lieber Frank,
seinen Namen kann sich niemand aussuchen. Aber eine norditalienische Familie im Hintergrund zu haben, klingt für mich beneidenswert. München ist in der Tat weit weg. Ich schätze auch, dass dieser Kontakt eher dem nächtlichen Aneinandervorbeiziehen von Schiffen ähnelt. Falls es dich mal wieder nach Berlin verschlagen sollte, dann trinken wir einfach einen Kaffee zusammen.
Trotzdem: Wenn du neugierig bist, musst du mit diesem Gefühl was machen. Wirst du was machen?
Herzliche Grüße,
Ulrike

PS: Meine Bilder sind für dich jetzt sichtbar.

Nachricht von Frank 05.06. · 21:49
Betreff: Titanic

Liebe Ulrike,
ich muss mich heute Abend kurz fassen. Was ich sehe – sieht verdammt gut aus. Es scheint zu meiner Natur zu gehören, selten leichte Wege gehen zu können. Frei nach Christian Morgenstern und völlig aus dem Zusammenhang gerissen: »Ich kann mit einfachen Menschen nichts anfangen ...«
Ich werde mich jetzt auf meinen Balkon setzen und den großen, ruhigen See beobachten, an dem ich wohne, mit dem ich lebe. Einfach warten, bis ein Schiff vorbeizieht, aufspringen und dir auf dem Bug begegnen, die Romanze von *Titanic* erleben, gerettet werden.
Ich wünsche dir eine gute Nacht,
Frank

Nachricht von Ulrike 05.06. · 23:41
Betreff: Schiffe in der Nacht

Lieber Frank,
ausgerechnet heute Abend war ich mal nicht unter deinem Balkon unterwegs. Sonst hättest du ja entfesselt in die Romanze springen können ...
Kompliment, du bist wahrscheinlich der erste Mann, der aus freien Stücken zugibt, dass er *Titanic* kennt. Mein Film war das nicht. Sehr kommerziell und am Ende werden die Tränendrüsen maximal manipuliert. Und dann noch der Gesang von Céline Dion, die mir viel zu synthetisch ist. Nun soll man ja, statt nur zu meckern, Gegenvorschläge machen – und da du laut Steckbrief Jazz magst: Kennst du die CD *Oceana* von Till Brönner? Die finde ich ziemlich gut. Carla Bruni trällert darauf sehr selbstbewusst mit schmalem Stimmchen auch ein Lied. So was mag ich. Würde mich freuen, wenn dir das ebenso geht.
Liebe Grüße,
Ulrike

Nachricht von Frank 07.06. · 21:17
Betreff: »Das vorbeiziehende Schiff«

Liebe Ulrike,
außer bei meinem Namen gibt es nicht oft (Er)-Klärungsbedarf. Den Film *Titanic* kenne ich nicht, genauso wenig wie ich Soaps kenne. Man hört eben davon. Mit *Titanic* hatte ich wegen meiner Tochter zu tun, die als Teenie in diesen Film und seinen Hauptdarsteller vernarrt war. Sie ist heute dreiundzwanzig Jahre alt und lebt in Rom.
Ich bin seit fünfzehn Jahren selbstständig, restauriere alte Häuser oder baue sie um. Persönlich bin ich ein sehr exzessiver Mensch, ein Mann, der dazu neigt, ein Bohemien sein zu wollen. Halbe Sachen mag ich überhaupt nicht.
Schiffe, die aneinander vorbeiziehen ... Ich wähle Fisch oder Fleisch. Jedoch bin ich kein Prinzipienreiter. Damit rechtfertige ich wahrscheinlich die Kontaktaufnahme zu dir. Und es gefällt mir, via Internet in deine Augen zu schauen.
Liebe Grüße aus dem Süden, F.

Nachricht von Ulrike 08.06. · 02:58
Betreff: Kein Erklärungsbedarf

Lieber Frank,
du musst nichts erklären, wirklich nicht. Und du musst dich nicht entschuldigen, einen cineastischen Schmachtfetzen zu kennen. Das kommt vor.
Wenn du beruflich Häuser restaurierst, dann machst du genau das, was meine Leidenschaft wäre. Damit würde ich auch gern mein Geld verdienen.
Seit einigen Jahren befasse ich mich mit ökologischer Landwirtschaft und Naturschutz. Als totaler Seiteneinsteiger. Davor hatte ich lange mit Werbung, Marketing und vor allem Event-Organisation zu tun.

Ich bin leider kein exzessiver Mensch, dafür stehe ich wohl zu sehr auf rationalem Boden. Der Verstand kontrolliert meine Gelüste nach Exzessen zuverlässig, wenigstens dämmt er sie auf ein ungefährliches Maß ein (glaube ich).
Gute Nacht.
Ulli

Nachricht von Frank 08.06. · 23:07
Betreff: Exzessiv

Liebe Ulli,
pardon, aber ich muss dir widersprechen. Man kann exzessiv sein und trotzdem beinhart auf rationalem Boden stehen. Exzessivsein schließt die gleichzeitige Existenz von logischem Verstand nicht aus.
Aber um den abstrakten Boden der Kommunikation mal zu verlassen:
Du reizt mich, das ist ganz gegen meine Vorsätze.
Liebe Grüße, Frank

Nachricht von Ulrike 09.06. · 20:06
Betreff: Temperament am Wochenende

Lieber Frank,
ich gehöre zu den Frauen, die Machos jedem weichgespülten Softie bundesdeutscher Bauart vorziehen. Und du scheinst südliches Temperament geerbt zu haben – mit dir wird es bestimmt nicht langweilig.
Ich wünsche dir ein umwerfendes Wochenende.
Liebe Grüße,
Ulrike

Nachricht von Frank 09. 06. · 20:54
Betreff: »Umwerfendes Wochenende«

Wo bist du, Ulrike?
So wie ich dich wahrnehme, bist du eine Frau zum Verlieben. Wer hat das Glück oder das Leid?
Frank

Nachricht von Ulrike 09. 06. · 21:38
Betreff: Ein umwerfendes Wochenende?

Lieber Frank,
wenn ich das Gefühl hätte, dass mich jemand liebt (egal, ob nun enthusiastisch oder nur noch gramgebeugt), warum sollte ich dann auf dieser Plattform unterwegs sein? Aber das ist ein zu weites Feld für eine Mail.
Ulrike

Nachricht von Frank 11. 06. · 08:47
Betreff: Gegenwehr

Liebe Ulrike,
ich sollte erwähnen, dass der Kontakt mit dir in mir erotische Fantasien weckt, gegen die ich mich selbstverständlich zu wehren versuche. Denn ich bevorzuge – wie du ja auch –, wenn ich einfach entscheiden kann, was als Nächstes passiert.
Frank

Nachricht von Ulrike 11.06 · 23:47
Betreff: Was passiert als Nächstes?

Lieber Frank,
es ist durchaus schmeichelhaft für mich, dass der virtuelle Kontakt mit mir deine erotischen Fantasien weckt, das könnte sich bei mir vielleicht auch entwickeln. Selbstverständlich lauert ein nicht unerhebliches Risiko maximaler Enttäuschung – für beide Seiten.
Ich bin einfach neugierig und ohne überzogene Erwartungshaltung.
Ich will weder heiraten noch weitere Kinder, und du musst nicht befürchten, dass ich dich zum Zwecke der Unterbrechung sexueller Notstandssituationen sofort ins Bett zerre. Das sollte nur im gegenseitigen Einvernehmen passieren. Du siehst, ich bin für Berliner Verhältnisse ziemlich gut erzogen.
Ulrike

Nachricht von Frank 13.06. · 23:07
Betreff: Re: Was passiert als Nächstes?

Liebe Ulli,
über deine Zeilen, zumindest über einige davon, kann man nur den Kopf schütteln. Ich denke, du magst keine Pessimisten? Und doch bist du selbst pessimistisch angehaucht.
Aber bitte: Unser Risiko wäre doch lediglich eine eventuelle Enttäuschung.
Ich habe inzwischen aus meinen Kontakten gelernt. Die Kommunikation, die sich bei persönlichen Treffen entwickelte, war meist auf hohem Niveau, aber es ging kein erotischer Reiz von meinen Gesprächspartnerinnen aus, jedenfalls nicht für mich. So habe ich viele Abende mit wirklich geistreichen Frauen verbracht – und war eigentlich gar nicht enttäuscht, blieb aber unaufgeregt.
Aber: Ich will und brauche beides, den Körper und den Geist. Dein Foto verspricht viel, das habe ich dir bereits mitgeteilt. Du machst mich total an.

Ich würde dich schon verdammt gern näher kennenlernen und entdecken, was hinter dieser Fassade steckt. Vielleicht treffen wir uns in Leipzig, Dresden oder dazwischen? Ich bin nahezu alle drei Wochen in dieser Gegend.
Buona notte, bella Ulli,
Francesco

Nachricht von Ulrike 14.06. · 02:05
Betreff: Kopfschütteln

Ciao Francesco,
ich mag Männer, die wissen, was sie tun. Auch wenn sie das manchmal nur vorgeben.
Ich bin in der Tat pessimistisch angehaucht und suche schon lange meinen Lehrmeister in Sachen Optimismus, aber der ist nicht so leicht zu finden.
Es wäre reizvoll, einen Mann kennenzulernen, der sich vom geschriebenen Wort und von virtuellen Reizen kompromisslos in die Abgründe seiner eigenen Lust und Leidenschaft spülen lässt.
Auf intellektueller Ebene kann man dagegen prima Verstecken spielen, das vermag ich auch. Ich suche einen Mann, der eine gute Erziehung hat und gelegentlich – wenn's passt – auf sie verzichten kann. Hältst du es für denkbar, dass man gleich im Bett anfängt und den ganzen anderen Quatsch weglässt? (Für die emotionale Sicherheit kann man ja beim Sie bleiben.) Du kannst das vielleicht in Erwägung ziehen. Ich stelle mir vor, wie es sein mag, jemanden zu spüren, dessen Stimme man nicht kennt, dessen Haut und Geruch völlig fremd ist. Das wäre doch mal erotische Spannung. Oder einfach nur schrecklich peinlich. Na, das Leben steckt eben voller Risiken.
Buona notte, bello.
Und lass das Kopfschütteln.
Ulli

Nachricht von Frank 15.06. · 00:05
Betreff: Geruch, Wärme, Schweiß, Salz

Ulrike,
du sprichst mir aus der Seele, ich finde deine Idee mehr als interessant. Gute Erziehung bedeutet unter anderem: Respekt und Stil bewahren zu können, besonders in Situationen, die man nicht mehr steuern kann. Vielleicht sollte ich dir vor einer denkbaren leidenschaftlichen Nacht nun noch ein »Frontalfoto« von mir mailen, denn Augen sind für mich sehr wichtig, für dich bestimmt auch. Diese Prüfung, die ich noch bestehen muss, hast du ja bereits glänzend hinter dich gebracht. Wenn ich tatsächlich deine Augen sehen könnte, ich würde in ihnen versinken. Aber ob es dazu kommt? Wie du siehst: Ich habe bereits von dir gelernt und mich deiner pessimistischen Gedankenwelt etwas genähert.
Buona notte, bella donna,
F.

PS: Gib mir bitte deine E-Mail-Adresse, dann sende ich dir das Bild zu.

Nachricht von Ulrike 16.06. · 11:18
Betreff: Transformation

Bello,
unser kleiner Mail-Verkehr, der sich nächtens zwischen uns entwickelt hat, liest sich auch bei Tageslicht interessant.
Bleibt die Frage nach der möglichen Transformation in die Realität.
Da ich in der nächsten Zeit nicht in den Süden der Republik komme, sollten wir über eine Begegnung in Sachsen sinnieren.
Präzisierende Vorschläge werden voller Optimismus erwartet.
Schöne Tage,
Ulli

PS: Meine Mail-Adresse lautet: ulrike.purblind@gmx.de

Nachricht von Ulrike 23.06. · 15:42
Betreff: Arrivederci

Ciao Frank,
hat vielleicht ein weibliches Phänomen deine ganze Aufmerksamkeit auf sich gezogen? Wenn es so ist – meinen Glückwunsch. Du bist bestimmt in der Lage, einen aufregenden Sommer zu inszenieren. Mindestens einen Sommer.
Grazie für den netten kleinen Mail-Kontakt; der hatte zwischendurch etwas von gepflegtem Telefonsex. Das zu kultivieren, gelingt nur selten.
Viele Grüße,
Ulli

Nachricht von Frank 24.06. · 03:19
Betreff: Re: Arrivederci

Liebe Ulli,
erneuter Start: Eine unendlich lange Mail an dich verschwand auf Nimmerwiedersehen im digitalen Nichts. Inzwischen ist es drei Uhr morgens. Ich habe ein starkes Verlangen, deine Haut zu berühren, deinen Körper zu spüren. Dein Geist hat mich ohnehin schon ergriffen.
Diesen Sommer mit *dir* zu inszenieren, sich der Leidenschaft der Sinne hinzugeben, einfach zu vergessen, dass wir nur Schiffe sind, die aneinander vorüberziehen – das wäre Leben. Nein, das *ist* Leben: in seiner wirklichen Vollendung.
In einem solchen Moment, einem, der nie enden soll, einer Frau zu sagen: »Ich liebe dich«, das ist Leben. Das kommt mir in den Sinn, wenn ich über unseren bisherigen Kontakt nachdenke.
Gute Nacht, liebe Ulli,
F.

Nachricht von Ulrike 24.06. · 19:19

Betreff: Der kleine Tod im wahren Leben

Tja, lieber Frank,
ich möchte einen möglichst großen Teil meines Lebens in der Realität verbringen. Was auch immer das sein mag. Natürlich können virtuelle Begegnungen reizvoll sein; die mit dir waren es bis jetzt jedenfalls. Das bloße Sinnieren darüber reicht mir auf die Dauer nicht aus. Dafür ist das Leben zu kurz.
Und, ach ja: Die Gefahr der bösen Überraschung oder Ernüchterung lauert ja auch noch ...
Also, lass mich wissen: Was gedenkst du, in sommerlicher Hitze zu tun?
Ulli

Nachricht von Ulrike 01.07. · 12:46

Betreff: Mach's gut

Nachdem du dich länger nicht gemeldet hast, denke ich mir:
Du bist 'n echter Spinner, *bello* Frank. Die sind ja ganz amüsant, und es muss sie auch geben, die Spinner. Mich fesseln sie aber nicht.
Alles Liebe für dich.
Ulli

Ich lösche Frank aus meinen Kontakten.

E-Mail von Frank 01.07. · 22:00

Betreff: Re: Mach's gut

Liebe Ulli,
du hast mir Lebewohl gewünscht. Und mich aus deinen Kontakten gelöscht. Danke. Du hättest mich enttäuscht, wenn du anders reagiert hättest. Ich hatte erwartet, dass du mich schon nach deiner Mail vom

24. Juni »verabschieden« würdest. Da du mir deine E-Mail-Adresse mitgeteilt hast, starte ich auf diesem Weg einen neuen Versuch.
Es ist sicher richtig, dass ich auf irgendeine Art ein Spinner bin.
Unsere Konversation entwickelte sich vom Diskurs über Schiffe und Blockbuster bis zur Erotik; im Gewand guter Erziehung – meistens wenigstens, so hoffe ich.
Der heikle Punkt war erreicht, als du schriebst: »Das Leben ist kurz.« Reden und Schreiben reicht einer Frau wie dir eben nicht. Ich hasse dieses ewige Herumreden auch. Derzeit nimmt mich mein Beruf sehr in Anspruch, es gibt verdammt enge Termine auf zwei Großbaustellen, da ist wenig Spielraum. Hinzu kommt noch, dass ich seit einem Sportunfall körperlich nicht zufrieden mit mir bin, mich unwohl fühle – und dann scheitere ich an meinen eigenen Ansprüchen. Die kommunikative Zurückhaltung ist das Resultat: nicht langweilen zu wollen, aber auch nicht gelangweilt zu werden.
Falls du doch noch Lust auf ein »Meeting« haben solltest, schlage ich vor, dass wir uns kurzfristig in Leipzig oder Dresden verabreden, zum Beispiel am 7. oder 8. Juli, jeweils abends ab 20 Uhr. Ich möchte nicht, dass unser Kontakt einfach so endet.
Mein Vorschlag wäre ein Treffen in einem Hotel, an der Bar, wo wir uns bei einem Glas Champagner aneinander herantasten können. Den weiteren Verlauf überlassen wir der Spontaneität, dem Zufall, dem Schicksal, dem Leben. Oder: Treffen wir uns gleich in einem Hotelbett, ohne ein Wort miteinander gesprochen zu haben? Das überlassen wir dann unseren Sinnen. Denkbar wäre für mich auch ein Mix aus beidem.
An die »maximale Enttäuschung« denke ich überhaupt nicht. Ich kann nichts verlieren, ich muss nichts aufgeben, ich werde einer Frau begegnen.
Falls ich nichts mehr von dir höre, wünsche ich dir aufrichtig alles Liebe. Ich bin sicher, du wirst deine Ziele alle erreichen.
Ganz lieben Gruß und einen Kuss, den würde ich dir, und sei es auch nur zum Abschied, gern in der Realität geben ...
Frank

E-Mail von Frank 03.07. · 05:17
Betreff: ulrike.purblind@gmx.de

Liebe Ulli,
bin auf dem Sprung zu einer entfernten Baustelle. Ich hatte dir eine Mail an obige Adresse gesendet. Leider kam sie nicht an? Ich versuche es nach meiner Rückkehr noch einmal.
Wünsche dir einen schönen sonnigen Tag,
Frank

Die Begegnung mit Frank

Nachdem ich den Kontakt zu Frank eigentlich ad acta gelegt habe, meldet er sich wieder, komplett mit Telefonnummer, Terminvorschlag und einer Einladung zu anonymem Sex. Der Mann weiß seine Bedürfnisse zu formulieren und in seinen Terminplan einzupassen. Wer kann da widerstehen?

Ich rufe ihn an. Er ist offenbar mit dem Auto unterwegs. Laute Motoren- und Windgeräusche sowie Softjazz-Geklimper im Hintergrund lassen die Vermutung zu, dass er ein hoch motorisiertes Cabrio fährt. Das passt ins Bild vom kleinen Mann. Die Leitung bricht nach Sekunden zusammen, es rauscht und knackt. Beim zweiten Versuch ist die Nummer besetzt, beim dritten Mal schaltet sich die Mailbox an. Wahrscheinlich ist der Gute nicht allein unterwegs.

Abends meldet sich Frank telefonisch. Stress auf der Baustelle, keine fünf Minuten Zeit gehabt, nicht mal für Kaffee, Klo oder andere existenzielle Dinge. Keine Details bitte, sage ich. Er lacht. Er redet schnell und etwas hektisch, er ist nervös.

Auf meine Bereitschaft, seiner Einladung zu folgen, reagiert er überrascht, fast perplex. Das sei großartig, damit hätte er überhaupt nicht mehr gerechnet, obwohl ... er habe ja seit Wochen an nichts anderes gedacht. Auf meine Nachfrage, woran genau er denn seit Wochen gedacht habe, antwortet er zurückhaltend, ausweichend. Er ist unsicher, stelle ich überrascht fest. Wir wägen die Vorzüge von Leipzig und Dresden gegeneinander ab. Dabei lüge ich wie gedruckt, denn ich kenne Dresden ganz gut, Leipzig aber überhaupt nicht. Mir fällt in Dresden die wunderbare Villa Marie ein, inzwischen nicht mehr morbid oder gar bausubstanztechnisch moribund, sondern seit ein paar Jahren ein ziemlich schickes Restaurant. Ein wirklich hinreißender Ort am Fuß der Loschwitzer Brücke, dem Blauen Wunder, eingebettet in eine Flusslandschaft, die diesen Namen verdient, mit einem Blick zum Sterben schön auf die majestätische Elbe. Ich sage: »Das ist doch ein beziehungsreicher Platz, wie geschaffen für uns, ein Fluss, sicher viele Schiffe, ein altes renoviertes Haus. Und stell dir vor, hier geschah Ungeheuerliches: 1982 von freien Geistern besetzt, als sei es Berlin (West) und nicht die DDR, sogar mit einer illegalen Galerie, die aber später verboten wurde – ein Hort des Aufstands und der Freiheit inmitten von sozialistischem Zwang und kollektiver Tristesse. Und das ist keine Legende wie die von Paul und Paula. Wenn nicht dort, wo sonst sollten sich norditalienische, männliche Allmachtsfantasie und femininer Pessimismus besser begegnen?«

Er kapituliert sofort. Leipzig wäre für ihn verkehrstechnisch wahrscheinlich günstiger zu erreichen, aber gegen so viel gründlich recherchierte Romantik kann er keine Argumente hervorbringen. Wie auch, er hat ganz augenscheinlich keine Ahnung, wovon ich spreche. Taschenbergpalais und Frauenkirche sind wahrscheinlich die Eckpunkte, die er in Dresden kennt, wenn überhaupt. Bei der *Legende von Paul und Paula* denkt er wohl eher an den rosaroten Panther. Am Ende des Telefonats bin einigermaßen ernüchtert – habe aber ein Date. Sechs Tage und 165 Kilometer entfernt. Ob ich hinfahre? Ich fahre. Eine sich zuverlässig einstellende Neugier walzt alle anderen Regungen nieder.

Ein paar Tage später: Ich bin auf der A 13 nach Dresden und spiele mit dem Gedanken, einfach nach Prag weiterzufahren und mich von einem osteuropäischen Kunststudenten verführen zu lassen, der sich mit ausreichend Staropramen, einem Prager Bier, in Stimmung gebracht haben würde. Hradschin hinter, Moldau unter und Student vor mir oder umgekehrt, das wäre eine echte Alternative – und wirklich anonym. Ich zögere kurz, verlasse die Autobahn dann aber doch ordnungsgemäß vor Dresden und füge mich in mein selbst gewähltes Schicksal, fahre zu meinem mir mutwillig verordneten Rendezvous.

Da ich viel zu früh dran bin, bleibt noch Zeit für einen Spaziergang auf der anderen Seite der Elbe. Ich rufe mir den Mail-Wechsel mit Frank in Erinnerung und versuche diesen Mann zu visualisieren, dem ich in weniger als einer Stunde begegnen werde. Wie immer ein aussichtsloses Unterfangen, denn die Realität folgt anderen Regeln.

Dresden ist an diesem frühen Juliabend mediterran unbekümmert und sommerlich warm, aber die ganz große Sommerhitze wartet noch höflich um die Ecke im Elbsandsteingebirge. Oder irgendwo anders. Plötzlich fühlt sich alles leicht an. Ich denke an freie Tage, daran, in jeder Hinsicht vor mich hinschlendern zu können: durch Straßen, durch Gedanken, durch ein fremdes Leben oder auch an einem fremden Körper entlang.

Zu dieser Begegnung habe ich mich für ein eher informelles Outfit entschieden: Sorgsam zerfetzte Jeans (»Die ist nicht kaputt, die ist Vintage«, sagt das Modediktat) und eine weiße Bluse, die mal das Smokinghemd eines längst in der Vergessenheit versunkenen Liebhabers war. Der Rat der Freundinnen lautet: kombiniere dazu Push-up, sündhaft teuer aussehende Pumps, Label-Bag und üppigen Perlenschmuck. Das, was ich darum pflichtschuldig an den Füßen trage, gereicht der Besatzung jedes Edelpuffs zur Ehre: Leopardenprint auf Kuhfell (schließlich bin ich Öko-Bäuerin), kombiniert mit Zwölf-Zentimeter-Bleistiftabsätzen. Ich hoffe, dass meine Haare durch den Spaziergang am Fluss eher lässig verweht als ästhetisch durch den Wind sein mögen.

Die Parkplatzsuche macht meinen Vorsatz, pünktlich zu sein, zunichte. Ich betrete das Restaurant mit fast zehnminütiger Verspätung. Mist. Auf dem Weg zur Bar, die kurioserweise im ersten Stock liegt, stolpere ich fast noch auf der letzten Treppenstufe. Das hier ist nur etwas für kleine Füße, denke ich verdrießlich und sehe, dass die wirklich waffenscheinpflichtige Spitze meines linken Pumps bei der Kollision mit der Messingkante der Treppenstufe Schaden genommen hat. Noch mal Mist.

Ich atme tief durch und biege um die Ecke. Mein Blick wandert durch den fast leeren Raum. Alle Tische sind für das bevorstehende Abendgeschäft frisch eingedeckt und noch unbesetzt, an der Bar sitzt ein einziger Mann. Leises Klappern im hinteren, nicht einsehbaren Teil des Raumes verrät, dass sich dort irgendwo ein Barkeeper auf eine lange Arbeitsnacht vorbereitet. Der Mann an der Bar trägt eine Replay-Jeans mit Hermès-Gürtel und weißem Poloshirt von Lacoste. Ich sehe, dass seine Füße, von denen man den nackten gebräunten Spann sieht, in Tod's aus dunklem Nubuk stecken. Modisches Statement aber ist seine Motorradjacke aus Hirschkalbleder, die signalisiert, dass die lässig vor der Restauranttür geparkte 47er Indian Chief natürlich ihm gehören könnte. Tut sie aber leider nicht, denn vor ihm auf dem Tresen liegt, beim Näherkommen deutlich erkennbar, an einem klotzigen sterlingsilbernen Schäkel befestigt, ein Schlüssel mit einem ebenfalls sterlingsilbernen Modell eines Audi TT Roadster. Ein ebensolches Gefährt in Originalgröße und mit Starnberger Nummernschild habe ich bei der Parkplatzsuche registriert. (Es wird wohl an der grottenschlechten Akustik beim Telefonieren mit Frank schuld gewesen sein.) Neben der Autoschlüssel-Inszenierung ruht ein Must-Have-Handy von Vertu.

Der Mann ist (statustechnisch betrachtet) erlesen gekleidet und ausgestattet – und dabei leicht zu lesen: Hier wurde nichts dem Zufall überlassen. Er scheint jedoch tief in melancholische Gedanken versunken zu sein, betrachtet schon länger die längst eingetrocknete Crema seines Espresso, der vor ihm steht. Es herrscht eine merkwürdige Diskrepanz zwischen seiner zwar nicht lauten, aber doch sehr deutlichen Aufmachung und der Introvertiertheit seiner Körpersprache und seines Gesichtsausdrucks. Meine Safari-Neugier wird durch ein wohlwollendes Interesse ergänzt. Als ich schon unmittelbar vor ihm stehe und gerade meine Tasche auf den neben ihm stehenden Barhocker stellen will, hebt er langsam den Kopf und schaut mich aus großen, tief dunkelbraunen Augen an, die von umwerfend langen, perfekt geschwungenen Wimpern eingerahmt werden. Kein Beobachter dieser Szene könnte auf die Idee kommen, dass hier zwei Menschen voreinander stehen, die sich erstens noch nie gesehen, dafür aber zweitens relativ konkret über anonymen Sex fabuliert haben. Die Traurigkeit, die im Ausdruck seiner Augen liegt, könnte den nicht anwesenden Beobachter vermuten lassen, dass sich hier ein Mann und eine Frau treffen, die ihre Liebe füreinander schon lange verloren haben, aber nicht so genau wissen, warum.

»Ich habe befürchtet, dass du so großgewachsen sein würdest«, sagt er statt einer Begrüßung und schaut zu mir hoch. Ich blicke zu Boden, bemerke, dass die dunklen Holzdielen nicht nur tadellos sauber, sondern sogar matt poliert sind, und ziehe meine Schuhe aus. »Alles nur Tarnung. So verteilen sich die paar Kilo zu viel einfach auf mehr Zentimeter«, antworte ich. Ich schubse meine Tasche einen Platz weiter und setze mich auf den Barhocker neben ihm. »Du bist also dieser unverbesserliche Optimist.« Er lächelt, das kann er also doch. Dabei entblößt er makellose, etwas kleine Zähne, vermutlich echt. Zwischen den oberen Schneidezähnen erkenne ich den Hauch einer Lücke. Nicht halbdaumenbreit wie bei Madonna, aber ein sichtbarer Spalt. Zu breit, um perfekt, zu schmal, um ordinär zu wirken.

Frank ist ein ausgesprochen gut aussehender Mann, der offenbar viel Zeit in Pflege und Styling investiert. Er ist frisch rasiert, dabei wirken Kinn- und Wangenpartie zart und weich; nicht wie bei vielen Männern, deren Haut durch das tägliche Trockenrasur-Martyrium trocken und grau geworden ist. Ich nehme ganz schwach das klassische »Acqua di Parma« wahr, ein Duft, der mir an deutschen Männern bisher nicht oft begegnet ist. Selbstverständlich verfügt Frank über einen genetisch bedingten beneidenswerten Oliventeint. Seine Haare sind raspelkurz geschnitten. (»Da geh ich dreimal die Woche mit dem Bartschneider auf Stufe fünf drüber – fertig«, wird er später sagen.) Das ist clever, denn es kaschiert perfekt den hohen Grauanteil – und den bereits fortgeschrittenen Haarausfall. Unbestritten die eleganteste und sportlichste Art, sich der für Männer offenbar schrecklichen Bedrohung der Glatzenbildung zu stellen.

Franks Körperbehaarung hat sich, soweit erkennbar, diesem Trend nicht angeschlossen, an den Fingergelenken, auf Handrücken, Unterarmen und Füßen, an der Knopfleiste seines Poloshirts – überall sind überraschend helle, vermutlich sehr weiche Haare sichtbar. Er ist schlank, muskulös und drahtig, den ehemaligen Radrennfahrer nehme ich ihm sofort ab. Er wirkt, als sei er ein konsequenter, disziplinierter, erfahrener Ausdauersportler. Das von ihm selbst beklagte schlechte Körpergefühl gehört eindeutig in die Kategorie *fishing for compliments*. Er hat aus den ihm zur Verfügung stehenden 171 Zentimetern das Optimum gemacht. Die äußeren Voraussetzungen könnten viel schlechter sein, denke ich. Ich fange an, einer körperlichen Begegnung mit Frank eine kleine Chance einzuräumen, aber immerhin eine Chance.

Der Barkeeper erscheint. Er ist überraschend hübsch, äußerst zuvorkommend und fragt in allerbreitestem Sächsisch nach meinen Wünschen. »Champagner«, sage ich. »Für mich auch. Die Gläser bitte unbedingt aus dem Freezer«, ergänzt Frank. »Und Sie öffnen bitte eine neue Flasche.« Der Barkeeper ist beleidigt, aber schon Profi genug, sich nichts anmerken zu lassen.

Dieser kleine Mackerausbruch löst aber offenbar Franks Anspannung, denn er fängt unbefangen an zu plaudern. Freundlich, witzig, charmant. Wir bewegen uns vorsichtig paddelnd an der Oberfläche. Der klirrend kalte und wirklich frisch geöffnete Champagner wird serviert. Obwohl ich sonst kein Fan dieses meiner Ansicht nach völlig überbewerteten Getränks bin – dieser hier ist großartig. Ich fühle mich ein bisschen hofiert und verwöhnt (es ist ja noch nicht geklärt, wer bezahlt), fast schon wohl.

Da wir Autobiografisches bisher nur ganz am Rande behandelt haben, erzählt Frank in groben Zügen sein Leben; ab da ist es mit der Oberflächlichkeit schlagartig vorbei. Er berichtet vom sowohl sorglosen wie dominanten, aber auch liebenden Vater, der nicht mehr jung, aber zu früh starb, von einer Mutter, die ganz selbstverständlich versuchte, den Sohn zum Partnerersatz zu formen, von den Schmerzen, sich aus dieser speziellen mütterlichen Umklammerung zu lösen. Schließlich von der Flucht davor erst nach Berlin, später sogar bis nach Italien. Vom ersten Kind mit Anfang dreißig, als dessen Vater er völlig versagte. Trennung von der Kindsmutter. Kontaktabbruch. Die eigene Mutter hält bis heute zu Ex-Schwiegertochter und Enkelin engen Kontakt, ein lebender Vorwurf. Im männlichen Paralleluniversum finden derweil Ausbildung, Berufstätigkeit, Studium, Selbstständigkeit, Erfolg und martialischer Ausdauersport statt.

Die Sehnsucht nach einer Familie erlebt nach langen Jahren ohne ernsthafte Bindungen, aber dafür mit hoher sexueller Aktivität, eine Neuauflage. Mit Ende vierzig schwängert er seine Praktikantin, eine Architekturstudentin. Examen und Entbindung erfolgen fast gleichzeitig, beide Ergebnisse fallen selbstverständlich großartig aus.

Dennoch: Auch diese Liaison endet nicht glücklich, zumindest nicht für Frank. Die frischgebackene Mutter seines Sohnes stammt aus vermögendem Haus, man bedeutet ihm anwaltlich, dass niemand erwarte, geschweige denn Wert darauf lege, dass irgendwelchen väterlichen Pflichten nachzukommen sei. Im Gegenteil: Unterhalt werde nicht verlangt, Kontakt zu Mutter und Kind seien unerwünscht. Er fühlt sich als Deckhengst missbraucht. Er erstreitet ein Besuchsrecht, das er nicht nutzt, denn er ist ratlos, wie er eine Beziehung zu einem Kind aufbauen soll, das er nicht und das ihn nicht kennt. Ich verstehe: Der Mann hat allen Grund, melancholisch zu sein.

Fast unvermeidlich folgt ein zweites Glas Champagner, für ihn und mich. Unser inzwischen ambitionierter Betreuer hinter der Bar schenkt nicht einfach nach, er trägt unaufgefordert frische Tiefkühlgläser herbei und freut sich mit der Euphorie eines Welpen über mein sorgfältiges Lob.

Frank schaut mich derweil aufmerksam von der Seite an. »Es gibt Männer, die werden süchtig danach, wenn so mit ihnen kommuniziert wird.« Leider immer nur die falschen, denke ich.

Wir erreichen nach den Schilderungen von Franks Vaterschafts-Desastern wieder ungefährlicheres Gewässer, sprechen darüber, dass es frühe Polarisierungen gibt, nicht revidierbare Entscheidungen, die einen für den Rest des Lebens prägen: Beatles (ich) oder Stones (er), Indian (ich) oder

Harley (er, war ja klar), Germanistik (ich) oder Jura (er, erst später Architektur), High Heels (ich) oder Latzhose (er zum Glück auch nicht, aber die Fraktion der latzhosentragenden Germanistinnen hat mich für meine High Heels verachtet. An diese Kränkung erinnere ich mich noch heute, wenn mir dieses Kleidungsstück über den Weg läuft und einen – späte Genugtuung – inzwischen über unzähligen Oberstufenklausuren plattgesessenen Germanistinnenhintern verpackt).

Er stellt unvermittelt sein Glas ab, greift mit beiden Händen nach meiner linken Hand, dreht sie behutsam um und küsst die Mitte meiner Handinnenfläche. Seine Lippen sind sehr weich und angenehm trocken. Solche Gesten können ausgesprochen aufgesetzt und anbiedernd wirken, und sind meistens entsprechend schwer erträglich. Sein Kuss dagegen ist zart und verloren. Er schaut mich wie am Anfang des Abends aus diesen unglaublichen Rehaugen an und sagt: »Ich mache dir einen Vorschlag.« Er greift in eine Innentasche seiner Lederjacke, die inzwischen neben ihm auf dem Stuhl liegt. Er gibt mir ein scheckkartengroßes Pappkuvert. Ich drehe es um und lese »Taschenbergpalais«. Alles andere hätte mich auch gewundert. Wer diese Stadt nicht kennt, aber Geld oder ein Spesenkonto hat, der wohnt im Dresdner Kempinski. »Ich würde dich gern einladen. Der Gesprächsstoff scheint uns ja nicht auszugehen. Ich finde den Abend bis jetzt ungewöhnlich interessant und möchte ihn gern fortsetzen. *Off limits*. Wenn du magst, können wir im Hotel etwas essen, ich habe einen Tisch reserviert. Wir können uns auch was aufs Zimmer kommen lassen. Je nachdem, wonach dir ist. Trink in Ruhe deinen Champagner aus. Gib mir einen kurzen Vorsprung, wir fahren ja wohl sowieso mit zwei Autos. Ich muss noch ein paar Telefonate führen und meine Mails checken, damit möchte ich dich nicht langweilen.«

Ich bin durchaus überrascht, finde die Idee aber grundsätzlich in Ordnung. Ob daraus gleich Room Service *off limits* werden muss, wie er sich das vielleicht vorstellt, weiß ich noch nicht, das kann aber auch später entschieden werden. Denke ich.

Der Barkeeper hat aus einer Entfernung, die er für diskret hält, die Szene verfolgt. Er strahlt, als Frank um die Rechnung bittet. Er bezahlt mit einem Hundert-Euro-Schein und gibt ein überzogen hohes Trinkgeld. Frank küsst mich leicht unterhalb meines rechten Ohrläppchens, lächelt zum Abschied und sagt: »Bis gleich dann. Ich freu mich.« Anschließend ist er verschwunden.

Die Tische hinter dem Tresen sind inzwischen gut besetzt. Durch weit geöffnete Fenster weht angenehm kühle Abendluft herein. Ich fühle mich entspannt und aufgeschlossen für alles, was da heute noch kommen mag. Der Barkeeper naht mit dem dritten eisgekühlten Glas. Er strahlt mich wieder breit an, senkt die Stimme etwas und sagt, während er vorsichtig den Champagner eingießt: »Solche Kunden sind doch klasse. Für alle Beteiligten, oder?« Ich lächle zurück: »Ja, das finde ich auch.«

Zum Glück lasse ich den letzten Champagner fast unberührt, zwei Gläser auf fast nüchternen Magen sind mehr als ausreichend. Nach kurzer Fahrt erreiche ich die Tiefgarage des »Taschenbergpalais«. Ich stelle am Aufzug fest, dass ich keinen Handyempfang habe. Franks Zimmernummer weiß ich auch nicht, sie ist nicht auf dem Kuvert vermerkt. Ich gehe zum Empfang und bitte darum, dass man Herrn F. anruft, um ihm meine Ankunft mitzuteilen. Der Empfangschef bestätigt das »bedauerliche Netzproblem«, dabei ist eigentlich bekannt, dass Hotels gezielt Mobilfunknetze stören, um nicht auf den Umsatz mit den eigenen, horrend hohen Telefongebühren verzichten zu müssen.

Franks Zimmeranschluss ist offenbar besetzt. Am Empfang ist viel los, ich werde zu einer der repräsentativen

Sitzgruppen gelotst. Ich setze mich und schaue mir das übliche Hoteltreiben an: flanierende Gäste. Gäste vor Vitrinen, in denen wuchtiger Schmuck aufgetürmt wurde. Gäste, die mit gedämpften Stimmen wichtige Gespräche führen. Irgendwo klimpert ein Bar-Pianist. Personal wuselt hektisch durch die Gänge und bemüht sich, dabei bloß keine Hektik zu verbreiten.

Plötzlich steht der Empfangschef neben mir und lächelt schief. »Es tut mir leid, es muss ein Missverständnis vorliegen. Herr F. hat bereits ausgecheckt ... ganz merkwürdig zu dieser Uhrzeit. Gnädige Frau, darf ich Sie nach Ihrem Namen fragen?« Ich nenne ihm diesen reflexartig. »Dann habe ich etwas für Sie.« Er verschwindet und kommt wenige Augenblicke später zurück. In der einen Hand hat er einen Briefumschlag, in der anderen einen zweifellos schönen, allerdings viel zu großen Blumenstrauß. Der Florist im Kempinski hat ganze Arbeit geleistet: Ich schaue auf ein sargdeckelgroßes Arrangement aus porzellanfarbenen Rosen. Zwei überaus sorgfältig zurechtgemachte ältere Damen ein Sofa weiter schauen herüber und nicken mir freundlich anerkennend zu.

Ich lege den wuchtigen Strauß neben mich. Damit ist das Sofa, das drei durchschnittlich übergewichtigen Amerikanerinnen auf Europareise gut und gern Platz bieten würde, blockiert. Die Situation kommt mir skurril vor. Ich reiße den Briefumschlag auf. Hotelpapier, blaue Füllfederhandschrift (bestimmt Pelikan oder Montblanc, denke ich), sehr große, runde Buchstaben mit extrem ausgeführten Ober- und Unterlängen. Die Zeilen steigen leicht von links nach rechts an. Der Brief ist kurz. Ich lese:

Liebe Ulrike,
du würdest nicht bei mir bleiben. Darum ist es so besser.
Danke für den Abend. Alles Liebe für dich.
Frank

Die beiden Ladys schauen lächelnd und unverhohlen neugierig zu mir herüber. Ich stelle mir vor, sie denken, dass ich gerade einen Heiratsantrag bekommen habe. Weit gefehlt, meine Damen. Ich stecke den Brief ein, stemme den Monsterstrauß aus dem Sofa und gehe zurück zum Empfang. Der Empfangschef schaut mich erwartungsvoll an: »Frau Bornschein, kann ich Ihnen irgendwie behilflich sein?« Ich frage ihn, ob die Damen in dem Sofa dort drüben vielleicht Hausgäste seien. Er bestätigt. Sie seien nicht nur Hausgäste, sondern sogar ganz reizende Stammgäste. Ich lege das Rosenarrangement auf seinen Desk und bitte ihn, daraus zwei Sträuße binden zu lassen, die er den Damen bitte auf die Zimmer stellen lassen möge. Für einen kurzen Moment habe ich den Eindruck, dass unter seiner klinisch-professionellen Freundlichkeit eine menschliche Regung blitzt, denn plötzlich scheinen auch seine Augen zu lächeln, nicht nur sein Mund. »Das ist eine wunderbare Idee. Sie werden den Damen damit eine große Freude machen.«

Er besteht darauf, mein Auto vorfahren zu lassen, und lehnt die Begleichung der Parkgebühr ab. Der Wagenmeister öffnet die Fahrertür, wünscht mir eine angenehme Weiterreise und fragt freundlich, wo ich denn heute Abend noch hinmüsse. Ich antworte ihm ebenso freundlich: »Ich fahre nach Prag.«

Eine Romanze lebt vom Wollen und Nichtkönnen.

Lisa Fitz

Mark, der Bettguru

Oder: »Mit mir kannst du viel Spaß haben – ich mache eine Sexgöttin aus dir.«

MARK im PAIRFECT-Profil

Matching-Stars	★
Person	43 Jahre, 194 cm, ledig
Beruf	IT-Marketing & Vertrieb
Wohnort	Berlin, Deutschland
Abgeschlossenes Studium	Diplom-Ingenieur
Kinder	Keine
Religion	Keine
Raucher	Zigarre
Haustiere	Keine
Eigenschaften	Selbstbewusst, zielorientiert, charmant
Freizeitgestaltung	Ausgehen/Freunde treffen, Einrichten und Sport treiben
Hobbys	Design, Architektur und Fotografie, Sport, Wine & Dine, Sportwagen
Sport	Tennis, Fahrradfahren, Marathon, Segeln und Skifahren
Musikgeschmack	Rock/Pop, Funk/Soul, Jazz/Blues
Instrument	Piano
Sprachen	Englisch
Lieblingszeitung / Zeitschrift	*Architectural Digest*, *Financial Times Deutschland*, *GQ*

Ich über mich

Meine Traumfrau:
Hält dagegen, verführerisch, sinnlich, offen und attraktiv

Mein perfekter Tag:
Bei einem Glas Champagner den Tag ausklingen lassen und eine lange Nacht einläuten.

Die für mich wichtigsten Dinge sind:
Niveau, Performance, Attraktivität, Toleranz

Mein Äußeres:
Sportlich, trainiert, ansehnlich, stilvoll

Das Besondere an mir:
Ausstrahlung, Reiz und Charme

Wovon ich mich nie trenne:
Meine Edelstahlküche

Mein Lieblingsort:
New York

Welche Persönlichkeit ich gern kennenlernen würde ...
Warren Buffett, Madonna und Bill Gates

Was gar nicht geht:
Geiz, Verklemmtheit und Intoleranz

Mein Wunschtraum wäre es ...
... wenn du ihn mir erfüllst.

Marks Kontaktaufnahme geht eine sogenannte »Fun-Anfrage« voraus. Das vorformulierte Fragespiel wird vom Portal für diejenigen als Eisbrecher angeboten, die zu wenig Mut oder zu wenig Fantasie für eine direkte, persönliche Mail haben. Es müssen dabei vier persönliche Fragen beantwortet werden: Wie kommst du zum Date (Abendkleid, Kostüm oder Jeans?), wie wird bezahlt (er lädt sie ein, sie lädt ihn ein, man zahlt getrennt) etc. Danach erfolgt eine Auswertung: Was antwortet er, was antwortet sie. Aus den Übereinstimmungen oder Differenzen kann man dann einen ersten Kontaktversuch ableiten – oder es lieber lassen.

Ich hasse diese spaßigen Mails, die sehr aus der »Fisch-sucht-Fahrrad«-Ecke stammen. Die Fragen sind doof, und das Ganze ist ziemlich verklemmt. Darum steht in meiner Selbstbeschreibung ausdrücklich drin: »Bitte keine Fun-Anfragen«. Viele Männer lesen das aber einfach nicht und schicken dennoch welche an mich. Ohne zu wissen warum, lösche ich diese Anfrage von Mark nicht sofort, sondern öffne sie, kreuze, ohne zu lesen, irgendwelche Antwortmöglichkeiten an und schicke sie weg. Das System zeigt als Ergebnis drei von vier möglichen Übereinstimmungen an. Bevor ich diese Nachricht samt Anfrage und Profil komplett löschen kann, habe ich schon eine persönliche Nachricht im Kasten.

Nachricht von Mark 15.07. · 08:06
Betreff: Kontaktanfrage

Okay, du kommst also lieber in Jeans & Top. Damit kann ich prima leben.
Ansonsten: Match. Das passt.
Die Bedeutung dieser profunden Erkenntnis? Keine Ahnung.
Gruß, Mark

Nachricht von Ulrike 15. 07. · 10:37
Betreff: Profunde Erkenntnis

Lieber Mark,
das Fade an diesen grenzwertigen Fun-Anfragen ist genau das Fehlen jeder Aussagekraft. Sie wirken pseudo-spaßig und verklemmt. Darum mag ich sie nicht. (Wie meiner Selbstbeschreibung zu entnehmen ist.)
Welche profunde Erkenntnis ich daraus ableite?
Theorie 1: Männer lesen meine Selbstbeschreibung nicht (wahrscheinlich zu viel Text, Männer lesen ja aus grundsätzlichen Erwägungen heraus auch keine Bedienungsanleitungen).
Theorie 2: Männer sind Spielkälber. Sie tun zielgerichtet das, was sie nicht sollen (auch keine neue Erkenntnis, sonst wäre man nicht in einem solchen Portal gelandet). Haben wir jetzt mehr Ahnung? Nö.
Herzliche Grüße,
Ulrike

Nachricht von Mark 15. 07. · 11:05
Betreff: Re: Profunde Erkenntnis

Liebe Ulrike,
gut, ich gebe zu, dass der Substanzwert der über die Fun-Anfragen gefundenen Erkenntnisse gegen *null* tendiert. Aber zumindest weiß ich jetzt: Du nennst die Dinge beim Namen.
Aber irgendetwas kann auch an Frauen nicht perfekt sein. Die landen doch auch in diesen Portalen. Oder habe ich da etwas falsch verstanden ... bei meinem männlichen IQ leicht über Raumtemperatur?
Übrigens: Doch, ich hatte schon mal eine Bedienungsanleitung in der Hand. Musste sie aber weglegen. Hab's einfach nicht verstanden. Ging dann auch so.
Viele Grüße,
Mark

Nachricht von Ulrike 15.07. · 11:44
Betreff: Perfektion & Mangel

Lieber Mark,
es ist wohl meine undiplomatische Ader, die mich immer wieder verleitet, die Dinge beim Namen zu nennen. Das ist vielleicht der schwerwiegendste Grund, warum ich bei PAIRFECT gelandet bin.
Ich weiß allerdings nicht, ob ausschließlich mangelnde Perfektion einen in dieses Portal führt. Ich habe hier schon ausgesprochen hübsche und sogar kluge Männer besichtigen können.
Was (heterosexuellen) Frauen zur Perfektion fehlt? Sie lieben Männer. Gegen jede bessere Einsicht. Dieser erhebliche Mangel trifft auch auf mich zu.
Herzliche Grüße,
Ulrike

PS: Um deinen IQ würde ich mir nicht vorschnell Sorgen machen.

Nachricht von Mark 15.07. · 11:54
Betreff: Re: Perfektion & Mangel

Hallo Ulrike,
na, das kann ja spannend werden. Wegen meines IQs gebe ich mir so viel Mühe, so sehr, dass ich sogar öfter in die Sauna gehe, um bei den dort herrschenden Temperaturen meine geistige Überlegenheit richtig austoben zu können :-)
Gegen jede bessere Einsicht lieben Männer auch Frauen. Anscheinend gibt es hier die profunde Einsicht, dass wider diese Einsicht gehandelt wird.
Tja, alles, was der Mensch – auch die Frau – tut, geschieht zur Stillung von Schmerzen oder zur Befriedigung von Bedürfnissen :-)
LG,
Mark

Nachricht von Mark 15. 07. · 15:11
Betreff: PS

PS: Ein Bild kann und werde ich dir gern per Mail zuschicken.
Grüße,
Mark

Nachricht von Ulrike 15. 07. · 15:19
Betreff: Bild

.. na, dann mach das doch mal an folgende Adresse:
ulrike.purblind@gmx.de.
Ulrike

Nachricht von Mark 15. 07. · 15:58
Betreff: Re: Bild

Okay, kommt heute Abend.

Nachricht von Mark 16. 07. · 06:01
Betreff: Unordentliche und ordentliche Bilder

Guten Morgen Ulrike,
ich hoffe, dir gefallen meine Bilder. Deine sind ja auch ganz nett.
Und ich fange an, deine Art zu mögen.
Grüße mit der morgendlichen Kaffeetasse in der Hand,
Mark

Nachricht von Ulrike 16.07. · 10:59
Betreff: Morgendlicher Kaffee

Guten Morgen Mark,
1. danke für die Blumen. Gleiches gilt für dich: Du bist ein gut aussehender Mann.
2. Ich trinke morgens Tee.
3. Ich bin nur unter Zwang Frühaufsteher, dafür bin ich nachtaktiv.
4. Ich fürchte, du fängst an, eine für Männer etwas skurril erscheinende Seite an mir zu mögen. Das würde für dich sprechen.
5. Du hast es schon mal geschafft, dass ich dich nicht sofort lösche. Das hatte ich mir nämlich für den nächsten Fun-Fragen-Vogel fest vorgenommen. Das warst du.
Bin ab heute Nachmittag bis Sonntag in Dänemark – ohne Laptop.
Herzliche Grüße,
Ulrike

Nachricht von Mark 16.07. · 11:13
Betreff: Re: Morgendlicher Kaffee

Hi Ulrike,
Statement zu 1: Ich nehme das Kompliment an.
Statement zu 2: Tee ist okay, soll ja auch schön machen.
Geständnis zu 3: Ich konnte, nachdem ich dein Bild gesehen habe, nicht mehr einschlafen :-)
Gegenfrage zu 4: Was ist schon skurril? Warte mal, bis du mich eventuell näher kennenlernst.
Frage zu 5: Wie habe ich das bloß geschafft? Welch glücklicher Umstand. Ich werde versuchen, mich ihm würdig zu erweisen.
LG,
Mark

PS: Ich tendiere dazu, frech zu sein. Also: Einige Dinge als nette Frechheiten betrachten.

Nachricht von Mark 16.07. · 11:21
Betreff: ... und ich habe noch NIE

... eine HERRENHANDTASCHE besessen.

Nachricht von Ulrike 16.07. · 12:37
Betreff: skurril & schlaflos

Hi Mark,
Antwort zu 2: Ah ja. Dann: zur Nachahmung empfohlen?
Wem jetzt?
Antwort zu 3: Nicht schamlos übertreiben.
(Außerdem kennen Männer gute Tricks, also mindestens einen guten, um jederzeit schlagartig einschlafen zu können. Diese männliche Begabung wird in langjährigen Beziehungen dann auch gern mal ein Problem.)
Antwort zu 4: Nette Ankündigung. Was findest du an dir selbst skurril?
Antwort zu 5: Keine Ahnung. Mütterliche Beißhemmung vielleicht.
Du solltest dich dieses Umstandes unbedingt als würdig erweisen.
Am Ende des Tages ist auch die intelligente Blondine eine Blondine.
Schönen Gruß,
Ulrike

Nachricht von Mark 16.07. · 12:50
Betreff: Die Tricks der Männer

Hi again,
sprichst du Dänisch? Ich spreche Schwedisch.
Oft liegt es aber auch an den Frauen, wenn die Männer schlagartig einschlafen. Die haben dann einfach zu wenig Gegentricks drauf.

Die Blondheit der Haare ist nicht unbedingt immer direkt proportional zum Intellekt der Trägerin.
Gruß,
Mark

PS: Viel Spaß im Land der Dänen. Dänisch ist keine Sprache, es ist eine Halskrankheit :-)

Nachricht von Ulrike 16.07. · 13:24
Betreff: Schwedisch & Dänisch

Hi again,
nein, ich spreche nicht Dänisch. Aber die meisten Dänen und ich sprechen Englisch und Deutsch.
»Oft liegt es aber auch an den Frauen, wenn Männer schlagartig einschlafen. Die haben dann einfach zu wenig Gegentricks drauf.« Das ist völlig richtig, solange die Männer zwischen achtzehn und fünfundzwanzig sind. Dann kommt man als Frau mit einer überschaubaren Anzahl von Tricks aus. Über dreißig wird's schwieriger, weil bei den Jungs dann morgens meistens Businesstermine anstehen oder gejoggt werden muss. Oder beides. Postkoitale Männermüdigkeit ist ein nur schwer korrigierbares Problem. Schon deshalb, weil viele Männer mit relativ wenig zufrieden sind oder – noch schlimmer – gar nichts anderes kennen. Und da ich an Überzeugungsarbeit im Bett kein Interesse habe (mir geht da der missionarische Eifer völlig ab, schöner Doppelsinn übrigens), muss man das vorher klären. Außerdem: Männer unter vierzig fallen nicht in mein Beuteschema, testosteronverseuchte Jünglinge sind mir ein Graus.
»Die Blondheit der Haare ist nicht unbedingt immer direkt proportional zum Intellekt der Trägerin.« Stimmt absolut. Aber dafür häufig proportional zum Intellekt des Verehrers, der nur auf die Haarfarbe guckt.
Ich liebe Dänemark und die schlitzohrigen Dänen. Auch mit oder trotz Halskrankheit.
Ulrike

Nachricht von Mark 16.07. • 13:53
Betreff: Re: Schwedisch & Dänisch

He, du bist ja richtig gut.
Viel Spaß in Dänemark. Muss jetzt auf die Bühnen des Marketings. Denn das ist meine Profession. Wäre erquickend, wenn du dich nach deiner Rückkehr melden würdest.
LG, Mark

Nachricht von Ulrike 20.07. • 19:51
Betreff: Pølser & Ethik

Lieber Mark,
bin zurück aus dem postfeministischen Pølserland, wo alles etwas relaxter zu sein scheint als bei uns. Ich hatte spannende Tage bei ehemaligen Kopenhagener Streetworkern, die heute versuchen, der internationalen Management-Hautevolee ethische Werte beizubringen. Ob's klappt? – Da hab ich so meine Zweifel. Aber die könnten sich eine goldene Nase damit verdienen, die Streetworker. Clevere Geschäftsidee. Was machen die Bühnen des Marketing?
Grüße von Ulrike

Nachricht von Mark 20.07. • 22:43
Betreff: An das dänische Feenwesen im Exil

Hej Ulrike!
Schön, dass du wieder da bist. Du bist bestimmt nur nach Dänemark gefahren, um mal inkognito zu sein. Zwischen all den blonden Feen in Clogs und auf Fahrrädern.
Ich hab inzwischen meinem Brötchengeber zu weiterem ökonomischen Aufschwung verholfen. Vulgo: Ich war sehr fleißig. Und hätte es verdient, mal richtig auszugehen. In Begleitung einer schönen Frau – das wär's doch.

Würdest du mir die Ehre des Kennenlernens geben? Ich verspreche, nicht rotzfrech zu sein, sondern so zu tun, als sei ich ein Gentleman. Hab neulich ein Seminar besucht (vom Chef bezahlt), da konnte man das lernen. Und ich hab genau aufgepasst. Mal ernsthaft: Ich würde dich sehr gern treffen.
Mark

Nachricht von Ulrike 21.07. · 10:56
Betreff: Feenvermerke in der Personalakte

Lieber Mark,
danke für die Einladung. Ich nehme sie gern an. Ich kann hinterher auch einen Vermerk für deine Personalakte schreiben: »M. hat die im Seminar von Professor Prügelpeitsch erworbenen Soft Skills bereits vollumfänglich internalisiert und ist in der Lage, sie situationsbezogen angemessen einzusetzen.« Oder so ähnlich. Wäre dir das recht? Vielleicht kannst du den Abend auf diese Weise aufs Spesenkonto setzen lassen. Lass mich wissen, wo und wann wir uns treffen wollen.
Herzlich,
Ulrike

Nachricht von Mark 22.07. · 11:25
Betreff: Komm feiern, Fee!

Liebe Ulrike,
würdest du das für mich tun?
Schreib viele solche Vermerke – und ich trage dich auf Händen durch alle teuren Restaurants und Bars dieser Stadt (wie viel wiegst du …?) Denn dann klappt's endlich mit der Karriere. Ich würde dich gern einladen – was hältst du vom »Margaux«? Übersichtliche Portionen zu unverschämten Preisen. Viel zahlen, hungrig gehen; der Megatrend heißt eben SM. Auch in der Spitzengastronomie. Nur die Bars haben das Nachsehen: Man wird viel zu schnell betrunken, denn man hat nichts im

Magen. Also, schöne dänische Inkognito-Fee: *follow me, please* (wie heißt das auf Dänisch?). Ich reserviere einen Tisch für Donnerstag um 20 Uhr.
Mark

Nachricht von Ulrike 22.07. · 21:45
Betreff: Verschwörung von Feen & Kochkünstlern

Lieber Mark,
wer bin ich, zu diesem entzückenden Angebot Nein zu sagen?
Ich verrate dir ein Geheimnis: Das Glaubensbekenntnis der Fünf-Sterne-Küche, möglichst wenig Kalorien auf möglichst viel Porzellan zu servieren, gründet im Diätwahn der weiblichen Begleitungen der zahlenden Gäste und Spesenritter (aber die werden immer weniger). Es ist eine Verschwörung aus reiner Rache: Wenn die Dame stilvoll bei den aufgetragenen fünf Gängen nichts essen darf, soll er wenigstens teuer dafür bezahlen. Das Sitzen an mit edlem Damast eingedeckten Tischen ist längst so ritualisiert wie eine katholische Abendmahlsfeier, Sommelier und Souschef sind in Wirklichkeit gar keine Popstars der Haute Cuisine, sie sind viel mehr die Priester der anorektischen Postmoderne.
Ich spreche aus Erfahrung: Der Beginn meiner Diät, die für den Rest meines Lebens dauern wird, feiert in diesen Tagen fünfundzwanzigjähriges Jubiläum.
Also, lass uns feiern gehen.
Ulrike

Nachricht von Mark 22.07. · 23:22
Betreff: Endlich aufgeklärt

Liebe Ulrike,
diese Verschwörungen sind ja weitreichender und schwerwiegender als ich dachte. Ich hatte keine Ahnung, dass kostspieliges Essengehen so ein brisantes und vermintes Gelände ist. Ich rate dringend, dass

wir uns hungrig aus der Gefahrenzone flüchten und nachhaltige Sättigung (und andere Bedürfnisstillung?) andernorts suchen. Ich habe einige Fluchtpunkte ausgemacht. Vertrau und folge mir. Zuerst begeben wir uns in die Höhle des Löwen: Der Tisch ist bestellt. Auf zum kultivierten Hungern. Ich erwarte dich mit Spannung. Mark

Die Begegnung mit Mark

Mark und ich treffen gleichzeitig am Eingang des »Margaux« ein. Wir erkennen uns sofort gegenseitig. Er ist das fleischgewordene Prinzip »Fixum plus Provision«. Garantiert bekommt er einen Teil seines Gehalts als wertlose Vorzugsaktien des eigenen Unternehmens angedreht, und er spielt dieses Spiel mit. In der Hoffnung, seine Aktien eines Tages an Neueinsteiger in der Firma durchreichen zu können. Das ist das Fliegerspiel der frühen Neunziger, gilt aber jetzt als Wirtschaftsprinzip.

Mark ist durchaus attraktiv. Groß, mindestens eins neunzig, breitschultrig, schmalhüftig, smart, sportlich, gegelt, tadellos, teuer und noch ohne eigenen Stil gekleidet. Durch und durch Verkäufer, ein Stereotyp. Er hat ein ebenmäßiges, glattes Gesicht, das eine bisher bruchlose Karriere spiegelt. Keine Falte des Zweifels oder der Verzweiflung ist zu entdecken, dafür Grübchen vom Lachen. Ich bin nicht alarmiert, aber gewarnt. Hier droht eine unbekümmerte Charme-Offensive. Mark könnte einem Scientology-Werbespot entsprungen sein. Kleiner Trost für mich: Wenigstens ist er ungefähr doppelt so groß wie Tom Cruise.

Er begrüßt mich überschwänglich, mit überzogenen Komplimenten. Er nimmt mich in die Arme, und ich spüre eine Anspannung, die sich nicht aufgeregt, sondern verkrampft anfühlt. Er stößt mit einem Arm die Tür zum Restaurant auf und dreht mich zu meiner Überraschung hinein, da er mich an einer Hand einfach festhält. Eine geschickte Tanzstundenfigur. Sehr possierlich. Zum Glück haben nicht viele Gäste diese eher peinliche Einlage gesehen.

Das Essen verläuft durchaus unterhaltsam, da Mark über eine ordentliche Portion Selbstironie verfügt. Ein Lichtblick. Wir lachen viel. Er erzählt äußerst amüsant von seinen Anfängen im IT-Business, er startete unmittelbar nach dem Platzen der New-Economy-Blase. *No risk, no fun.* Als wenig später der Balkan in Schutt und Asche liegt, betritt er die nächste Stufe seiner Karriereleiter. Er wechselt mit sicherem Gespür für ökonomisches Timing in die Telekommunikationsbranche – der Aufbau von Mobilfunknetzen ist neben Prostitution, Waffen- und Drogenhandel einer der wenigen prosperierenden Wirtschaftszweige dieser verheerten Region. Und er befindet sich mittendrin.

Mark dealt unbefangen mit Parteikadern jeglicher postkommunistischer Couleur und gut informierten Regierungsvertretern aus ganz Osteuropa, mit Warlords, Clanchefs und Partisanenführern. Das sichert seinem Konzern die besten und sichersten Plätze für High-Tech-Sendemasten. Die Gerechtigkeit hinkt der wirtschaftlichen Entwicklung noch lange hinterher: Während Carla Ponti und der Europäische Gerichtshof noch verzweifelt Kriegsverbrecher jagen, können Marks illustre Verhandlungspartner längst komfortabel und auf technisch allerneuestem Stand mobil miteinander kommunizieren. Dabei ist er fest überzeugt, mit seinem Engagement auch zur Demokratisierung der Balkanregion beigetragen zu haben. Außerdem seien Krieg und der zwangsläufig nachfolgende Wiederaufbau eben immer auch Geschäft. Seine 140-Quadratmeter-Eigentumswohnung in bester Prenzlauer-Berg-Lage (da er kein Berliner ist, sagt er »Prenzlberg«) ist bezahlt.

Mark ist in Partylaune. Er drängt zum Aufbruch, will in eine der Bars am Gendarmenmarkt. Dahin, wo es ein Statussymbol ist, große Zigarren zu rauchen, die bevorzugte Whisky-Marke mit dem richtigen schottischen oder gälischen Akzent auszusprechen und den Barkeeper exakt zu instruieren, wie viele Milliliter Leitungswasser mit welcher Temperatur zum Scotch gegeben werden müssen (»Himmel, Mann! Kein Eis ...«).

Da wir zum Essen verschiedene Weine hatten, bleiben die Autos an ihren Plätzen, und wir beschließen, zu Fuß zu gehen. Thematisch sind wir inzwischen bei seiner Wohnungseinrichtung gelandet. Gasdruckfedern an lautlos sich schließenden Schranktüren (»Ich hasse Griffe, die versauen jede Raumarchitektur«), eine Industrie-Edelstahlküche (»Meine Mutter war ja total schockiert, als sie mich besuchte. Sie meinte, es sähe aus wie in der Gerichtsmedizin«), ein mit offenporigen Natursteinplatten ausgelegtes Bad (»Glatte Fehlinvestition; muss dreimal die Woche von der Putzfrau entkalkt werden«) – die Liste der beeindruckenden Details ist lang. Während er mir das alles erzählt, springt er um mich herum wie ein übermütiger junger Hund.

Ich kann mir ein Lächeln nicht verkneifen, als er mich zu sich einlädt. »Du musst mich unbedingt bald mal besuchen. Deine Meinung würde mich wirklich interessieren. Es fehlen noch so Kleinigkeiten, da wissen Frauen einfach besser Bescheid.« Ich verspreche, seine Wohnung bei nächster Gelegenheit zu inspizieren und dabei zu versuchen, den strengen Blick wie den einer *Schöner-Wohnen*-Redakteurin schweifen zu lassen. Keine eventuelle Designsünde wird mir verborgen bleiben. So verbal freundlich balgend, gelangen wir zur Bar.

Ich kann mich mit einem beherzten Sprung zur Seite gerade noch in Sicherheit bringen, um der Wiederholung von Marks Tanzstundenfigur vor dem »Margaux« zu entgehen. Er verzieht mit gespielter Enttäuschung das Gesicht. Bereits am Eingang ist es rappelvoll, und um von der Tür bis zum Tresen zu gelangen, muss man sich in einer Weise an den anderen Gästen vorbeidrängen, die schon an sexuelle Belästigung grenzt. Bei offener Auslegung, wer hier wen belästigt. Mark hat mir am Eingang meinen Mantel abgenommen und bugsiert mich geschickt vor sich her. Ein enger Körperkontakt zwischen ihm und mir lässt sich dabei allerdings nicht vermeiden. Da er deutlich größer ist als ich, spüre ich seine Erektion an meinen Beckenwirbeln knapp oberhalb meines Hinterns deutlich. Das ist ein durchaus sexuelles Signal, das ich nun aber nicht als Belästigung deuten mag. Ich schaue über meine Schulter hinweg zu ihm aufwärts, er grinst mich entwaffnend an und sagt: »Wirklich eng hier.«

Am Tresen angelangt, legt er seine rechte Hand auf meinen Beckenknochen. Diese Geste hat etwas ausgesprochen Besitzergreifendes. Bevor ich reagieren kann, finde ich mich mitten in einem unübersichtlichen Begrüßungsspektakel wieder: Schulterklopfen, herzhafte Griffe in penibel ausrasierte Nacken, freundliche Beschimpfungen, das ganze Buddy-Programm. Wie sich herausstellt, wird der Barbereich von ungefähr einem Dutzend von Marks Kollegen umlagert. Es herrscht eine Atmosphäre wie bei einer CeBIT-Standparty am letzten Messetag oder wie beim Freigangabend während eines Klassenausflugs aus der Provinz nach Berlin. Mir fällt plötzlich ein, was meine Großmutter gelegentlich sagte: »Es gibt große und kleine Äpfel. Manche sind rot, manche gelb, manche grün. Aber jeder kann erkennen, dass es alles Äpfel sind.« Mir schwant, dass ich mit jedem dieser attraktiven Erfolgsmänner hier ein Date hätte haben können (deren Interesse vorausgesetzt). Individualismus scheint kein ausgeprägtes Merkmal der IT-Branche zu sein.

Meine bis eben narkotisierte Neugier ist erwacht. Der Abend fängt an, mir zu gefallen. Wie sich herausstellt, sind auch Damen anwesend. Sehr hübsch, sehr aufreizend gekleidet, sehr jung. Freundlich lächelnd, aber unbeteiligt sitzen sie wie drapiert auf Barhockern und nippen an Champagnergläsern. Zwei Mädchen unterhalten sich mit zusammengesteckten Köpfen miteinander. Ich bin mindestens zehn Jahre älter als das Senior-Girlie hier. Langsam dämmert mir, was mit »Feiern gehen« gemeint war.

Während mir von einem der vielen Marks ein Cocktailglas gereicht wird, entwinde ich mich sanft dem Griff meines Begleiters und ziehe zu den beiden Barhocker-Mädchen um. Ich setze mein wärmstes Mutti-Lächeln auf. Nach kurzer Irritation tauen sie auf, und wir fangen freundlich zu plaudern an. Sie erzählen unbefangen, dass sie für eine Escort-Agentur arbeiten und die ganze Nacht gebucht sind. Es werden offenbar noch weitere Kollegen aus Marks Unternehmen erwartet. Ich vermute, dass diese Art Dankeschön-Veranstaltung für fleißige Mitarbeiter von Marks Arbeitgeber kostenseitig vermutlich als »Incentive« verbucht wird, anscheinend wurde ein sehr großer Auftrag an Land gezogen. In etwa zwei Stunden soll der ganze Tross von mehreren Limousinen abgeholt und in einen momentan angesagten Swingerklub gebracht werden, der exklusiv für die Gruppe gebucht wurde. Stretchlimousinen. Wirklich. Die beiden können noch nicht lange im Geschäft sein, da sie sichtbar beeindruckt sind.

Ich überlege, was Marks Beweggründe sein mögen, mich hierher mitzunehmen. Die Vermutung »Sparfuchs« verwerfe ich, denn Mädchen sind in ausreichender Anzahl auf Firmenkosten anwesend. Vielleicht möchte er mich als reife tolerante Freundin vorführen, die für sexuelle Eskapaden zu haben ist. Ich überlege, ihn einfach zu fragen. Da ich ihn aber zwischen all seinen Klon-Kollegen auf die Schnelle nicht ausmachen kann, gehe ich – reine Übersprungshandlung – erst einmal auf die Toilette.

Über einen breiten Flur, in dem einige große Sessel stehen, geht es nach rechts zu den Herrentoiletten. Geradeaus liegen die für die Damen, vor diesen befindet sich ein weiterer Aufenthaltsbereich – *Ladys only* –, der von knapp mannshohen Paravents aus hinterleuchtetem Japanpapier zum Flur hin abgegrenzt wird. Die Ladys-Lounge ist sicher ein idealer Aufenthaltsort, wenn einem die draußen zelebrierten Balzrituale zu viel werden. Ich bleibe in diesem angenehm großzügigen Vorraum, um mich nachzuschminken. Es ist wohltuend ruhig hier.

Während ich meine Wimpern tusche, höre ich, wie sich unmittelbar hinter einem der Paravents zwei Männer zu einem Gespräch in weiche Ledersessel sinken lassen. Aus den Gesprächsfetzen kann ich mir zusammenreimen, dass sie zur feierwilden Kollegentruppe von Mark gehören müssen. Es ist ein klassisches Männergespräch allerschönster chauvinistischer Prägung. Mir fällt vor Schreck fast die Mascara aus der Hand, als mir plötzlich klar wird, dass da hinter diesem Paravent Mark selbst sitzt und sich mit einem anderen Mann über mich unterhält.

Als Lauscher an der Japanpapier-Wand bekomme ich seine Motivation, mit mir auszugehen, sehr eindrucksvoll erläutert, in einer Weise, die er mir persönlich gegenüber wahrscheinlich anders formuliert hätte. Er steht auf einen anspruchsvollen, unterkühlten, nordischen Frauentyp, den er in mir zu erkennen glaubt. Überspannt, überzogen intellektuell und unbefriedigt sowieso. Dennoch oder deswegen nahezu unverführbar. Da müsse man erst wochen-, ach was, monatelang Männchen machen, bevor die Schlafzimmertür aufgeht. Er verwendet mehrfach die Worte »Eisberg«, »Festung« und »einnehmen«. Wenn der richtige Mann (das ist Mark natürlich) so eine Frau aber in einer genau dosierten Mischung irritiert, provoziert und verführt, soll das die tollsten sexuellen Explosionen geben. Frauen am

Rande des Wahnsinns. Unersättlich. Entfesselt. Willenlos. Er möchte richtig gefordert werden, Verführung als Extremsport. Der One-Night-Stand als Trophäe. Mark macht aus jeder Frau eine Sexgöttin. Für eine Nacht. Ich erinnere mich: Genau diese Formulierung habe ich unlängst schon einmal gehört. Ich taste unwillkürlich nach meiner wieder makellosen Oberlippe.

Den Rest des Gesprächs bekomme ich leider nicht mehr mit, weil die beiden Herren blöderweise beschließen, kollektiv pinkeln zu gehen. Wo das doch angeblich immer nur Frauen so machen. Ich stehe, von diesen überraschenden Erkenntnissen beeindruckt, noch einige Augenblicke in meinem Lauschereckchen und denke nach. So epochal finde ich Mark nun nicht, dass eine Szene angebracht wäre. Den One-Night-Stand mit mir hätte er dabei ganz ohne Aufhebens haben können. Einfach gehen kann ich aber auch nicht. Schon aus logistischen Gründen, da er meinen Mantel an der Garderobe abgegeben und die Marke an sich genommen hat.

Während ich etwas ratlos meine Schminkutensilien sortiere, tauchen meine neuen Freundinnen von der Escort-Agentur auf. Sie sehen wirklich ganz entzückend aus: schlank, zart und makellos. Eine Augenweide. Ich begreife, dass den meisten Männern unmittelbar das Gehirn aussetzen muss, wenn solche Verheißungen in erreichbare Nähe rücken. Alina und Oxana entstammen beide Spätaussiedlerfamilien, sind aber noch in Sibirien geboren. Sie studieren. Betriebswirtschaft die eine, Sportwissenschaften die andere. Der Job in der Agentur ist weniger anstrengend, als Bier in einer Kneipe zu zapfen oder Regale aufzufüllen im Supermarkt. Und natürlich besser bezahlt. Eine pragmatische, vielleicht sogar bodenständige Einstellung. Auf diese Weise ziehen sie ihr Studium effizient durch. Hoffentlich.

Wir unterhalten uns noch eine ganze Weile weiter, bis sie mir verraten, dass sie mich für eine bisexuelle oder lesbische Kollegin der Mark-Connection halten. Ich bin fast geschmeichelt, weniger über die mutmaßliche Zugehörigkeit zu diesen IT-Boliden, sondern weil ich mich selbst für bis an die Grenze der Fantasielosigkeit heterosexuell gepolt halte. Ich kläre sie auf, wer und was mich heute Abend hierher geführt hat. Und was ich soeben – ungewollt und neugierig zugleich – angehört habe. Beide sind aufrichtig empört.

Oxana holt auf meine Enthüllung hin eine Flasche Champagner und drei Gläser von der Bar, wir trinken auf die Romantik, die sich heute so konsequent versteckt hält. Im jetzt ausgelassener werdenden Gespräch zwischen uns entwickelt sich eine Idee, die nach zwei kurzen Telefonaten, die die beiden führen, in die Realität umgesetzt wird. Bevor wir uns kollektiv die Lippen nachziehen, ermahnen mich Alina und Oxana, für den Rest des Abends keinen Schritt ohne gekonnten Hüftschwung zu tun. Ich verspreche, mich anzustrengen.

Anschließend kehren wir in die Partyzone zurück. Als wir wieder den Barbereich erreichen, ist das ein echter Auftritt. Alina schwebt voran, Oxana und ich Hand in Hand hinterher. Ich fühle mich wie die deutlich ältere Schwester dieser beiden Schönheiten und bin blendender Laune. Auch Mark strahlt mich vom Tresen her an. »Ich hab dich schon vermisst«, sagt er und setzt wieder zum Beckenknochengriff an. »Oh«, antworte ich, »das freut mich.« Er sitzt breitbeinig auf einem Barhocker und will mich an sich ziehen. Subtil finde ich dieses Vorgehen angesichts seiner eigenen Erkenntnis, dass ich eine schwer verführbare Frau sei, nun nicht. Alina winkt vom anderen Ende der Bar, und Oxana zieht mich mit einem entwaffnenden Lächeln von Mark weg. »Wir tanzen ein bisschen. Für euch.« Schräg oberhalb der Bar, auf einer Art Zwischengeschoss, befindet sich eine Empore mit einer kleinen Tanzfläche, auf der man sich wie auf einem Präsentierteller bewegen kann. Prima Platz für Exhibitionisten. Auf dem Weg zur Empore sagt Alina: »Alles klar. In spätestens fünf Minuten geht es los. *It's showtime.*«

Auf der Tanzfläche angekommen, bemerke ich, dass fast alle Männer Oxana und Alina mehr oder weniger schamlos anstarren. Die jungen Frauen bewegen sich mit einer aufreizenden Mischung aus Selbstbewusstsein und Natürlichkeit, die unglaublich sexy ist. Während ich mich noch im Hintergrund halte – die beiden Göttinnen beherrschen die Szenerie unumschränkt –, nehme ich ein weiteres Ausnahmegeschöpf wahr, diesmal männlichen Geschlechts. Überaus männlich. Typ Alain Delon in seinen frühen Dreißigern. Er steht am Rand der Tanzfläche und fixiert mich, während er sein Jackett auszieht.

Der nächste Titel ist allen Ernstes Charles Aznavours »Mourir d'aimer«. Der Alain-Delon-Typ wirft das Jackett mit einer eleganten Bewegung über den Handlauf der Empore, kommt mit der allergrößten Selbstverständlichkeit auf mich zu und zieht mich an sich. Das, was er dann mit mir tut, könnte man als Tanzen bezeichnen. Tatsächlich ist es eine schwerelose Verführung, wir verschmelzen zu einer Bewegung. Der Mann kann das unglaublich gut. So gut, dass es mir einen Stich versetzt.

Wir sind das einzige Paar auf der Tanzfläche. Oxana und Alina sitzen bereits wieder bei ihren Auftraggebern. Nach zwei weiteren französischen Chansons ist leider schon Schluss mit der Schmusesong-Session. Alain Delon nimmt meine Hand. Wir gehen eng umschlungen eine halbe Treppe höher zur zweiten Bar und setzen uns. Er stellt sich vor, im wahren Leben heißt er Konstantin. Von meinem Platz aus kann ich Mark sehen, der ausgesprochen irritiert wirkt. Konstantin und ich beschließen, nachdem wir Espresso und

Mineralwasser getrunken haben, die Bar zu verlassen. Es fällt mir überhaupt nicht schwer, aufgekratzt und entflammt zu wirken. Am Fuß der Treppe löse ich mich aus Konstantins Umarmung und gehe zu Mark, um mich für den Abend zu bedanken und zu verabschieden. Nach Swingerklub stünde mir heute Abend einfach nicht mehr der Sinn. »Klar«, sagt er und gibt mir die Garderobenmarke.

Vor der Bar nehmen Konstantin und ich ein Taxi, ich möchte an meinem Auto abgesetzt werden. Dort angekommen, besteht er darauf, mich nach Hause zu chauffieren. Alinas großer Bruder, das ist Konstantin nämlich, besitzt eben einfach perfekte Umgangsformen. Er hat sein Studium längst abgeschlossen – solide finanziert mit Einsätzen für diverse Escort-Agenturen.

Als ich mich am nächsten Tag auf dem PAIRFECT-Portal einlogge, erhalte ich eine Nachricht:

Mark verabschiedet sich von Ihnen.

” *Sex ist nur schmutzig,*
wenn er richtig gemacht wird.

Woody Allen

Jean-Paul, der Vielbegehrte

Oder: »Getrennt lebend« heißt nicht »geschieden«

JEAN-PAUL im PAIRFECT-Profil

Matching-Stars	★★
Person	55 Jahre, 189 cm, getrennt lebend
Beruf	Kunsthändler
Wohnort	Berlin, Deutschland
Abgeschlossenes Studium	Dr. Dr. (Kunstgeschichte und BWL)
Kinder	5
Religion	Evangelisch
Raucher	Ja – entschlossener Zigarrenraucher
Haustiere	Keine
Eigenschaften	Sinnlich, lustvoll, tiefgründig, verantwortungsbewusst, ästhetisch
Freizeitgestaltung	Anregend, intuitiv, spontan
Hobbys	Kunst, Oldtimer
Sport	No sports!
Musikgeschmack	Musik
Instrument	Keins
Sprachen	Englisch, Französisch und Deutsch
Lieblingszeitung / Zeitschrift	*Zeit*, *Art*, *FAZ*

Ich über mich

Meine Traumfrau:
Eloquent, intelligent, attraktiv und leidenschaftlich

Mein perfekter Tag:
Ein guter Wein, ein gutes Essen, ein gutes Gespräch

Die für mich wichtigsten Dinge sind:
Sinnlichkeit, Ehrlichkeit, Ästhetik

Mein Äußeres:
Extrem gut aussehend, schlank, charaktervoll

Das Besondere an mir:
Gilt es zu entdecken

Wovon ich mich nie trenne:
Meine Aversion gegen Computer

Mein Lieblingsort:
Meine Galerie in Potsdam

Welche Persönlichkeit ich gern kennenlernen würde ...
Salvador Dalí

Was gar nicht geht:
... gibt es gar nicht.

Mein Wunschtraum wäre es ...
... einen Picasso oder Dalí mein Eigen zu nennen.

Nachricht von Jean-Paul 29.07. · 22:36
Betreff: Kontaktanfrage

Ich möchte die schöne Seele hinter der Fassade dieser kühlen Intellektuellen entdecken. Gibt es einen Weg dorthin?
... fragt Jean-Paul

Nachricht von Ulrike 29.07. · 23:51
Betreff: Seele, verborgen wohinter auch immer

Lieber Jean-Paul,
auf freundliche Fragen gibt es freundliche Antworten. Die Risiken allerdings bleiben: Was, wenn die Fassade als nicht ausreichend kühl-intellektuell, die Seele dahinter als nicht ausreichend schön empfunden wird? Das Portal verrät nicht viel über dich, den Kandidaten Jean-Paul, nur so viel: Er ist Kunsthändler, für hiesige mitteleuropäische Verhältnisse äußerst reproduktionsfreudig und offenbar ausgesprochen selbstbewusst – keine störende, weil umfangreiche Selbstbeschreibung schiebt sich zwischen ihn und die Projektionen empfindungswilliger, ach, wenn nicht gar empfindungsbedürftiger Seelen. Das Verantwortungsbewusstsein eines Mannes, der Vater so vieler Kinder ist, muss zwangsläufig tief gründen. Dass er dabei sinnlich-lustvoll ist, darf voller Zuversicht erhofft werden. Dies antwortet Ulrike und schaltet entschlossen ihre Bilder frei.

Nachricht von Jean-Paul 30.07. · 00:41
Betreff: Nachricht an eine schöne Seele

Liebe Ulrike,
die schöne Seele verbirgt sich hinter einer schönen Fassade, die sowohl intellektuell als auch kühl, aber auch nicht zu kühl, zu sein scheint. Danke für deine Bilder, sie offenbaren eine selbstbewusste Introversion – was eine interessante Mischung ist.

Lass mich ohne Zurückhaltung auf einen entscheidenden Punkt kommen: Dieses Portal, diese Systematik – das ist nicht meine Welt. Darum ist die Selbstbeschreibung knapp ausgefallen und es gibt keine Fotos von mir. Obwohl – ich gestehe es: Deine diskreten und dabei aufschlussreichen Statements über dich selbst waren lesenswert, und ohne sie würde es diesen Kontakt nicht geben. Ich blieb hängen an einem unausgesprochenen Versprechen, das ich meinte, wahrnehmen zu können. Ich werde in einer hoffentlich bald stattfindenden ersten Begegnung alles »nachliefern«, ohne Vorbehalte, damit du dir ein Bild machen mögest von einem Mann, der sich nach einem wirklichen, leibhaftigen Gegenüber sehnt: adäquat und sehr weiblich.
Ich würde dich gern treffen. Bald. Sehr bald.
Jean-Paul

Nachricht von Ulrike 30.07. · 10:55
Betreff: Sein zweiter Name sei Ungeduld

Lieber Jean-Paul,
wenn du mit der gleichen charmanten Zielstrebigkeit deinem Beruf nachgehst, musst du sehr erfolgreich sein. Entschlossene Männer sind das Verhängnisvollste, was einer Frau passieren kann. Was ist dein Terminvorschlag? Ulrike

Nachricht von Jean-Paul 30.07. · 11:15
Betreff: Genährte Ungeduld

Liebe Ulrike,
morgen 18 Uhr. Ich komme an den Ort, an dem du mich treffen möchtest.
Überaus erwartungsvoll, J.-P.

Nachricht von Ulrike 30.07. · 11:25
Betreff: Der Ort

Lieber Jean-Paul,
nachdem du die Uhrzeit fixiert hast, lässt du mir die Wahl des Wo. Wieder sehr charmant. Ich schlage das »Brel« vor. Was es ist, weiß ich nicht genau – Café, Bar, Bistro, Restaurant –, egal. Am Savignyplatz. Kennst du es? Da ich nicht weiß, wie du aussiehst, ergänze ich folgende Informationen zum Phänotyp: Ich bin extrem kurzsichtig und trage deswegen häufig eine sehr schöne, sehr schwarze Brille. (Schwarz ist allerdings nur der Rahmen.)
Ulrike

Die erste Begegnung mit Jean-Paul

Ich bin zu früh. Nach meinem Erlebnis mit Alexander kein gutes Omen. Das »Brel« ist fast leer, nur einige wenige Tische sind besetzt, die Bar gänzlich verwaist. Der nette ältere Kaffeekünstler, der Barista, weiß längst, dass er mit koffeinhaltigen Heißgetränken bei mir nicht landen kann – ich war einfach zu oft hier. Nicht uncharmant fragt er mich: »Madame, 80 Grad warmes Wasser, wie immer? Ich könnte dazu eine weiße Päonie anbieten.« Ich genieße es, aufmerksam behandelt zu werden – in Berlin ein eher seltenes Vergnügen –, und teile ihm enthusiastisch mit, dass das mit großem Abstand die Sorte grüner Tee ist, die ich am allerliebsten mag. Er verzieht fast unmerklich das Gesicht. Offenbar kann er nicht begreifen, wie man ein hellneongrün gefärbtes, spülwasserwarmes Gebräu in sich hineinschütten kann, wo ich bei ihm doch jeden exquisiten Kaffeegenuss haben könnte. Das geht entschieden gegen seine Barista-Ehre.

Um 18.15 Uhr bin ich beim zweiten Tee angelangt und stelle fest, dass sich hier offenbar das erste Versetztwerden ankündigt. Ich schiele nach dem Zeitschriftenstapel und fische die schon ziemlich zerlesene *Zeit* hervor. Macht ja schließlich keinen guten Eindruck, wenn man deutlich nach dem akademischen Viertel an den Fingernägeln herumprökelnd von einem Möglicherweise-Lover an einer leeren Bar vorgefunden wird.

Als ich beim Dossier angelangt bin, hat sich meine Konzentration von der Erkenntnis des offensichtlichen Versetztwordenseins bereits auf die Lektüre verlagert. Ich blicke nur zwischendurch auf und schaue auf den Savignyplatz hinaus. Die nervöse Anspannung, die mich regelmäßig bei den ersten Verabredungen befiel, ist einer Neugier gewichen, die je nach Tagesform mal mehr oder mal weniger gelassen ausfällt.

Der Barbereich des Brel ist ganz klassisch wie ein abgerundetes L geformt, der kurze Winkel steht parallel zur Fensterfront. Am Ende dieses Tresenstummels hat sich inzwischen ein junger Mann in Begleitung eines Espresso eingenistet. Er lehnt mit dem Rücken an der Wand, dreht behände und ohne hinzusehen aus einem hellblauen Päckchen mit »Gauloises Caporal«-Tabak krumme filterlose Zigaretten auf Vorrat und mustert mich dabei spöttisch. Ich schätze ihn auf höchstens Anfang dreißig. Trotz aller inneren Gelassenheit muss ich wohl nach Blind Date aussehen. Da kann man nichts machen.

Ich fange an zu überlegen, ob das jetzt nicht ein passender Zeitpunkt wäre, das Genre zwar nicht radikal zu wechseln, aber vielleicht zu verändern – warum nicht mal ein jüngerer Mann? Wie muss man diese Spezies ansprechen? Ich habe keine Ahnung von Männern Anfang dreißig. In meinem guten Vierteljahrhundert sexueller Aktivität kam ich kaum jemals mit Vertretern dieser Altersgruppe in Berührung. Jedenfalls kann ich mich nicht erinnern. Während ich gedanklich diesen eher technisch-theoretischen Überlegungen nachhänge, fliegt die Tür auf. Ein für Ende Juli außergewöhnlich frischer Windzug weht herein, bevor er von dem dunkelroten unhygienischen Filzvorhang, der vor der Eingangstür eher steht als hängt, absorbiert wird. Außer der Abendkühle hat es einen großen Mann hereingeweht, der jetzt mit weit aufgerissenen Augen (auch kurzsichtig?) an der Tür steht, kaum vier bis fünf Meter von mir entfernt. Er schaut sich suchend um, bis er geradeaus und damit direkt mich anblickt. Mein erster Gedanke ist: Gut sieht er aus. Ein Mann zum Aus- und Vorführen, der bei nicht so engen Freundinnen spitze Laute des Entzückens auslöst und meistens die nicht minder spitze Frage: »Wo hast du denn den her?«

Jean-Paul gibt ganz klar den Kulturmenschen, den Ästheten. Zu viel Fingerfood und Weißwein auf zu vielen Vernissagen haben einem ursprünglich sehr schön geschnittenen, markanten Gesicht ein leichtes Polster unterlegt, seine Figur wirkt weich, dabei aber gar nicht einmal unmännlich. Er wirkt wie ein arrivierter Künstler, der sein gutes Leben lebt und liebt. Sein Kleidungsstil ist nicht auffällig, aber aufwendig und teuer. Er schätzt exquisite, schmeichelnde Materialien: Ein leichter dunkelblauer Kaschmirmantel, fast bodenlang und schmal geschnitten, wird begleitet von einem Seidenschal mit klassischem Paisleymuster in Bordeauxrot und Dunkelblau. Sein dunkelgrauer Anzug sitzt exzellent und dabei lässig, zum weißen Hemd trägt er keine Krawatte, dafür aber dezente goldene Manschettenknöpfe. Gediegene schwarze Budapester runden seine perfekte Erscheinung ab. Das bereits ergraute Haar ist für einen Mann Mitte fünfzig sehr voll, er trägt es genialisch etwas zu lang und aus dem Gesicht frisiert. An seine typische Geste, sich mit schmalen (manikürten!) Fingern das Haar aus dem Gesicht zu streichen, werde ich mich noch lange erinnern.

»Du musst Ulrike sein. Aber, wo ist deine Brille?« – »Jean-Paul. Guten Abend. Ich glaube, die liegt an meinem Bett.« – »Na, da liegt sie ja gut. Kannst du was sehen?« Ich blinzle. »Schwach. Meine Kontaktlinsen sind vom langen Warten leider schon etwas eingetrocknet. Aber es geht gerade noch.« Jean-Paul zuckt leicht zusammen. »Oh, ja, sorry, ich bin zu spät. Ich komme direkt von einem Termin mit einem Sammler. Hat leider länger gedauert als geplant. Und dann – natürlich keine Parkplätze weit und breit. Ich hatte schon Angst, du bist weg.«

Ich deute auf die *Zeit*, die aufgeschlagen auf dem Barhocker vor mir liegt und ihm diesen Platz verwehrt, schaue aber in Richtung des Anfangdreißigers am Fenster, der die Szene mit dem interessierten Blick eines Insektenforschers zu beobachten scheint. »Ich habe versucht für Ablenkung zu sorgen, denn mir fiel ein: Der Mann hat schließlich zwei akademische Titel. Vielleicht kommt er darum eine halbe Stunde später, statt einer viertel. Dafür bist du fast ein bisschen früh.« Er stöhnt zerknirscht, wirkt dabei aber durchaus fröhlich. »Darf ich trotzdem bleiben? Diese Art der Zurechtweisung mag ich gern. Ich werde mich bemühen, dass das nie wieder vorkommt. Nie wieder.«

»Natürlich kannst du bleiben. Bitte. Wie du siehst: Meine Neugier war größer als mein Bedürfnis, beleidigt zu reagieren.« Jean-Paul strahlt mich an. Ein umwerfendes, warmes, intensives Lächeln. Ich verstehe sofort, dass dieses Lächeln Bilder verkauft und Frauen in Betten schubst. Er legt eine sündteure Collegemappe von Hermès auf den Tresen, zieht seinen Mantel aus, nimmt die *Zeit* mit einem einverständniseinholenden Blick vom Barhocker, legt sie neben seine Mappe und setzt sich. Damit ist er fast auf Tuchfühlung mit mir.

Nachdem er kurz, aber freundlich bestellt hat, wendet er sich mir zu. Dabei wirkt er sehr aufgeräumt. Er nimmt meine Hände, hält sie einfach fest und schaut mich an. Er hat auffallend schöne dunkle Augen undefinierbarer Farbe, sinnliche Lippen, nur seine Nase ist zu groß und würde etwas grob wirken, wäre der Rest der Erscheinung nicht so elegant, fast schon aristokratisch. An schlechten Tagen könnte Jean-Paul etwas verlebt wirken, er hat deutlich ausgeprägte Tränensäcke, die von lamellenartigen Lachfalten durchzogen werden – wie beim trinkfreudigen Landadel. Heute scheint aber eher ein guter Tag zu sein. Oder er ist dezent geschminkt. Das kann ich aber wegen meiner tatsächlich oberflächentrockenen Kontaktlinsen nicht richtig erkennen.

»Weißt du, dass du die erste Frau bist, die ich treffe?« Ich lächle ihn an. »Das ist eine charmante Lüge. Oder bist du Dauerspender bei einer führenden deutschen Samenbank?« Er braucht gerade so lange, dass es nicht begriffsstutzig wirkt, bis er anfängt zu lachen. »Ja. Nein. Natürlich. Ich meinte ...« Er beugt sich vor, seine Knie stoßen an meine, dann küsst er mich – und zwar sehr lange, sehr selbstverständlich, sehr selbstbewusst. Der Mann weiß, dass er exzellent küssen kann. Der Anfangdreißiger zwinkert mir vergnügt zu. So, als wolle er mich zu Kunststückchen ermuntern.

Jean-Paul beendet erst nach geraumer Zeit seinen ersten Kuss. »Du bist ironisch. Das gefällt mir. Also, ich meinte natürlich: Du bist die erste Frau, die ich im Internet kennengelernt habe.« Ich bezweifle, ob das ein gutes Omen ist. Vielleicht ist es auch einfach gelogen. Hoffentlich, denn ich habe kein Bedürfnis nach einer ähnlichen Begegnung wie mit Martin, dem Novizen.

Als sein Kaffee vor ihm steht, beginnt Jean-Paul zu erzählen. Er ist ein Spätberufener, was seine jetzige Tätigkeit im Kunsthandel betrifft. Sein Doppelstudium in Betriebswirtschaft und Kunstgeschichte war ein Kompromiss zwischen elterlicher Anforderung, den Familienbetrieb zu übernehmen, und trotzig bis zur Habilitation (in beiden Fächern!) durchgesetzter Neigung. Bis er dieser endlich nachgehen konnte, mussten erst die Eltern sterben, damit er das grundsolide Maschinenbauunternehmen in seinem Sinne umstrukturieren konnte. Mit der Installation einer von ihm und seinen Geschwistern kontrollierten Geschäftsführung war der Weg frei, sich im Kunstmarkt seinen Platz zu erobern.

Seine Idealvorstellung ist, den richtigen Künstler mit dem richtigen Sammler am richtigen Ort zu verbinden. Zu viel gute Kunst würde an falschen Orten hängen, und umgekehrt, zu viele Sammler würden nach ökonomischen Gesichtspunkten erwerben – nach Art von hübschen Aktien, die man sich auch noch an die Wand hängen kann. Zu viele Künstler verfügten nämlich über mehr Marketingfähigkeiten als Schöpferkraft und würden völlig unnötig gehypt. In Berlin gäbe es aber viel unentdecktes Potenzial, und manchmal seien junge Künstler noch wie Rohdiamanten zu finden.

Was er erzählt, ist für mich wie aus einer anderen Welt. Ich finde es interessant, aber auch ein bisschen spinnert. Das sage ich ihm. Er lacht und fragt, wie ich mir denn meine Welt gestrickt habe? Ich erzähle ihm von meinem Spagat zwischen sehnsüchtigen Großstadtvisiten und dem einsamen Leben auf dem Land, das ich seit einiger Zeit führe. Was es bedeutet, sich als Außenseiter und Quereinsteiger mit ökologischer Landwirtschaft zu befassen. Wie es ist, plötzlich mit Kühen umzugehen, wo das größte Lebewesen, mit dem ich bis dahin zu tun hatte, ein Hütehund war. Ich berichte von schmallippigen Agrarbürokraten, verklemmten Naturschutz-Stalinisten und holsteinischen Industriebauern, denen das Fassungsvermögen ihrer Güllewagen ein Statussymbol von erotischer Größenordnung zu sein scheint. Aber auch vom Glücksgefühl, morgens um sechs auf einer Weide mitten im hohen Gras ein neugeborenes Kalb zu finden. Von der freundlichen Gelassenheit, die ein Sechshundert-Kilo-Bulle ausstrahlt, während er sich genussvoll streicheln lässt. Von der weiten Stille, die mich täglich umgibt und die mich gelehrt hat, mit mir selbst auskommen zu müssen, aber auch auskommen zu wollen. Und von meiner Zerrissenheit, mich nicht für eine der beiden Welten entscheiden zu können. Während ich Jean-Paul all das erzählte, bemerke ich, wie eine Veränderung in ihm vorgeht. Sein vordergründiger Verführercharme scheint echtem Interesse zu weichen. Er schaut mich zunehmend ernst und aufmerksam an. Wieder nimmt er meine Hände und sagt: »Ich habe das hier unterschätzt. Ich würde gern noch viel mehr von dir erfahren und möchte dich so schnell wie möglich wiedersehen. Leider habe ich jetzt noch einen Termin. Ökonomische Zwänge, wenn du so willst. Meine Klienten zeichnen sich dadurch aus, dass sie umso weniger Zeit haben, je mehr sie verdienen. Da muss ich immer dann ansprechbar sein, wenn ihr Terminkalender es zulässt.« Wir verabreden uns für den späten Vormittag des nächsten Tages, da ich danach zurück zu Kuh, Kalb und Bulle muss.

Nachdem Jean-Paul eine Weile fort ist, macht auch mein jugendlicher Beobachter Anstalten aufzubrechen. Er holt seine Jacke, die an einem Kleiderständer hinter mir an der Wand hängt. Zum Anziehen des etwas angeranzten Vintage-Style-Irgendwas mit zwei Ärmeln bleibt er neben mir stehen und schaut mich an. »Dem hast du ja schön Feuer unterm Arsch gemacht. Wenn mir so was passieren würde, fände ich das bestimmt umwerfend. Als Beobachter wirkt es irgendwie eher beängstigend. Vielleicht sehen wir uns ja noch mal? Ich bin ab und an hier.« Ich schaue ihn an und muss dabei nach oben sehen, weil er relativ groß ist und ich auf dem Barhocker sitze. »Wenn man seine Ängste überwindet, passieren manchmal die merkwürdigsten Dinge. Ich bin auch ab und an hier.« Er grinst mich an. »Ich weiß.« Danach ist er auch schon zur Tür hinaus. Als ich meine diversen grünen Tees bezahle, lehnt sich mein Barista über den Tresen: »Madame, gestatten Sie mir zwei Bemerkungen: Erstens, ich bewundere Ihre Effizienz. Zweitens, ich würde dem jungen Mann den Vorzug geben.« Wenn ich schwul wäre wie vermutlich der Barista, würde ich auch so entscheiden, denke ich und sage: »Danke für beide Bemerkungen. Ich hatte gar nicht vor, effizient zu sein. Ich werde Ihre Einschätzung bei meinen Überlegungen berücksichtigen.« – »Bitte, Madame, gern geschehen. Der junge Mann heißt übrigens Ben.«

Nachricht von Jean-Paul 01.08. · 03:41
Betreff: Sehen & Fühlen – Getroffen

Am Eingang des »Brel« stand ich, noch im Schatten, sah hinein – sah dich, es funkelte, ich zögerte, suchte die angekündigte Brille, hörte mein Herz schlagen, sah deinen Blick. Was für ein Bild ...

Liebe Ulrike,
du siehst, es hat mich erwischt – und es ist keine Besserung in Sicht!
Würde jetzt liebend gern mit dir sitzen und dich fühlen, in den tiefen, glitzernden See deiner Augen schauen. Ich bin gern bei dir und froh, dass wir den Fäden gefolgt sind, die uns zusammenführten.
Es ist schön, dass es dich gibt. Ich freue mich auf morgen.
Schlafe und träume schön.
Jean-Paul

Die zweite Begegnung mit Jean-Paul

Wir treffen uns in einem Café in Wannsee, einem Berliner Stadtteil, der sich gern selbst für mondän hält. Für Hamburger Verhältnisse ist das gerade eben gehobene Mittelklasse. Ich bin seit Jahren nicht mehr dort gewesen und mir fällt auf, dass die Eleganz der meisten Gäste reine Selbsttäuschung ist. Zu viele grell-karierte Escadajäckchen, zu viele Hüte, zu viel Schmuck, der noch aus Zeiten stammt, wo man in Berlin Hochkarätiges entweder bei David Goldberg oder Axel Sedlatzek kaufte. Nicht wenige Damen besuchen denselben Schönheitschirurgen, wie man an der stereotyp korrigierten Nase sehen kann. Es ist das, was zu gewissem Reichtum gelangte Autohändler und Immobilienunternehmer nebst ihren Gattinnen unter Klasse verstehen.

Jean-Paul wirkt in Jeans, weißem Hemd und dunkelblauem Sakko mit braunen Wildlederschuhen und passendem Gürtel dagegen angenehm lässig. Ich bemerke, dass er sich hier offenbar inmitten seiner Klientel aufhält, wie man am eifrigen Zunicken untereinander sehen kann und daran, dass einige Damen mit Argusaugen beobachten, wie er mich zur Begrüßung in die Arme nimmt und küsst. Was ausgesprochen intensiv wirkt. Auch auf mich.

Nachdem ich meinen Darjeeling ausgetrunken habe, fragt Jean-Paul, ob ich Lust hätte, mir seinen neuen Galerieraum anzusehen. Jetzt gleich. Er sei gerade fertig geworden und wahnsinnig stolz. So etwas würde es seines Wissens in New York oder vielleicht London geben, aber sonst nirgendwo in Europa. Ich gebe zu, dass ich neugierig bin.

Vor der Tür des Cafés steht ein schwarzer Jaguar Sovereign 4.2 älteren Baujahrs. Jean-Paul öffnet die Beifahrertür, damit ich einsteigen kann. Innen ist das Auto bis auf den dicken schwarzen Veloursbodenteppich komplett mit cognacfarbenem Leder ausgeschlagen. Lenkrad, Knauf der Automatikschaltung und Armaturenverkleidung sind aus farblich abgestimmtem Bruyèreholz. Obwohl es kein neues Auto ist, wirkt es, als käme es direkt aus einer englischen Manufaktur.

Der Weg ist nicht weit, obwohl wir Berlin verlassen. Jean-Paul und ich fahren über die Glienicker Brücke. Am anderen Ufer der Havel liegt die inzwischen mondäne Berliner Vorstadt, die trotz des Namens bereits zu Potsdam gehört. JeanPaul lässt seinen Jaguar in eine Tiefgarage gleiten, die zu einem unauffällig noblen Wohnblock in Ufernähe gehört. Sie stellt sich als umfangreiches unterirdisches Labyrinth heraus. Solche Garagenanlagen würden aus Gründen der Sicherheit und Diskretion inzwischen häufiger gebaut, erzählt er mir dabei. Auf diese Weise vermeide man protzige Fuhrparks vor dem eigenen Haus, und es sei von außen nicht nachvollziehbar, wann man das Haus betrete und verlasse. In vielfältigen Lebenslagen sicher eine clevere Lösung, denke ich und habe tatsächlich völlig die Orientierung verloren, als wir die Garage über mehrere Sicherheitsschleusen verlassen und einen Aufzug besteigen.

Als die Aufzugtür sich öffnet, bin ich wirklich beeindruckt: Vor mir liegt ein riesiger Raum: mindestens fünf Meter hoch, fast leer und fensterlos, die Wände sind mattweiß gestrichen. Es ist taghell, denn die Decke ist vollständig verglast. Die einzigen Möbel sind Barcelona-Sessel, -Hocker und -Liegen von Mies van der Rohe aus weißem Leder, die sich in der Weite des Raums verlieren. Rechts neben der Fahrstuhltür entdecke ich noch einen Schreibtisch, vermutlich ein weißes Replikat von Marcel Breuers Klassiker S 285 aus den Zwanzigerjahren mit einem dazu passenden Stahlrohr-Freischwinger, ebenfalls mit weißem Leder bezogen. In der optischen Mitte des Raumes befindet sich – schwerelos, weil scheinbar frei schwebend – ein einzelnes großes Bild. Bei näherem Hinschauen bemerke ich, dass es an feinen Drahtseilen hängt. Diese sind an Haltepunkten unter der Decke angebracht, in Stahlträgern, die die riesigen Scheiben des Glasdachs halten. Ich trete vor das Bild. Mein nicht eben ausgebildeter Kunstgeschmack sagt mir, dass dieses abstrakte, großflächige Œuvre wohl eher kein Jahrhundertmeisterwerk ist – die Inszenierung dazu ist aber zugegebenermaßen fantastisch.

Jean-Paul tritt hinter mich, umschließt meine Hüften mit seinen Händen, zieht mich an sich und sagt: »Hier wird der Betrachter durch nichts abgelenkt. Volle Konzentration auf das Wesentliche. Das macht diesen Raum magisch.« – »Das ist exzellentes Marketing in einem spektakulären Raum, mein Lieber. Glückwunsch«, antworte ich leise. Jean-Paul zeigt mir noch die Nebenräume, die unauffällig hinter dem zentralen Zugang, der aus Sicherheitsgründen ausschließlich über den Aufzug erfolgt, liegen: zwei Büros, eine Küche und ein Schlafzimmer mit angrenzendem Bad. (»Wenn ich lange arbeite, übernachte ich manchmal hier.«) Ich überlege, ob es viele Kunstsammlerinnen gibt.

Leider hat Jean-Paul an diesem Vormittag noch diverse Termine – und auf mich warten am Nachmittag eine lahmende Kuh und ein Tierarzt. Wir vereinbaren, uns so bald wie möglich wiederzusehen, an einem Abend ohne andere Termine.

Nachricht von Ulrike 03.08. · 20:52
Betreff: Bitte noch keine Besserung

Lieber Jean-Paul,
ich hätte nichts dagegen, wenn die Rückkehr zur Normalität noch ein bisschen warten könnte. Diese Phase, in der Gefühle nicht mit sich diskutieren lassen, eine Mischung aus Nicht-abwarten-Können und

Hinauszögern-Wollen, zwischen Fremdsein und Vertraut-werden-Wollen, zwischen Euphorie und auf Nachsicht gepolter Lebenserfahrung, die hat in dieser merkwürdig maroden Welt etwas widersinnig Sinnstiftendes. Du strahlst eine ganz entwaffnende Wärme aus. Und dann sagst du auch noch, was du und wie du dich fühlst. Das finde ich ungewöhnlich. Und es gefällt mir sehr, sehr gut. Also, mein Appell an dich kann nur lauten: Pflege unter allen Umständen diese kleine, vielleicht ansteckende Hormonstörung namens Verliebtheit.
Es war schön, dich heute zu sehen, auch wenn es nur eine kleine, kurze Stunde war. Alter lehrt Geduld. Manchmal jedenfalls. Und ansonsten ist das ein ziemlich blöder Spruch. Ich würde dich jetzt sehr gern küssen. Oder lieber noch geküsst werden. Das kannst du nämlich sehr gut.
Ulrike

Nachricht von Ulrike 04. 08. · 00:40
Betreff: Geduld & Gelassenheit

Lieber Jean-Paul,
ich habe dir bisher nicht erzählt (dafür waren die Zeiträume, die uns bis jetzt zur Verfügung standen, einfach zu kurz), dass mich vor einiger Zeit eine ausgesprochen ungute Erfahrung mit dem PAIRFECT-System fast dazu bewogen hätte, mich dort wieder auszuklinken. Ich hatte sozusagen schon auf dem Sprungbrett gestanden, mich zu verlieben – und mir einen der heftigsten Körbe meines Lebens eingefangen. Heftig deswegen, weil das für mich völlig unerwartet kam. Ich habe also mit Disziplin, großer Enttäuschung und äußerst gekränkter Eitelkeit versucht, mich wieder zur Ruhe zu bringen.
Und dann kam da plötzlich Jean-Paul in mein Leben geschneit, erst einmal ins virtuelle. Ausgestattet mit völlig indiskutablen zwei Matching-Stars, dafür offenbar strotzend vor Selbstbewusstsein. (Wofür braucht dieser Mann eine ausführliche Selbstbeschreibung? Der Frau ist sowieso nicht zu helfen, die nicht auf die Schlüsselwörter »Sinnlichkeit« und »Ästhetik« anspringt …) Setzte sich dann im »Café Brel« mit der aller-

größten Selbstverständlichkeit und dunklen, wissenden Augen vor mich hin und begab sich gleich auf einen ersten Tauchgang in meine Seele. Was man in sechzig Minuten eben so schafft, denn mehr Zeit hatte der Mann ja nicht.
Da ging ich dann allein quer über den Savignyplatz nach Hause und versuchte erstens: nicht dem fatalen Glauben an die Beliebigkeit urbaner Beziehungen anheimzufallen. Zweitens: mir eine soeben eingetretene Faszination sofort wieder auszureden. Und drittens: mir klarzumachen, dass ich gerade einen ziemlich gut aussehenden, überaus angenehm riechenden und überhaupt nicht blöden Mann getroffen hatte, der sich zu allem Unglück auch noch ausgesprochen souverän benahm.
Auf so viel Offenheit und interessierte Zuwendung von dir war ich weder gefasst noch eingestellt. Ich habe also in den Tagen danach mehrfach das Wenige an Info, das bei PAIRFECT über dich verfügbar war, angesehen, um herauszubekommen, was da eigentlich los ist. Ohne nennenswerten Erfolg. Schließlich kam eine Mail. Darin stand, du seiest froh, dass wir den Fäden gefolgt seien, die uns zusammenführten. Herzerwärmend romantisch ist das, dachte ich. Aber was ist, wenn er recht hat? Was sind das für Fäden? Zufall? Fügung? Konditionierung?
Ich habe auf nichts von alledem eine brauchbare Antwort. Ich versuche daher, mich zwischen offener Erwartungslosigkeit und hoffnungsvoller Neugier auszubalancieren. Keiner romantischen Verklärung zum Opfer zu fallen, aber mir auch nicht mit unnützer Abgeklärtheit einer vagen Möglichkeit den Weg in die Realität zu versperren.
Ich freue mich sehr darauf, dich bald wiederzusehen. Ich bin gespannt. Ich bin neugierig auf dich. Und ab sofort übe ich mich in Geduld und Gelassenheit.
Ulrike

Nachricht von Jean-Paul 04.08. · 08:52
Betreff: Sehnsucht

Liebe Ulrike,
danke für deine herzerwärmende Mail. Es ist wunderschön, mit dir zu kommunizieren. Ich freue mich darauf, dich in meine Arme nehmen zu können! Bist du Dienstagmittag vielleicht schon in Berlin, und auch am Abend? Ich verspüre Sehnsucht und Verlangen, mit dir länger als sechzig Minuten Wärme auszutauschen, meine Gedanken mit dir zu teilen.
Sei lieb gegrüßt und viele Male geküsst,
Jean-Paul

Nachricht von Ulrike 04.08. · 21:09
Betreff: Verstand & Sehnsucht

Lieber Jean-Paul,
ich werde versuchen, am Dienstag in Berlin zu sein. Die Aussicht auf einen – ganzen – Abend mit dir erscheint mir so außergewöhnlich, dass mein Verstand zur Besonnenheit mahnt: Es könnte ja noch etwas dazwischenkommen.
Obwohl ich das ewige Hakeln zwischen meinem Kopf und meinen Gefühlen nun wirklich lange kenne, hat die Rivalität der beiden in diesen Tagen eine andere Qualität angenommen: Sie ist intensiver.
Die Vorstellung, deine Wärme zu spüren, ist mit dem Wort verführerisch nur unzureichend beschrieben. Sehnsucht und Verlangen nach Austausch: Das ist der Kern dieser manchmal aussichtslos erscheinenden Suche, auf der wir uns das halbe Leben befinden.
Gute Nacht, Jean-Paul. Ich küsse dich.
Ulrike

Die dritte bis zirka fünfundzwanzigste Begegnung mit Jean-Paul

Jean-Paul und ich verbringen fast jede freie Minute miteinander, wenn ich in Berlin bin. Da er viel unterwegs ist, treffen wir uns an manchen Tagen vier- oder sogar fünfmal. Leider nie mehr als ein bis zwei Stunden am Stück. Auch die gemeinsamen Nächte sind kurz, da er häufig spät abends oder sehr früh morgens Klienten trifft. Wir sind beide der Ansicht, dass wir dem, was sich zwischen uns entwickelt, erst einmal Zeit und Raum lassen wollen, darum klammern wir vorläufig Kontakte mit Freunden, Kindern und anderen Familienmitgliedern aus. Sein jüngster Sohn, obwohl eigentlich bereits erwachsen, wohnt noch bei ihm, deshalb treffen wir uns entweder bei mir oder in seiner Potsdamer Galerie. Dieses exklusive gemeinsame Alleinsein genieße ich sehr und möchte den Zeitpunkt, an dem dieses Gefühl »offiziell« wird, so lange wie möglich herauszögern. Ich weiß, dass es das Ende der ersten Intimität bedeutet. Die normative Kraft des Faktischen soll bitte noch warten.

Ich schwebe auf einer dicken Wolke, denn Jean-Paul ist einer von den Männern, die in der Lage sind, einer Frau dieses solide »Ich-bin-eine-Prinzessin«-Gefühl zu vermitteln. Der Sex mit ihm ist vom ersten Moment an ungezwungen und leicht. Ich hatte schon fantasievollere Liebhaber, das macht mir aber nichts aus. Wie häufig in solchen Situationen rede ich mir ein, dass sich Sex miteinander entwickeln lässt und mit der Zeit einfach besser wird. Was natürlich großer Quatsch ist. Ich weiß eigentlich längst, dass guter Sex Interesse an intensiver Interaktion voraussetzt und auch mit Begabung zu tun hat. Vergleichbar mit guten und schlechten Autofahrern oder Köchen. Jean-Paul ist durchschnittlich interessiert und nicht übermäßig begabt.

Die Wochen vergehen, das Verhältnis zwischen Jean-Paul und mir spielt sich auf angenehme Weise ein. Wir beginnen, uns gegenseitig ins Vertrauen zu ziehen. Eines Vormittags ruft er mich aus der Galerie an und will ein gemeinsames Mittagessen absagen. Seine Sekretärin sei erkrankt und er müsse Unterlagen für den anstehenden Monatsabschluss, die pünktlich zum Steuerberater müssten, kurzfristig selbst zusammenstellen. Reflexartig biete ich meine Hilfe an. Jean-Paul ist überrascht, nimmt mein Angebot aber nach kurzem Überlegen an.

Als ich in Potsdam eintreffe, finde ich ihn inmitten von Bergen unsortierter Papiere vor. Einigermaßen planlos pickt er einzelne Blätter aus Stapeln und komponiert daraus neue, zwischendurch läuft er ins Nebenbüro, um weitere Akten zu holen. Ich schlage ihm vor, die Papiere grob und grundsätzlich nach Themen zu sortieren: Rechnungseingang, Rechnungsausgang, Steuerberater, Rechtsanwalt, Unternehmensberater und so weiter. Er nimmt meinen Vorschlag dankbar an.

Mir wird mit einem nicht näher identifizierbaren, aber flauen Gefühl klar, dass hier viel mehr herumliegt, als nur der Monatsabschluss. Die nächsten Stunden arbeiten wir uns schweigend durch das Chaos. Ich verlasse nur gelegentlich das Büro, um mir die verdreckten Hände zu waschen. Viele Papiere scheinen schon sehr lange herumzuliegen, es hat sich bei ihnen eine patinierende Staubschicht gebildet.

Jean-Paul kocht von Zeit zu Zeit Tee oder er telefoniert, ziemlich viel und ziemlich lange. Schließlich muss er fort, um einen Auftraggeber zu treffen. Ich kämpfe allein weiter gegen die Papierflut, aber auch gegen ein aufsteigendes Unlustgefühl. Es ist längst dunkel geworden, als Jean-Paul wieder ins Büro kommt. Er erwarte gleich eine weitere wichtige Kundin, die vorhabe, mit seiner Hilfe eine Sammlung aufzubauen. Es sei ihm sehr unangenehm, aber es wäre besser, wenn sie mich nicht treffen würde. Während ich noch überlege, wie blöd ich diese Situation finde, klingelt es an der unteren Sicherheitsschleuse – die Dame ist bereits im Anmarsch.

Da es keinen Hinterausgang gibt, entscheide ich, einfach im Büro zu bleiben. Ich schicke Jean-Paul hinaus, schließe hinter mir ab – und bin sauer. Auf mich, auf Jean-Paul, auf die ganze Situation. Schließlich ist überhaupt nicht absehbar, ob ich hier für dreißig Minuten oder für drei Stunden interniert sein werde.

Ich setze mich mit einer Tasse Tee an den Schreibtisch und habe den unbestimmten Eindruck, wieder einmal im Landeanflug auf die Realität zu sein. Vor mir steht ein Karton mit Unterlagen, die ich alle als irgendwie privat eingestuft habe: Briefe, Postkarten, Handschriftliches, Notizen, Fotos. Daneben befindet sich ein zweiter Karton, in den ich alles hineinwarf, was mit dem Maschinenbauunternehmen zu tun hat, das Jean-Paul von seinen Eltern übernahm. Obenauf liegt der Gesellschaftsvertrag, der die Bestellung eines externen Geschäftsführers dokumentiert. Ich fange an zu blättern, zu lesen – und zu stutzen. Ich krame weiter. Tiefer unten im Karton liegen andere Gesellschaftsverträge. Ich schaue nur noch nach den Vermerken zu Gesellschaftern und Eigentumsverhältnissen.

Nachdem ich diese Papiere durchgesehen habe, werfe ich einen Blick in die privaten Unterlagen. Mein Unbehagen wird nicht kleiner. Im Gegenteil. Nach ungefähr einer Stunde habe ich bedauerlicherweise ein ganz anderes Bild von Jean-Paul als noch am Vormittag. In aller Kürze zusammengefasst, sieht das so aus: Jean-Paul hat sich mir gegenüber etwas ungenau ausgedrückt, um es vorsichtig zu formulieren. Das Unternehmen, das er geleitet hat, gehörte nämlich nicht seinen Eltern, sondern seinen Schwiegereltern. Er hat nicht die Firma übernommen, sondern nur die Position des angestellten Geschäftsführers. Wegen Unregelmäßigkeiten, die er mutmaßlich zu verantworten hatte, wurde er in dieser Funktion abberufen und ein externer Geschäftsführer bestellt; alle Geschäftsanteile lagen und liegen bei seiner Frau. Dokumente zu einer Trennung oder Scheidung finde ich nicht. Die Unregelmäßigkeiten haben mit einer Immobilie zu tun, die für exorbitant viel Geld um- und ausgebaut wurde. Die Vermutung liegt nahe, dass es sich hierbei um die Galerie handeln könnte.

Bei Durchsicht der privaten Unterlagen stelle ich fest, dass offenbar nur das älteste seiner fünf Kinder ehelich ist. Die anderen vier Kinder sind Früchte außerehelicher Eskapaden – Jean-Paul hat großzügig seine genetischen Spuren hinterlassen. Weniger großzügig war er dagegen bei der finanziellen Ausstattung seiner Sprösslinge. Ich finde unappetitliche Schriftsätze von renommierten Familienanwälten, in denen um jeden Euro Unterhalt gefeilscht wird, und handschriftliche Briefe von mehreren Frauen, die – ohne anwaltliche Unterstützung – dringend um Zahlung von Unterhaltsleistungen bitten. Zahlungen, die zum Teil seit Jahren ausstehen. Mittendrin entdecke ich noch eine Rechnung, die ich übersehen haben muss, sie hätte in den Autostapel gehört. Sie betrifft die Lederausstattung für den Jaguar, die in England runderneuert und komplett handgefertigt wurde – für einen Betrag im mittleren fünfstelligen Bereich.

Mehr möchte ich nicht wissen. Ich gehe ins Bad, sehe in den Spiegel und fange an zu heulen. Bevor meine Nase verräterisch anschwillt, höre ich wieder auf damit. Stattdessen stecke mir die Haare zu einer strengen Nackenrolle zusammen, wische mir Mascara und Lippenstift ab. Meine Brille setze ich auf, nachdem ich die Kontaktlinsen herausgenommen habe. Zum Schluss knöpfe ich meinen dunklen

Blazer bis oben zu. Ich sehe im Handumdrehen wie eine solide Buchhalterin aus – ein zwiespältiger, aber gelegentlich nützlicher Vorteil des Blondinendaseins: Man kann sehr schnell sehr unauffällig oder sogar unsichtbar werden.

Ich schließe die Tür auf. Jean-Paul sitzt mit einer ausgesprochen attraktiven Frau – blond, distinguiert, Mitte fünfzig – in der Nähe des Aufzugs. Ihrer beider Körpersprache verrät, dass sie sich lange kennen. Als er mich sieht, hat er Panik im Blick. Ich gehe direkt auf ihn zu und sage: »Entschuldigen Sie die Störung, aber ich bin für heute fertig. Die Unterlagen, die Sie noch durchsehen müssen, befinden sich auf Ihrem Schreibtisch. Alles andere kann ich dann morgen zum Buchen mitnehmen. Ich wünsche Ihnen einen schönen Abend.« Ich lächle erst ihn und danach die Frau an. Jean-Paul lächelt zurück, allerdings schief, springt hektisch auf und bringt mich zum Aufzug. Als ich einsteige, sagt er leise: »Danke. Ich rufe dich gleich an.« Mir ist jedes Lächeln vergangen, laut sage ich: »Nein danke. Nicht notwendig.«

Am nächsten Morgen ruft mich eine Frau an, die sich als Eva-Maria vorstellt. Es ist Jean-Pauls Frau. Ich habe die halbe Nacht abwechselnd mit zwei Freundinnen telefoniert oder sinnlos geheult oder beides gleichzeitig. Dementsprechend schlecht gelaunt und übernächtigt bin ich. Nach einer Schrecksekunde stelle ich fest, dass sich am anderen Ende der Leitung überhaupt keine Hysterikerin befindet, deren einzige Absicht sein könnte, mich zu beschimpfen. Ganz im Gegenteil. Sie bedankt sich freundlich. Wir (wir!) drei hätten durch meine Improvisation zumindest in der akuten Situation gestern das Gesicht wahren können. So viel Einfühlungsvermögen hätte sie sich in einer der unzähligen vergleichbaren Situationen der vergangenen Jahre mit Jean-Paul gewünscht. Sie sei für diese kleine Inszenierung regelrecht dankbar. In den vergangenen Wochen habe sie schon bemerkt, dass sich wieder eine Parallelbeziehung anbahnen würde. Nach fast dreißig Jahren Ehe habe das seinen Schrecken verloren. Sie habe sich mit der Tatsache arrangiert, dass Jean-Paul emotional seine eigenen, eben nicht monogamen Wege gehen würde.

Ich bedanke mich für die freundliche Einladung zur *ménage à trois*, lehne sie aber gleichwohl ab. Nicht aus grundsätzlichen Erwägungen. Ich habe nur nicht erwartet, dass in einem Portal für Singles auch Männer unterwegs sind, die temporäre Zweitfrauen akquirieren wollen. Ich denke laut darüber nach, dass die Kategorie »Familienstand« erweitert werden sollte. Die bekannten Aggregatzustände »ledig«, »getrennt lebend«, »geschieden« und »verwitwet« sollten um folgende Variante ergänzt werden: »Bin gebunden, suche aber One-Night-Stand, Zweitbeziehung oder erotischen Dauerkontakt.« Am besten zum Ankreuzen.

Eva-Maria lacht hörbar mädchenhaft. Sie gibt zu bedenken, dass es dafür ja eigentlich schon Erotik- und Seitensprungportale gäbe. Technikunbegabte Überflieger und Computerhasser wie Jean-Paul wären mit feinsinnigen Unterscheidungen dieser Art aber einfach überfordert. Ich möge doch Verständnis haben.

Das Gespräch hat eine angenehm skurrile Wendung erfahren. Bevor ich mich verabschiede, bitte ich Eva-Maria, ihrem Mann auszurichten, dass er sich nicht mehr mit mir in Verbindung setzen möge. Sie verspricht, ihm das schonend beizubringen. Ich finde, dass sie es mit der Schonung nicht übertreiben muss. Zum Schluss bringe ich noch den Mut auf, sie zu fragen, warum sie, eine schöne, begehrenswerte und obendrein wohlhabende Frau, diesen Filou nicht schon vor Jahrzehnten in die Wüste geschickt habe. Über ihre Antwort denke ich noch lange nach: »Verstehen kann man das nicht. Es gab keinen Grund. Ich hätte andere Männer haben können. Die hatte ich natürlich auch. Letztlich wollte ich aber immer ihn. Und – ich weiß, das ist schwer zu glauben – ich habe auf eine seltsame Weise auch von jeder neuen Liebe Jean-Pauls profitiert. Ein verliebter Mann, selbst wenn er in jemand anderen verliebt ist, ist besser als ein gelangweilter Mann. Ich habe unsere Ehe nach einer zugegeben schwierigen Anfangsphase immer als sehr stabil empfunden.«

Einige Tage später ist meine Nase nach umfangreichen Heulattacken nicht mehr knallrot und so weit abgeschwollen, dass ich wieder unter Menschen gehen kann. Der schwule Barista im »Brel« begrüßt mich freundlich. »Madame, ich habe zwei neue Sorten grünen Tee. Chinesischen Tsing Cha und japanischen Matcha.« Ich strahle ihn an. »Wunderbar. Ich komme darauf zurück. Heute hätte ich gern einen doppelten Espresso. Und einen Cognac. Suchen Sie bitte einen aus, der zum Espresso passt.« – »Selbstverständlich. Schön, dass Sie endlich erwachsen werden. Eine gute Entscheidung.«

Kurz darauf serviert er meine Bestellung. An der Espressotasse lehnt anstelle des üblichen Kekses Bens Visitenkarte.

Die ewige Liebe muss man unbedingt mehrere Male erleben – zum Vergleich.

Katherine Hepburn

Holger, der zurückgewiesene Liebhaber

Oder: Vorsicht vor therapiebedürftigen Racheengeln, Teil 1

HOLGER im PAIRFECT-Profil

Matching-Stars	★★
Person	46 Jahre, 180 cm, ledig
Beruf	IT-Entwickler
Wohnort	Berlin, Deutschland
Abgeschlossenes Studium	Informatik
Kinder	Keine
Religion	Evangelisch
Raucher	Ja
Haustiere	Keine
Eigenschaften	Selbstbewusst, temperamentvoll, leidenschaftlich, fordernd, analytisch, beharrlich
Freizeitgestaltung	Computer, Lesen, TV
Hobbys	Computer, den ultimativen Quellcode entwickeln
Sport	Triathlon
Musikgeschmack	Rock, Heavy Metal, Grunge, kein seichtes Zeug
Instrument	Gitarre und Drums
Sprachen	Deutsch, Englisch
Lieblingszeitung / Zeitschrift	*TV Spielfilm*, *Computer Bild*

Ich über mich

Meine Traumfrau:
Lässig, lieb, attraktiv und locker entspannt

Mein perfekter Tag:
Nach einer großen Leistung, einer neuen Bestzeit, einem absoluten Highscore den Tag abfeiern und chillig ausklingen lassen.

Die für mich wichtigsten Dinge sind:
Spontaneität, Freiheit, Leistung, Coolness

Mein Äußeres:
Durchtrainiert, schlank, attraktiv, sexy

Das Besondere an mir:
Mein Temperament, meine Energie und mein Ehrgeiz

Wovon ich mich nie trenne:
Meine CD-Sammlung und meine Festplatte

Mein Lieblingsort:
Koh Samui

Welche Persönlichkeit ich gern kennenlernen würde …
George Orwell oder Keanu Reeves

Was gar nicht geht:
Arroganz, Besserwisserei, Zickigkeit

Mein Wunschtraum wäre es …
… aus dem Weltall auf die Erde zu blicken.

Nachricht von Holger 04.09. · 00:33
Betreff: Kontaktgesuch

Darf ich mal erfahren, warum du mein Profil besuchst und dann keine Anfrage schickst? Damit dir die Antwort leichter fällt, schalte ich meine Bilder frei. Freu mich, jetzt schnell von dir zu hören.

Holger ist offenbar mit einigem Selbstbewusstsein gesegnet. Sich selbst sexy zu finden und auch noch öffentlich so anzupreisen, finde ich reichlich gaga. Die Fotos von ihm sind aufschlussreich: Ein magerer Kerl mit pirselig-lichten Locken auf dem Kopf und einem spärlichen Ziegenbärtchen am Kinn, der vor einer Schrankwand in schönstem Gelsenkirchener Barock posiert. Er trägt ein olivgrünes Armeehemd mit verknitterten Epauletten und aufgerollten Ärmeln, die den Blick auf drahtige, von Adern durchzogene Unterarme freigeben. Die Armeehose ist etwas heller, verwaschen und sitzt so eng, dass man selbst bei der sehr kleinen Bildwiedergabe anhand der Erektion deutlich sehen kann, dass es sich bei Holger um einen Linksträger handelt. Auf dem zweiten Foto hat er allen Ernstes schon mal das Hemd ausgezogen. Der Betrachterin zeigt er sich in typischer Bodybuilder-Pose: die Hühnerbrust eingefallen und unbehaart, der rechte Bizeps sehnig und schmal, die Armeehose ist halb geöffnet, man erahnt eine weiße Feinrippkante.

Auf beiden Bildern lächelt Holger auf unangenehme Weise: selbstsicher verschlagen. Ein Albtraum. Diesem Mann möchte man weder im Hellen noch im Dunkeln begegnen.

Anstatt Holger samt Hühnerbrust und widerlichem Lächeln sofort zu löschen, schreibe ich ihm eine Antwort.

Nachricht von Ulrike 04.09. · 08:22
Betreff: Tun & Lassen

Lieber Holger,
danke für deine Mail. Vielleicht habe ich da etwas falsch verstanden – aber der Besuch von Profilen verpflichtet nicht zwangsweise dazu, auch Kontaktanfragen zu verschicken. Persönliche Freiheit bedeutet, Dinge tun zu können, die man tun möchte. Das schließt ein, manche Dinge eben auch einfach nicht zu tun. In diesem Sinne wünsche ich dir viel Erfolg in diesem Forum. Gruß, U.

Nachricht von Holger 04.09. · 08:25
Betreff: Re: Tun & Lassen

Liebe U.,
du gehörst wohl zu den Frauen, die sich für ganz was Besonderes halten. Kleine Frage am Rande: Warum bist du dann bei PAIRFECT und nicht als Miss World mit einer Mischung aus Albert Einstein und Mr. Rockefeller verheiratet? Hat nicht so richtig geklappt, was? Ich tippe mal, dass du Lehrerin oder Rechtsanwältin bist. Egal, ich bin überhaupt nicht nachtragend. Ich lade dich ein, mich in meiner Moabiter Stammkneipe zu besuchen. Außer mir sind da noch andere echte Kerle zu treffen.
Freu mich, dich bald kennenzulernen.
Holger

PS: Ich kann keine Bilder von dir sehen, schalt mal frei.

Nachricht von Ulrike 04.09. · 08:31
Betreff: Echte Kerle

Lieber Holger,
es liegt wohl im Auge des Betrachters/der Betrachterin, was einen echten Kerl ausmacht. Ich glaube, mir ist auch schon der ein oder andere dieser Spezies über den Weg gelaufen. Eins hatten allerdings alle gemeinsam: Sie konnten die Grenzen der Höflichkeit erkennen und einhalten. Und sie wussten: Ein Nein ist ein Nein – und bleibt ein Nein.
In diesem Sinne noch mal alles Gute für dich,
U.

Bevor ich Holger samt Profil löschen kann, ist bereits eine weitere Nachricht da.

Nachricht von Holger 04.09. · 08:33
Betreff: Hey U.,

Du heißt bestimmt Uschi!
Jeder richtige Mann weiß, dass bei einer Frau ein Nein nie ein Nein ist. Im Gegenteil. Wenn man dir deine Einbildung und deine Verklemmtheit mal richtig rausficken würde, bist du bestimmt auch ein ganz brauchbares Weibsstück. Du machst mich echt geil. Holger

Auf der Startseite der Plattform gibt es einen Link zur Redaktion. Ich klicke dorthin, kopiere den Schriftwechsel mit Holger in die Eingabemaske und bitte um Überprüfung und Intervention.

Als ich zurück in meinen Bereich klicke, ist eine weitere Mail von Holger da.

Nachricht von Holger 04.09. · 08:37

Betreff: Hey Uschi ...

... so still? Wahrscheinlich besorgst du's dir gerade selbst. Ich weiß, Mädchen wie du brauchen nur die richtige Ansprache. Ich könnte das echt besser. Bis bald, Holgi ...

Ich lösche den Kontakt.

Kurz darauf bekomme ich eine Mail von der Redaktion. Das Profil des von mir gemeldeten Teilnehmers wurde mit sofortiger Wirkung gesperrt. Man bedauert die Unannehmlichkeiten, ganz ausschließen ließen sich solche Entgleisungen aber leider nicht.

Sven, der Trojaner

Oder: Vorsicht vor therapiebedürftigen Racheengeln, Teil 2

SVEN im PAIRFECT-Profil

Matching-Stars	★★★
Person	44 Jahre, 183 cm, geschieden
Beruf	Dipl.-Ing., Angestellter im Bereich Forschung und Entwicklung
Wohnort	Berlin, Deutschland
Abgeschlossenes Studium	Ja – Informatik/Maschinenbau
Kinder	1
Religion	Keine
Raucher	Nein
Haustiere	Keine
Eigenschaften	Zärtlich, gebildet, humorvoll, gut aussehend und sportlich, manchmal ein wenig introvertiert
Freizeitgestaltung	Ausgehen/Freunde treffen, ins Kino/Theater gehen und Lesen
Hobbys	Literatur, Kunst, Sport, Kino und Theater – und, ich gestehe es, alles was mit PC und Technik zu tun hat
Sport	Joggen, Schwimmen, Radfahren, Fitness
Musikgeschmack	Rock/Pop, vor allem Glam-Rock, Jazz, Klassik
Instrument	Keybord
Sprachen	Deutsch, Englisch
Lieblingszeitung/ Zeitschrift	*CT, Rolling Stone*

Ich über mich

Meine Traumfrau:
Leidenschaftlich, fürsorglich, lebendig und attraktiv

Mein perfekter Tag:
Wenn ich etwas Neues entdeckt oder erlebt, gute Gespräche mit Freunden geführt und etwas geleistet habe, das mich mit innerer Zufriedenheit erfüllt. Perfektion ist gar nicht so wichtig. Manchmal sind es ja die ganz unauffälligen Momente, die uns prägen und weiterbringen. Eine kleine Beobachtung, eine plötzliche Einsicht, ein freundlicher Blick oder eine Geste, die uns einen anderen Menschen aufschließt.

Die für mich wichtigsten Dinge sind:
Lebenslust, Spontaneität, Verlässlichkeit

Mein Äußeres:
Sportlich, schlank, gepflegt

Das Besondere an mir:
Man sollte nicht alles wissen wollen, sondern das Geheimnis aufspüren, das ein echter Mann für eine wahre Frau bedeutet.

Wovon ich mich nie trenne:
Meinem Sohn (klar, keine Sache), meinen Büchern, meinen Werten

Mein Lieblingsort:
Auf meiner Terrasse, in einem Café

Welche Persönlichkeit ich gern kennenlernen würde ...
Bill Gates

Was gar nicht geht:
Lärm, Rechthaberei, lautes Telefonieren, Lieblosigkeit, Ignoranz

Mein Wunschtraum wäre es ...
Klavierspielen, Singen, Fliegen

Nachricht von Sven 05. 09. · 10:25
Betreff: Kontaktgesuch

Liebe geheimnisvolle Lady,
die glaubt, ohne Beruf auskommen zu können: Ihr Profil ist sympathisch. Den perfekten Tag gibt es ebenso wenig wie den perfekten Menschen, sonst würden wir in diesem komischen System nicht um uns selbst herumkurven. Aber Annäherungen sind doch möglich? Geist und Seele, Lust und Esprit, warum nicht? Sie lesen, ich schreibe – würde mich über eine Nachricht freuen.
Liebe Grüße, S.

Nachricht von Ulrike 05. 09. · 19:50
Betreff: Annäherungen …

… sind immer möglich
Lieber S.,
… und sogar fast zwingend notwendig, würde ich sagen. Ob daraus Nähe wird, ist wieder ein ganz anderes Kapitel. Gelernt habe ich jedenfalls, dass ich mir Menschen (Männer?) aus der Nähe ansehen möchte. Zwischen Schreiben und Ansehen können ohnmachtsanfallauslösende Unterschiede bestehen. Ist jedenfalls mein Eindruck, und leider auch meine Erfahrung.
Geheimnisvoll ist an mir nichts. Und dass ich ohne Beruf auskommen könnte bedeutet überhaupt nicht, dass ich keiner bezahlten Beschäftigung nachgehen müsste. Die ist sogar ganz angenehm. Trotzdem war mein erklärter Berufswunsch immer Lottokönigin. Ist leider nichts geworden.
Sie lesen – vielleicht. Sie antworten – vielleicht. Na, mal sehen.
Grüße U.

Nachricht von Sven 05.09. · 20:31
Betreff: Re: Annäherungen ...

Liebe (U.)nbekannte,
am 10. September endet mein Abonnement hier. Sollten Sie eine Fortsetzung des schriftlichen Kontakts mögen (was ich hoffe), müssen wir uns richtig beeilen. Meistens kommt das Schönste ja kurz vor dem Ende. Da wir uns noch nicht beschnuppern können, hier erst einmal mein Foto – hoffentlich bin ich gut darauf zu erkennen. Sie haben übrigens eine gewisse charmante Lakonie, das gefällt mir. Vielleicht darf ich Sie ebenfalls in Augenschein nehmen?
Liebe Grüße, Sven

PS: Vorsichtshalber gebe ich Ihnen schon mal E-Mail-Adresse: sven_pfr@web.de und Telefonnummer: 01 63 / 0 00 00 00.

Nachricht von QR7X3J2V 05.09. · 22:05
Betreff: Sie dürfen ...

... mich in Augenschein nehmen.
Lieber Sven,
Lakonie ist sprachliche, vielleicht auch mentale Bodenständigkeit. Und in der zweiten Lebenshälfte sollte man nur noch zu wohlausgesuchten Anlässen mit gut ausgesuchten Menschen (sogar Männern?) die Bodenhaftung verlieren. Alles andere wirkt auf mich oberflächlich, flatterig, deplatziert. Meine Tochter würde wahrscheinlich sagen: »uncool«. So uncool bin ich natürlich nicht, dass ich solche Vokabeln gebrauche.
Insofern nehme ich die von Ihnen als solche erkannte Lakonie als Kompliment – ergänzt und verrätselt durch den Zusatz, dass ihr ein gewisser Charme innewohne, ist das ja schon fast als verbale Annäherung zu deuten.
Grüße von Ulrike

Nachricht von Sven 05. 09. · 23:33
Betreff: Re: Sie dürfen ...

Liebe Ulrike,
ich denke, uncool sind wir beide nicht, ob wirklich »bodenständig«, bezweifle ich jedoch ebenso. Aus Ihrem Fotoblick spricht eine geradezu ungezügelte Erwartungshaltung – das lädt ein. Wollen wir nicht einfach mal telefonieren? Das ist sinnlicher und konkreter. Gute Nacht, Sven

Nachricht von Ulrike 05. 09. · 23:51
Betreff: Ungezügelte Erwartungen ...

... können manchmal zu ungezügelten Begegnungen werden. Kommt leider selten vor.
Lieber Sven,
mich verschreckt so schnell nichts. Ich könnte fast sagen: Mir ist nichts Menschliches fremd, würde damit allerdings nur meine Großmutter zitieren. Erhalten Sie sich Ihre freundliche Anspannung. Und lassen Sie uns bald einen Termin finden.
Freundliche abendliche Grüße,
Ulrike

PS: Sie erreichen mich über folgende Mailadresse ulrike.purblind@gmx.de.

E-Mail von Holger 06. 09. · 00:01
Betreff: So schnell trifft man sich wieder

Hey Uschi,
du heißt ja gar nicht Uschi, sondern Ulrike. War kein netter Zug von dir, mich aus dem Portal werfen zu lassen. Ich bekomme nicht mal mein Geld für die restlichen zwei Monate wieder. Und dann musste ich mich

erst mühsam mit anderen Daten wieder neu registrieren lassen. War aber gar nicht schwer, dich zu finden. Und mit ein bisschen elitärem Gequatsche war es ja wirklich *easy*, deine Mail-Adresse rauszufinden. Du kannst ja richtig nett sein. Löschen lassen musst du mich bei PAIRFECT übrigens nicht mehr, das habe ich eben schon selbst erledigt. Wir können jetzt viel intimer über deine private Mail-Adresse kommunizieren. Ungezügelte Begegnungen kannst du bekommen. Jede Menge. Ich freu mich schon auf *dirty talk* am Telefon mit dir. Küsschen wohin du magst,
Holgi

Keine Begegnung – weder mit Sven noch mit Holger

Ich telefoniere am folgenden Morgen mit meinem Rechtsanwalt, mit der Polizei und einer Beratungsstelle für Opfer sexueller Belästigung. Ich sehe schnell ein, dass bei der dünnen Personalausstattung solcher Betreuungseinrichtungen und der Vielzahl der Fälle, die dort bearbeitet werden müssen, vorrangig echte Opfer betreut werden sollten. Ich fühle mich zwar belästigt, aber nicht wirklich bedroht, bin zornig, aber in erster Linie wohl Geschädigte meiner eigenen Blödheit. Allerdings steht schnell die etwas beunruhigende Vermutung im Raum, dass Holger, der in Wirklichkeit sicher anders heißt, tatsächlich IT-Spezialist sein könnte. Sollte das zutreffen, wäre es für ihn kein Problem, meinen vollständigen Namen, meine Adresse und Telefonnummern aus dem Internet zu hacken. Meine – realistisch betrachtet – nur halbanonyme E-Mail-Adresse bietet da keinerlei Schutz.

Ich fasse die gesammelten Ratschläge zusammen: abwarten, dokumentieren, keinesfalls reagieren. Es gilt die alte Regel, die man aus jedem *Tatort* kennt: Es muss erst etwas passieren, bevor der Rechtsstaat eingreifen kann.

Inzwischen sind sieben E-Mails von Holger eingetroffen, die immer umfangreicher und wüster werden. Er lädt mich zu diversen vergnüglichen Dingen ein. Um was es sich dabei genau handelt, muss ich mir allerdings zum Teil erst über die Glossare einschlägiger erotischer und pornografischer Websites verständlich machen. Ich stelle fasziniert fest, dass es nach dem Wikipedia-Prinzip aufgebaute Infoseiten gibt, auf denen nicht nur alle bekannten und denkbaren, sondern auch die für den sexuellen Ottonormalverbraucher eher gewöhnungsbedürftigen Aktivitäten farbenfroh und detailliert erklärt und dargestellt werden. Ich bemerke: Holger trifft mit seinen sexuellen Präferenzen definitiv nicht meinen Geschmack.

Ich trinke einen nervenberuhigenden Ginseng-Tee und denke nach. Wenn ich den offiziellen Weg über eine Strafanzeige einschlage, werde ich in den nächsten Tagen und Wochen viel zu tun haben und ein erhebliches Maß an Lebensqualität einbüßen. Niemand kann schließlich wissen, ob sich Holger mit rüden schriftlichen Belästigungen begnügt oder eine tickende Zeitbombe ist. Einsame morgendliche Spaziergänge in Berlin und notwendige Weiderundgänge auf dem Land werde ich demnächst nur mit einem unangenehmen Gefühl im Nacken machen können.

Ein Blick auf mein Handy verrät mir, dass Holger offenbar ein ernst zu nehmender Gegner ist. Zwei SMS und fünf MMS sind innerhalb kürzester Zeit eingetroffen. Die Bildnachrichten sind obszön, entbehren aber nicht einer gewissen Komik. Holger hat beschlossen, mir die Funktionstüchtigkeit seines Genitals im Stil einer Foto-Story zu demonstrieren.

Bei der Polizei habe ich erfahren, dass Holger mit der unrechtmäßigen Beschaffung meiner Mobilnummer eine Grenze überschritten hat. Es handelt sich juristisch jetzt um einen Fall von Stalking. Nicht berühmt und trotzdem Stalking-Opfer. Geht doch.

Beim Stichwort »berühmt« fällt mir Karim ein, ein Urberliner mit arabischen Wurzeln, den ich früher gelegentlich bei Veranstaltungen von statusbewussten Auftraggebern als Bodyguard engagiert habe. Als ich ihn kennenlernte, war er ein zwar blendend aussehender, dabei aber schüchterner junger Mann, der so fürchterlich stotterte, dass man ihn nur für Aufgaben ohne Sprechrolle einsetzen konnte. Eines Nachts war ich – mühsam, sehr mühsam – mit ihm ins Gespräch gekommen. Er hatte noch nie davon gehört, dass es Logopäden gibt und dass man gegen das Stottern in vielen Fällen etwas unternehmen kann. Ich bot ihm an, ihn mit einer Freundin von mir bekannt zu machen, die sich beruflich mit Sprecherziehung und Stimmbildung befasst. Er nahm mein Angebot an, allerdings nur mit ziemlicher Skepsis. Aus Karim ist bis heute kein Dampfplauderer geworden, aber er hat sein Stottern erstaunlich gut im Griff.

Schon seit ein paar Jahren ist er Inhaber einer kleinen, aber feinen Security-Firma, die Stars und Sternchen betreut. Er spricht konzentriert und sehr bedächtig, was ihn in Kombination mit seiner physischen Präsenz und einer ihm eigenen freundlichen Umsicht zu einem vertrauenerweckenden und darum erfolgreichen Unternehmer in einer insgesamt eher mediokren Branche macht.

Ich rufe ihn an. Karim freut sich, von mir zu hören. Ich berichte ihm kurz meine Situation und frage ihn um Rat. Anstelle einer Antwort, fragt er mich, wo ich gerade stecke. Fünfzehn Minuten später steht er in Begleitung eines höchstens achtzehnjährigen Jungen vor meiner Wohnungstür. Karim stellt ihn mir als seinen Neffen vor. Als Erstes gehen beide an meinen Laptop und kopieren Holgers Mails auf einen USB-Stick, danach leiten sie seine SMS und MMS von meinem Handy irgendwohin weiter.

Anschließend geht Karim mit mir in die Küche, um Tee zu kochen, sein Neffe bleibt an meinem Rechner und tippt mit atemberaubender Geschwindigkeit Zahlenkombinationen ein. Da ich Profil, Bilder und Mail-Wechsel mit Holger, der über das PAIRFECT-Portal erfolgt ist, gelöscht habe, lässt sich Karim von mir so genau wie möglich beschreiben, wie Holger auf den Bildern ausgesehen hat. Karims Neffe kommt ebenfalls in die Küche, sagt knapp: »Der Laptop ist fertig, jetzt brauch ich noch mal kurz das Handy.« Nachdem er auch dort Zahlen- und Ziffernkombinationen eingegeben hat, lächelt er mich freundlich an und meint: »Von dem hören und lesen Sie nichts mehr.«

Ich frage Karim, was sein niedlicher Hacker-Neffe da an Laptop und Handy gemacht habe. »Amir hat deinen Account umgeleitet. In ein paar Tagen löschen wir ihn sicherheitshalber und richten einen neuen ein.« Er schaut mich freundlich und sehr bestimmt an. »Du weißt, ich bin kein Schlagetot, und ich war auch nie einer (er sagt tatsächlich ›Schlagetot‹ – Sprecherziehung ist doch was Feines). Ich habe damals immer gut aufgepasst, wenn es Probleme bei diesen Partys gab. Du hast sie alle ruhig und besonnen gelöst, du warst eine gute Konfliktmanagerin. Diesen Konflikt hier kannst du nicht lösen, weil du ein Teil davon bist. Aber du bist klug und hast mich gerufen. Jetzt bin ich dein Konfliktmanager. Mehr musst du nicht wissen. Nur so viel: Niemandem wird etwas passieren. Und du hast ab jetzt kein Problem mehr.«

Wir trinken schweigend unseren Tee. Als Karim und Amir gehen, dreht sich Karim an der Treppe noch einmal um, Amir ist schon an der Tür zur Straße. Trotzdem spricht er sehr leise: »Eines verstehe ich nicht, Ulrike. Warum machst du so einen Quatsch? Gut, du bist nicht mehr ganz jung. Aber deswegen preist man sich doch nicht im Internet an. Das weiß man doch, dass da nur Wahnsinnige unterwegs sind. Das hast du doch gar nicht nötig. Wenn du willst, sehe ich mich nach einem passenden Mann für dich um. Auch nach einem mit Geld.« Ich muss lachen.

> *Frauenparkplätze sind ja wirklich*
> *eine absolut sinnvolle Einrichtung –*
> *man ist doch als Triebtäter*
> *jahrelang sinnlos durchs Parkhaus geirrt.*
>
> Harald Schmidt

4 Epilog

Das Einzige, was ich akzeptiere,
ist Verzweiflung.

Rainer Werner Fassbinder (1971)

Wie geplant, lege ich eine unbefristete Pause bei der Suche nach meinem Traummann ein. Ob ich sie irgendwann wieder aufnehmen werde? Ich weiß es nicht. Mein PAIRFECT-Profil setze ich auf »inaktiv«.

Nach zwölf Monaten kehrt meine Tochter aus Kanada zurück. Die Wiedersehensfreude ist unendlich groß und überstrahlt alles andere. Wir genießen den kurzen Zeitraum bis zum Beginn des neuen Schuljahrs, denn uns ist bewusst, dass schon bald der Alltag mit seiner Routine wieder Einzug halten wird. Im Verlauf langer Gespräche, die wir in den ersten Tagen während ausgedehnter Spaziergänge führen, zeigt sich, dass aus dem stimmungsschwankenden Teenie, der vor einem Jahr fortging, eine ebenso warmherzige wie scharfsinnige junge Frau geworden ist – eine faszinierende Verwandlung. Die schwierigsten Erfahrungen, die sie weit weg von zu Hause ganz ohne Hilfe bewältigen musste, fasst sie in nur einer Frage zusammen: »Derjenige, der dich verletzt, also, ich meine den, der so richtig gemein zu dir ist, was ist der?« – »Meistens mein aktueller Liebhaber.« – »Unsinn. Das ist der beste Trainer, den du finden kannst.

Sehen, erkennen, ändern. Und dann sagst du: ›Danke, Trainer.‹«

Ich habe also ein Jahr lang Männer getroffen. Manche waren nett, andere pervers. Es waren Singles darunter, die gar keine Singles waren, und solche, die eigentlich keine Frau suchten.

Vom tangotanzenden Politikberater über den neurotischen Notar bis zum knauserigen, dafür aber sexbesessenen Spinner war alles dabei. Genauso der charmante Kunsthändler wie der bezaubernde Headhunter. Ich war bereit, probeweise mit dem einen oder anderen ins Bett zu gehen und mich gelegentlich zu verlieben. Die große Liebe war zwar nicht dabei, aber das war und ist nicht weiter schlimm. Ich habe geübt – und mir in einer Phase intensiven Lernens selbst beigebracht, auf meine ganz persönliche Weise mit Männern umzugehen: neugierig, ohne überzogene Erwartungen und zunehmend unverkrampft. Das Ergebnis? Ich verfüge neuerdings über eine Gelassenheit, von der ich mir wünsche, ich hätte sie schon früher im Leben haben können.

Eine weitere Schlussfolgerung dieses Selbstversuchs ist, dass erotische Erfahrungen nicht an bestimmte Zeiträume gebunden sind. Liebe, Sex und Leidenschaft existieren in fast jeder Lebensphase, auch – und vielleicht mehr denn je – weit jenseits der vierzig. Sicher ist: Es passiert nicht von selbst, und es ist ganz anders, als Kino und Fernsehen suggerieren.

Ich habe unabsichtlich, fast schon aus Versehen, einen Mann getroffen, der immerhin für ein Stück des Weges ein angenehmer Begleiter ist. Und mehr erwarte ich nicht. Aber auch ihm wäre ich nicht begegnet, hätte ich nicht den Umweg über das Internet eingeschlagen:

E-Mail von Ben 01. 11. · 00:01
Betreff: weise Ratlosigkeit

Liebe Ulrike,
es ist schön, mit dir zusammen zu sein. Dein Wissen um die bitteren Seiten der Liebe beruhigt mich, weil es uns so gleichberechtigt macht. Ich mag, wie offen ratlos du mit deiner eigenen Geschichte und der deiner Männer umgehst, die dich – mal länger, mal kürzer – begleiten durften. Es ist eine weise Ratlosigkeit, weil sie nichts wirklich besser wissen will und dafür viel fragt, diese Ratlosigkeit.
Ben

E-Mail von Ulrike 02. 11. · 23:09
Betreff: Liebe ist endlich

Mein Lieber,
mit aller weisen Ratlosigkeit, die das Leben über mich gebracht hat, schätze ich deine Gegenwart. So sehr, dass ich nicht darüber nachdenken mag, dass es irgendwann anders sein wird. Warum auch immer. Ich wäre gern mit dir, so lange es eben dauert. Vielleicht liegt das eigentliche Wesen der Liebe in ihrer Endlichkeit. Und vielleicht liegt die tiefe Erkenntnis darin, die Bitterkeit dieser Endlichkeit zu akzeptieren, sich ihr zu stellen, statt sie zu ignorieren. Denn auch wenn es schmerzt: Wahrscheinlich ist Liebe nur angesichts ihres Scheiterns möglich.
Ulrike

5 Die zehn Dos & Don'ts bei der Online-Partnersuche

Do it!

① Lesen Sie die Profile potenzieller Partner aufmerksam

»Rechtsanwalt i. R., Großraum Frankfurt«: Sie lesen Rechtsanwalt? Lesen Sie genau. Die Abkürzung hinter der Berufsbezeichnung bedeutet »im Ruhestand«. Es handelt sich hier eindeutig um einen Rentner in der hessischen Provinz. Der im Zweifelsfall auch noch recht haben will. Seien Sie wachsam.

② Lesen Sie zwischen den Zeilen

Identifizieren Sie Spinner und Blender. Oder Unglücksraben. Zum Beispiel: Ein »kreativer Lichtdesigner aus Stralsund«. Er schreibt: »Ich wünschte, ich könnte unbeschwerter in meine berufliche Zukunft sehen.« Das heißt natürlich nichts anderes als: »Ich habe keine Jobs und bekomme auch keine. Ich habe große Angst, bitte helfen Sie mir. Bei mir brennt schon lange kein Licht mehr.«

③ Recherchieren Sie im Internet

Google und andere Suchmaschinen machen es möglich: Schon mit wenigen Informationen – Vorname, Funktion, Ort – finden Sie häufig *alles* heraus. Hinter »Paul, Vorstand, München«, der den feingeistigen CEO mit strengen wirtschaftsethischen Grundsätzen gibt, verbirgt sich möglicherweise der glücklose Lenker einer IT-Klitsche, die sich nur durch eines auszeichnet: Sie hat rätselhafterweise den Zusammenbruch der New Economy überlebt.

④ Pflegen Sie Ihre Vorurteile

Der Arzt an sich ist dominant und trinkt sehr gern. Ist leider so, wurde mehrfach überprüft.

Aber wenn Sie auch gern einen heben und sich lieber sagen lassen, wo's langgeht, als Ihren eigenen Weg zu finden: herzlichen Glückwunsch! Das könnte der Beginn einer langen Freundschaft sein. Bevorraten Sie Alka-Seltzer.

⑤ Seien Sie ehrlich

Machen Sie in entscheidenden Dingen keine Kompromisse. Sie bekommen schon beim Gedanken an Oberlippenbärte Hautausschlag? Sie hegen eine tief gehende Abneigung gegenüber jeder Art von Haustieren? Sie wollen Ihren Liebsten keinesfalls jedes Wochenende mit seinen vier Kindern aus drei Ehen teilen? Sie wollen Ihr Liebesglück nicht im Wohnmobil auf einem Campingplatz nahe der vorpommerschen Ostsee genießen? Das ist in Ordnung, und Sie müssen sich dafür bei niemandem entschuldigen oder rechtfertigen. Genau für solche Fälle haben vorausschauende Webdesigner die Löschtaste entwickelt. Benutzen Sie sie.

⑥ Beginnen Sie vor dem ersten Date eine Diät

Sie wollten schon lange wieder etwas für sich tun, Ihnen fehlte aber die richtige Motivation? Nehmen Sie den Endorphinschub, den ein interessanter Kontakt auslösen kann, als Starthilfe. Er kann Wunder wirken. Aber machen Sie die Diät für Ihr eigenes Wohlbefinden. (Gleiches gilt übrigens auch für Schönheitsoperationen und andere Extremsportarten: Solange *Sie* Spaß daran haben, ist alles in Ordnung.)

Schließen Sie aber nicht von sich auf andere. Der durchschnittliche Mann ist viel eher bereit, zu sich und seinem

Körper zu stehen, als eine Frau vergleichbaren Phänotyps. Erstaunlicherweise ist er dagegen nicht immer bereit, einen durchschnittlichen Frauenkörper zu akzeptieren.

⑦ Wählen Sie die Kleidung für das erste Date sorgfältig aus

Aber kleiden Sie sich authentisch. Es hat keinen Sinn, einen einmaligen Auftritt à la Carrie Bradshaw hinzulegen, wenn das ansonsten weder Ihr Stil ist noch Ihrem Geldbeutel dauerhaft zuzumuten wäre. Außerdem gilt der Grundsatz: »Weniger ist mehr.« Verzichten Sie auf zu viel Makeup, zu viel Schmuck und zu viele Accessoires. Die dunkelrote Ansteckrose mit den Ausmaßen einer Vogelspinne am Revers ist eher etwas für die Ladies Night. Einen Mann bringen Sie damit nicht um den Verstand. Anders verhält es sich mit High Heels. Wenn Sie sich darauf auch nur einigermaßen elegant bewegen können und Ihr Date nicht schon barfuß zehn Zentimeter kleiner ist als Sie selbst – dann sind diese Schuhe eine perfekte Wahl. Sie machen selbstbewusst und sexy.

⑧ Zahlen Sie die Rechnung

Wenn sich das erste Date zum totalen Reinfall entwickelt, können Sie die Rechnung (in ganz bösen Fällen nur Ihre Bestellung) bereits diskret bezahlen, wenn Sie zwischendurch die Toilette aufsuchen. Cafés und Restaurants mit mehreren Räumen sowie einem Toilettenbereich in Ausgangsnähe sind für Treffen mit hohem Unsicherheitsfaktor besonders geeignet. Zögern Sie nicht, in Katastrophenfällen das Terrain ohne Abschied zu räumen. Auch dafür suchen Sie (vorgeblich) die Toilette auf – und dann ab durch die Mitte. Wer möchte schon eine Szene in der Öffentlichkeit? Noch dazu mit einem Mann, den man nicht kennt und nie wieder sehen wird?

n sich der Abend interessanter und die Gespräche intensi- r als erwartet gestalten, wenn der Blickkontakt länger und die Komplimente fantasievoller werden – dann stehen Sie an einem heiklen Punkt. Gehen Sie zum Nachschminken auf die Toilette, versuchen Sie für einen Augenblick die Kontrolle über sich und Ihre Hormone zurückzuerlangen und denken Sie nach. Schlimmstenfalls telefonieren Sie mit Ihrer besten Freundin.

Sicher ist: Sie werden in jedem Fall mehr über den Mann wissen, wenn Sie mit ihm im Bett gewesen sind. Sollten Sie nicht auf der Suche nach einer rein platonischen Beziehung sein, wird sich die Frage nach der gemeinsamen Sexualität sowieso schnell stellen.

Da wir uns weder in Nordamerika noch in von Taliban beherrschten Gegenden Europas befinden, kommt es immer wieder zu spontanen sexuellen Kontakten zwischen erwachsenen Menschen, die nicht religiösen oder gesellschaftlichen Sanktionen unterliegen. Das ist ein begrüßenswerter Zustand. Sie sind eine erwachsene Frau und können Sex mit einem fremden Mann haben. In aller Regel müssen Sie gegenwärtig nicht befürchten, deswegen von evangelikalen Hysterikern oder ihren bärtigen islamistischen Brüdern im Geiste bedroht zu werden. Sie können das als Grundrecht ansehen und sollten es – wenn Sie es selbst wollen – als Ausdruck Ihrer Souveränität ausleben.

Einige Vorsichtsmaßnahmen müssen Sie dennoch beachten: 1. Sie sollten über den vollen Namen sowie eine nachgeprüfte Adresse und Telefonnummer Ihres neuesten Liebhabers verfügen. 2. Jemand sollte eingeweiht sein, zum Beispiel Ihre beste Freundin. Verabreden Sie Kontrollanrufe und teilen Sie ihr mit, wo genau Sie sich aufhalten. 3. Halten Sie eine ausreichende Menge Kondome bereit. 4. Klären Sie offen sexuelle Präferenzen. S/M-Praktiken sind beim ersten Mal nicht unbedingt nach jedermanns Geschmack.

Eventuelle Abneigungen können Sie bei dieser Gelegenheit bereits für denkbare Folgeveranstaltungen annoncieren.

⑩ Verabschieden Sie sich schnell

Nehmen Sie Abschied, wenn Sie müssen. Seien Sie konsequent, ehrlich und nicht zu freundlich. Versprechen Sie nichts, was Sie sowieso nicht halten können oder halten wollen. Wenn Sie selbst verabschiedet werden: Nehmen Sie es wie eine Frau.

Don't do it!

① Nicht schwindeln

Erstellen Sie in Ihrem eigenen Interesse ein authentisches Profil von sich, bitte keine Schönfärberei bei zentralen Angaben, zum Beispiel bei Gewicht und Körpergröße. Kleine Lügen kommen zwangsläufig heraus, denn diese Angaben sind spätestens beim ersten Date *nachprüfbar.* Lieber ein Date weniger, als in Scharen flüchtende Männer. Nicht aus Rücksicht ihnen gegenüber – tun Sie sich das selbst einfach nicht an. Umgekehrt: Wenn ein Mann glaubt, Sie könnten 165 Zentimeter nicht von 175 Zentimetern unterscheiden – dann wird er bei anderen für ihn wichtigen Angaben vielleicht auch hoffen, dass Sie seinen Wahn und die bittere Wirklichkeit nicht auseinanderhalten können.

② Stellen Sie keine unrealistischen Uraltfotos ins Netz ...

... die vielleicht noch digital nachbearbeitet wurden. Denn wenn es zum Date kommt, ist die Realität unerbittlich. Im schlimmsten Fall erkennt Ihr Datepartner Sie überhaupt nicht. Professionelle Bewerbungsfotos sind ebenso wenig hilfreich wie Schnappschüsse von Familienfeiern, auf denen eine stark behaarte Hand besitzergreifend auf Ihrer Schulter oder Ihrem Knie ruht. Verwenden Sie ein nicht übertrieben vorteilhaftes Bild für Ihr Profil. Es ist doch wunderbar, wenn beim ersten Treffen der – zugegeben nicht mehr ganz originelle – Satz fällt: »Du bist ja viel attraktiver, als ich gedacht habe.« Zeit für ein nonchalantes Lächeln, Madame! Denn Understatement ist sexy.

Selbstverständlich löschen Sie alle Kandidaten, die sich mit Sonnenbrille, freiem Oberkörper auf einem Plastikstuhl sitzend vor einem Jägerzaun im deutschen Sommerklassiker »Bermudas, Socken & Sandalen« präsentieren.

③ Vermeiden Sie Rechtschreibfehler

Geben Sie sich Mühe und lassen Sie sich Zeit beim Verfassen von Profilen und Mails. Ziehen Sie im Zweifelsfall Freunde ins Vertrauen. Auch die Benutzung von Rechtschreibprogrammen kann Wunder wirken. Drechseln Sie keine Gedankenkonstrukte, wenn Sie damit keine Erfahrung haben – schreiben Sie klar und einfach. Kurze Sätze mit den Klassikern Subjekt, Prädikat, Objekt sind für viele Männer sowieso leichter zu erfassen – syntaktischer Minimalismus deckt sich in der Regel mit maskulinem Erfahrungshorizont in Bezug auf zusammenhängende Texte. Überlegen Sie umgekehrt: Wie wirkt es auf Sie, wenn Sie eine von orthografischen Fehlern nur so strotzende Mail erhalten oder Sie Sätze deutscher Sprache erst fünfmal lesen müssen, bevor sich Ihnen ihr Sinn erschließt? Richtig: Es wirkt nachlässig. Oder nicht besonders helle. Oder beides. Außerdem: Eine Liebeserklärung, bei der man reflexhaft erst den Korrekturstift ansetzen will, ist unsexy.

④ Schreiben Sie niemals: »Ein Tag ist für mich perfekt, wenn ... die Sonne scheint«

Sie tun es dennoch? Dann wundern Sie sich bitte nicht, wenn Sie eines Tages an der Seite eines Mannes erwachen, dessen höchstes Glück das morgendliche Aufbackbrötchen mit Heidelbeermarmelade und ein dampfender Kaffee aus einer kreativ gestalteten Motivtasse (»Vati ist der Beste«) ist. Sie haben es nicht anders gewollt.

Löschen Sie deshalb Ihrerseits entschlossen alle Kandidaten, die solchen oberflächlichen Unsinn verbreiten. In unseren Breitengraden gibt es einfach zu viele Regentage, um sich ernsthaft mit emotionalen Solaranlagen zu befassen.

⑤ Fangen Sie vor dem ersten Date keine Radikaldiät an

Spätestens wenn der Jo-Jo-Effekt einsetzt, ist die Enttäuschung groß. Ein Mann, der Sie nicht nimmt, wie Sie sind – im Zweifelsfall mit allen Ihren Rundungen –, den sollten auch Sie nicht in Erwägung ziehen.

⑥ Erzählen Sie nicht zu viel von sich selbst

Seien Sie stattdessen aufmerksam, freundlich, charmant – und hören Sie zu! Das kann späteren Kummer ersparen. Klammern Sie kategorisch vergangenes Liebesleid und Klagen über Expartner aus, schließlich haben Sie sie nicht umsonst in die Akte »Erledigte Fälle« einsortiert. Wenn Ihnen umgekehrt ein Mann in epischer Breite von Trennung und Scheidung berichtet, hören Sie zu, schulen Sie Ihr Ohr für Zwischentöne und seien Sie gewarnt: Der Mann lebt in der Vergangenheit, hat die Trennung nicht verarbeitet – und er ist indiskret. Die Dame, die ihn entsorgt hat, ist Ihnen einen Schritt voraus.

⑦ Zahlen Sie nicht die Rechnung

Damit ist nicht gemeint, dass Sie sich beim ersten Date zu einem ausschweifenden Menü mit anschließendem Besuch der Präsidentensuite des örtlichen Fünf-Sterne-Hotels einladen lassen sollen. Warten Sie beim Bezahlen einfach ab. Ein Mann, der sich weitergehend für Sie interessiert, möchte großzügig und ritterlich erscheinen. Indem Sie ihm die Gelegenheit geben, beispielsweise die Rechnung für Ihren Kaffee zu übernehmen, signalisieren Sie, dass Sie dieses Interesse wahrgenommen haben. Es ist definitiv kein Zeichen mangelnder Emanzipation, sich zu einem Getränk einladen zu lassen. Wenn die Ansage an den Kellner ungefähr so lautet: »Wir möchten zahlen. Ich hatte einen Kaffee.«, dann ist das auch eine Aussage, und Sie können Ihre Schlüsse daraus ziehen. Natürlich steht es Ihnen frei, sich in einen Knauser zu verlieben und in Ihrem zukünftigen gemeinsamen Leben ein excelgestütztes Haushaltsbuch mit verursachungsgerechter Ausgabenverteilung zu führen.

⑧ Sex beim ersten Date

Wenn sich der Abend interessanter und die Gespräche intensiver als erwartet gestalten, wenn der Blickkontakt länger und die Komplimente fantasievoller werden – dann stehen Sie an einem heiklen Punkt. Gehen Sie zum Nachschminken auf die Toilette, versuchen Sie für einen Augenblick die Kontrolle über sich und ihre Hormone zurückzuerlangen und denken Sie nach, schlimmstenfalls telefonieren Sie mit Ihrer besten Freundin: Was wissen Sie über den zunehmend begeisterten Mann da draußen?

Ist er konservativ? Bewegt er sich beruflich in kontrollierten, hierarchischen Strukturen (zum Beispiel als Arzt, Jurist oder Beamter)? Lebte er immer in langen Beziehungen? Haben Sie den Eindruck, er sucht Sicherheit und Beständigkeit? Dann haben Sie mehrere Optionen: 1. Sie geben Fersengeld, weil Sie keinen Langweiler wollen. 2. Sie gehen mit ihm ins Bett, haben ein bisschen Spaß oder langweilen sich ekstatisch und sehen ihn nie wieder – denn er wird Sie in jedem Fall für eine Schlampe halten. 3. Sie gehen wieder raus, verlieben sich weiter und zieren sich aus strategischen Gründen noch für einige Zeit. Denn dann könnte sich hier eine ernsthafte Beziehung anbahnen.

⑨ Reagieren Sie bei Zurückweisungen niemals beleidigt

Das führt zu nichts, lassen Sie es also gleich bleiben. Was wollen Sie schließlich mit einem Mann, der Ihre Qualitäten nicht erkennt und schätzt? Zeigen Sie Haltung: Stabiles Selbstbewusstsein erwächst aus Niederlagen. Nehmen Sie es sportlich: Sie befinden sich in einem äußerst preisgünstigen und dabei effizienten Trainingscamp. Andere Leute besuchen stattdessen teure Seminare oder lassen sich coachen. Das bekommen Sie hier ganz nebenbei.

⑩ Machen Sie sich nichts vor

Seine Kontaktanfrage und der folgende Mail-Wechsel waren eher lahm und nur mäßig witzig, beim Telefonieren entstanden unangenehm lange Pausen, das erste Treffen war lau, der gemeinsame Sex grottenschlecht – beschönigen Sie nichts. Bevor Sie weitere Zeit mit jemandem verbringen, der Sie nur mittelmäßig interessiert, amüsieren Sie sich lieber mit Ihren Kindern, oder gehen Sie mit Ihren Freundinnen aus. Es gibt keinen Grund für Torschlusspanik, denn es kommt immer mindestens noch eine Chance. Bleiben Sie ganz gelassen. Das ist der Vorteil von Internetportalen.

Danksagung

Dieses Buch ist der wunderbaren, weil nie versiegenden Neugier meiner Freundinnen Helga Waterkotte, Iris Surburg, Tanja Petereit und Bilge Aksu-Dörr zu verdanken. Hätten sie nicht – jede einzeln und manchmal auch im Chor – gerufen: »Komm, erzähl uns noch eine Männergeschichte!«, es wäre nicht zustande gekommen. Meine Freundin Helga wurde darüber hinaus zu meiner Mentorin. Sie hat mich überzeugt, meinem eher unorthodoxen Lebensweg mit der Realisierung dieses Buchprojekts eine weitere Wendung zu geben. Mit liebevoller Ermunterung und konstruktiver Kritik hat mich mein Bruder Matthias Bornschein geduldig durch die anstrengende Zeit der Manuskriptentstehung gelotst. Er war aufmerksamer Erstleser und nachsichtiger Erstkorrektor. Seine Hinweise und Anregungen haben meinen eigenen Blickwinkel manches Mal erweitert. Klaus-Fritz Schwope hat mir mit seinem Witz und seinen pointierten Kommentaren eine weitere männliche Sicht auf das uralte Thema »Frau sucht Mann / Mann sucht Frau« zugänglich gemacht. Besonders dankbar bin ich für die Unterstützung meiner Agentinnen Anja Keil und Bettina Keil, die mich als absolute Anfängerin in einer umwerfenden Mischung aus Professionalität und Freundlichkeit unter ihre Fittiche genommen haben. Reiner M. Urbaniak hat meinem Buch ein Traumkleid geschneidert: Das Cover ist in meinen Augen ein schönes Beispiel seiner kenntnisreichen Kreativität. Ich fühle mich sehr geehrt, dass er sich dieser Aufgabe trotz Zeitdruck und vielfältiger anderer Verpflichtungen angenommen hat. Schließlich wurden meine kühnsten Erwartungen übertroffen, als Heyne sich entschloss, mein Manuskript wohlwollend zu prüfen. Dank meiner Lektorinnen Andrea Kunstmann und Regina Carstensen wurde tatsächlich ein Buch daraus. *Last but not least* bedanke ich mich bei Maya – sie ist eine unerschütterlich nachsichtige Tochter und eben einfach hinreißend.

Ulrike Bornschein, Berlin
www.ulrike-bornschein.de